哲人咖啡厅

Friedrich A.V.
Hayek

哈耶克自由哲学

李先敏 编译

九州出版社
JIUZHOUPRESS
全国百佳图书出版单位

如果从长远考虑，我们是自己命运的创造者，那么，从短期着眼，我们就是我们所创造的观念的俘虏。我们只有及时认识到这种危险，才能指望去避免它。

——哈耶克

出版前言

哈耶克 (Fridrich. A. V. Hayek，1899–1992)，奥地利裔英国政治思想家和经济学家，新自由主义的代表人物，当代西方自由保守主义最重要的代表。早期的哈耶克主要关注自由市场经济学，首度提出投资过度理论。哈耶克确信资本主义体系自身具有保持稳定的能力，反对国家干预经济生活。由于他在经济学上的突出成就，于 1974 年获得诺贝尔经济学奖。他的影响遍及经济学、理论心理学、政治哲学、科学哲学、法律人类学、人类思想史等领域，尤其是他在政治哲学领域内对自由主义的褒扬，使他在政治哲学界影响深远，并左右着当代西方政治哲学理论的走向。

1899 年 5 月 8 日，哈耶克出生于奥地利维也纳。他的父亲是一位植物学教授，或许是因为这个原因，促使哈耶克之后将达尔文的进化论思想从生物学领域引入政治学、社会学领域。哈耶克师从于维舍和米塞斯，于 1921 年 10 月获维也纳大学法学博士学位，1923 年获维也纳大学政治学博士学位，并于 20 世纪 20 年代留学美国。哈耶克历任维也纳大学讲师、奥地利经济周期研究所所长、英国伦敦经济学院教授、德国弗莱堡大学教授等，并于1938年加入英国籍。

哈耶克受到良师的启发，尤其是在米塞斯发表了《自由与繁荣的国度》这一专门论述社会主义的著述的基础上，1944年，哈耶克撰写了他的第一部政治哲学著述《通往奴役之路》，批判凯恩斯主义和前苏联计划经济模式。哈耶克的自由哲学论述是一个庞大的思想体系。该体系以自由为核心，特别强调个体自由和社会自由竞争，从此哈耶克走上为资本主义自由辩护的历程。

哈耶克的自由哲学思想可以从四个方面来归纳：

首先，哈耶克近乎严苛地批评了前苏联的社会主义计划经济模式。他认为前苏联计划经济模式类似于法西斯主义，并认为社会主义是一种剥夺私人自由的新奴役方式。社会主义必然意味着运用计划经济模式，然而计划经济试图取消竞争，这是错误的。同时，社会主义否认至上的个人目的。社会主义所奉行的公共利益至上原则，是虚构的设想，计划经济模式必然导致法治社会难以形成。在计划经济体制下，当局决策的根据是权衡各种人和集团的利害，并且主张由某个人来确定哪些人的利益应该受到重视，这严重违背了法治精神，使私人在法律面前的自然平等和政府主动实现社会平等两者之间存在难以克服的冲突。计划管理导致政治权力的过分集中，这样的后果是私人自由的丧失和政府权力的泛滥。

其次，哈耶克阐释了个人与社会的关系。他认为，那些从始至终都存在于社会历史之中的习惯或习俗才是人类文明产生的真正根源。社会秩序是自生自发的，并非是人的理性建构的结果。个体的智慧尽管不完全明白这些规范，但是却明白个体必须服从这些规范。而且，个人必须服从一定的社会规范，这样个人才能实现自身的发展。

再次，哈耶克论述了自由与平等之间的关系。他认为自由的主要对象是个人，自由才是一切价值的首要价值，也是一切社会道德能够发展的根本。个人只有获得自由，才可能追求不同的目标，或者自由地采用不同的方式去追求自由。同时，自由须以承认私有制为前提，私有制是自由最重要的保障。假设取消私有制，财产落入全社会或某个垄断者手里，自由也就不自由了。当然，哈耶克也认为，平等也具有相当重要的社会地位，但这种平等不是财富的分配平等，而是每个人在社会资源面前的机会平等。每个人在社会领域内都与其他个人享有同等的参与分配的机会、选择的机会、被选择的机会，以及取得胜利的机会，当局和法律都应以保障机会平等原则为目标。

最后，哈耶克论述了自由与法治的关系。他认为，要保护个人自由，预防极权的出现，唯一的道路就是实行法治。法治精神的要旨在于，确保对个人自由的干涉降低到最低限度，并阻止政府利用集中的行动摧毁个人自由。哈耶克说，有些人认为政府或国家领导人依据法律办事就是法治，其实，“合法”和“依法办事”并不是法治，问题在于这种法律是根据什么来制定的，是在什么条件下制定的。极权主义者也可以立法，也可以通过法律将独裁和专制合法化。法治同自由竞争的关系是非常紧密的，只有在维护竞争和自由的情况下立法并执行才是严格意义上的法治。

沿着自由哲学这一分析主线，本书向读者介绍了哈耶克的四部代表性著述，即《通往奴役之路》、《致命的自负》、《法律、立法与自由》和《自由秩序原理》。这四部著作是哈耶克建构一个自由国度的政治理想的集中表述。执著奉行自由主义的哈耶克留给后世的思想是丰富、庞杂而精深的，从经济学、伦理学、政治理论到社会法律哲学，其自由哲学思想的影响超越时代，在一定意义上能够给我们积极的启示。

考虑到编译文本的逻辑性、思想性和可读性，本书对每一章节设定了小标题，并在文中对有关术语、人名及地名做了说明性的注释。

九州出版社

二〇一一年一月

目 录

一、通往奴役之路：为自由主义辩护

1944 年，哈耶克出版了《通往奴役之路》一书，该书是他在批判集体主义试图采用集体计划来规范私人行为的基础上，集中撰写的一部著作，是对集权主义进行的直接的阵地战式的反驳。

撰写该书时，正值哈耶克试图在经济学界同凯恩斯争夺学术地位失败、转而研究政治哲学问题之际。在哈耶克看来，集体主义立场是导致私人不自由的根本原因，这主要是由于集体主义不断利用行政权力的制约能力来侵犯私人的自由空间。在他看来，只有绝对尊重私人的自由权力，才能推动个人与社会的团结和一致，才能确保私人权利顺利实现，也才能推动社会政治体制建设，实现社会文明。

在哈耶克看来，个人主义来自于自由、民主的信念，个人主义的表现就是自由个体和全面民主。个人主义在经济领域的形式就是市场经济，或者就是当今社会的资本主义形式；而集体主义在经济领域的表现就是计划经济，现实表现就是社会主义。

站在哈耶克的立场上来看，个人主义所要实现的目标是平等，而集体主义所要实现的目标也是如此，但它们却迈向了完全相反的道路：个人主义在充分尊重和保障个人自由以及全体民主的条件下实现平等，集体主义则试图以优先实现全体利益为前提，从而达到平等的社会目标。两者的区别就在于这个全体到底代表哪些社会成员。实际上，哈耶克的“全体”仅仅意指那些取得既得利益的社会群体，保护私人自由秩序也就可以保护这部分人的根本利益不受到侵犯。而集体主义的“全体”则指向全体民众，是希望在全体民众范围内实现全面的平等，这一平等形式不但要实现人们分配社会资源的平等份额，还希望实现每个人对社会资源的平等索取权。全体如果只是代表了某一个阶层或某一政治团体、集团的利益，那么，全体就是一个小集体，这一全体就不具备普遍意义上的代表性，也就是说自由仅成为部分人的特权。

1. 迈向乌托邦的路径

> 社会发展的根本方向是使人从封建社会的枷锁下解放出来，去实现个人自由的生活

在哈耶克看来，个体主义相对于社会主义以及其他所有形式的集体主义而言，存在着巨大的差别，具体表现在个体主义主张个体依据基督精神尊崇个体、信奉人希望自由发展个人天赋和爱好。这类哲学思维在文艺复兴时期首次被完善、发展并传播于我们所知的西方文明世界。社会发展的根本方向是使人从封建社会的枷锁下解放出

来，去实现个人自由的生活。

或许会出现这样的认识，某些人认为与个体力量毫无关联的成长的最显著的后果，是实现了科学在近现代神奇的发展。而这种情形的出现仅仅是因为产业自由打开了自由运用新知识的道路，也仅仅是因为人们通过实践科学实现了巨大的跨越，从而在过去的一百五十年间改变了世界的面貌。

哈耶克认为，绝大多数进步人士都会坚持这样的信念：社会主义取代自由主义，这意味着人们不再记得过去伟大的自由主义思想家有关集体主义的示警。之所以出现这样的情形，是因他们相信正好相反的东西。令人奇怪的是，同是社会主义，在过去被公认为是对自由可怕的威胁，从一开始便被视为法国大革命中的自由主义势力的反对力量，现在却在自由社会的旗帜下受到夹道欢迎。现在很少有人记得，社会主义一直很直接地具有独裁的特质。现代社会主义基础的理论创造者法国作家们从不怀疑，他们的思想唯有通过强力独裁政府才能实行。也许，对他们而言，社会主义只不过是通过深化等级制度的路线谨慎地对社会进行改革，并施加某种强制的精神力量，籍此终结革命的尝试。在谈到自由的时候，社会主义的理论创造者们并不掩饰他们的用意。在他们看来，自由思想是19世纪社会的罪恶之源，现代计划主义的首倡者圣西门甚至认为，对那些不服从拟议中的计划委员会的人，要像牲畜一样来对待。

可是，1848年革命前民主潮流的推动，使关于社会主义的理论开始与自由理想联系起来。新生的民主社会主义用了相当长的时间才改正了原先的做法，并根除了理论先驱引发的疑虑。没有人比托克维尔更能够意识到，民主实际上是某种事关个人主义的制度，同社会主义存在不可调和的矛盾。

哈耶克借用托克维尔在1848年的论述来说明这一问题："民主扩充个人的自由范围；相反，社会主义则对民主加以限制。民主尽力赋予每个人价值，但社会主义则使每个人都成为工具、符号。民主和社会主义相比较，除平等一词之外缺乏共同点。可是必须注意以下这个区别：即民主是在自由当中觅求平等，而社会主义却以约束和奴役为前提觅求平等。"[①]

因此，哈耶克指出，为了降低这些疑惑，并将所有政治原因中最强烈的动因为自身所用，社会主义从一开始就逐渐地利用某种新自由的承诺。社会主义的降临是从必然王国迈向自由王国的飞跃，这类形式将带来经济自由。如果缺乏经济自由，就不值得拥有所获得的政治自由。只有社会主义才能实现一直以来为自由而进行的艰苦的斗争，在这场你死我活的斗争中，政治自由的实现仅仅是达到第一步的目标。

---

①"1848年9月12日在制宪会议上关于劳动法问题的演讲"，参见《亚里克西·德·托克维尔全集》，第9卷，第546页，1866年。——原注

如果将自由一词的意义稍加改变，这个观点听起来似乎更合乎情理。对倡导政治自由的人们来说，自由意味着免于强制的自由，是摆脱了他人或外在力量专断权力的自由。可是，承诺出现的新自由是颠覆了必然性的自由，是从外在环境的压迫下获得的解放。正是环境限制了所有人的选择空间，尽管对某些人而言，选择空间比别人大的多。在人们真正达到自由之前，须打破匮乏的物质引发的专制，去除经济制度的束缚。

于是，在此意义上，哈耶克认为自由仅仅是代表权力或财富的名词。可是，虽然新自由的承诺往往同社会主义中物质财富增加的随意的承诺相似，但并不是由于对吝啬的自然的绝对征服，经济上的自由便能够实现。这类承诺实际上说明了差异化的个人在选择空间上存在的巨大悬殊必将被彻底消灭。因而，对新自由形式的要求，仅仅是对旧有的财富平均分配的代名词而已。但新名词却使社会主义者享有某个与自由主义者共有的名词，这点被社会主义者充分地利用。虽然新名词被两个对立集团有差异性地使用，但几乎没有人注意到这个特征，更少有人曾经反思政治自由与经济自由是否能够真正结合在一起。

> 达到自由的道路被证实是通往奴役之路的话，结局就更悲惨

在哈耶克看来，毫无疑问，对更大限度自由的承诺已变为社会主义宣传最有效的武器之一，人们受到这种宣传的鼓舞，真诚地期望社

会主义能带来自由。可是，倘若承诺给予我们达到自由的道路被证实是通往奴役之路的话，结局就更悲惨。对更大自由的承诺使相当多的自由主义者被引诱而迈上了社会主义道路，这导致自由主义者被蒙蔽而难以认识到社会主义同自由主义的基本原则之间的冲突，并经常使社会主义者能够擅用已有的自由党派的名号。可是社会主义被相当多的知识分子承认为自由传统的必然继承者，于是，他们不接受社会主义会引发自由的对抗的看法，就不足为奇了。

哈耶克指出，近些年来，社会主义无法预知后果的担忧，不断地从无法意料的各个层面表现出来。许多理论家不管在研究相关题目时存在怎样的差异，但对法西斯主义和共产主义命题的相似性都记忆犹新。当某个国家的进步人士仍然自我陶醉，赞同共产主义和法西斯主义表现了对立的极端立场，更多的人却开始反省，这类新的专政难道不是同一趋势的结果吗？即便是共产主义者，也多少被诸如列宁的友人马克斯·伊斯门的宣言所影响；马克斯·伊斯门承认，斯大林主义相比于法西斯主义，不是变得更好，而是变得更坏，更加残酷、粗野、缺乏公正、违反道德、对抗民主、无可救药，而且它最好被称作“超法西斯主义”。因此，当发现某个作者在某种意义上认同斯大林主义就代表社会主义，也就是说国有化和集体化趋势是无法预见、无法回避的政治衍生物，而且两者都是赖以建构无阶级社会计划的部分的话，从这个认识来看，这一事实所产生的后果显然具有更广泛的影响和意义。

同时，为了证明该结论，哈耶克举了伊斯门的例子，伊斯门也许是最突出的，但却绝非第几个或仅有的对俄国的社会实验表达同情却作出相似结论的理论家。在俄国居住了十二年之久的美国记者 W·H· 张伯伦先生亲身体会到他的全部梦想的破灭，便将他在俄国、德国和意大利做的调查总结出来：社会主义者肯定能证实，至少在其初期，不是迈向自由，而是导致独裁和反独裁的斗争以及通往血腥的内战。通过民主方式实现并维护的社会主义形式，看来确实属于乌托邦世界。同样，英国作者 F·A· 沃伊特以对外记者的身份对欧洲的发展状况做了多年详细的研究，总结出这样的观点：马克思主义已引发了法西斯主义和民族社会主义，就其全部内容来讲，它即是法西斯主义和民族社会主义。而沃尔特·李普曼博士也已承认这些观念。

因此，哈耶克断言，现在这一代人从经验中明白，当人们离开自由，并将自身事务强制组织起来的时候，情况必然会是怎么样。尽管我们期望每个人都过上某种更富足的生活，但在现实中却放弃了这类期望；伴随着组织管理的强化，多样化的目标让位于一体化、统一化。这是社会对计划和独裁主义原则的报复。

自由理想有两个毁灭性的敌人

从过去刊行的著述中，人们可以找到相当数量的有能力、能理性判断的人所表达的类似陈述，特别是这样一些人的陈述——他们身处极权主义国家，属于这类国家的公民，经历了许多变化，于是，经验迫使他们修正许多珍贵的、神圣的信念。哈耶克引用彼得·杜拉克①的话作为例证，他的类似结论比已经引用的那些结论更公允：

> 对自由与平等的信念，假设通过马克思主义而实现的想法已经完全崩溃，这迫使俄国遵从德国的路线，即实现纯粹消极的、极权的、排斥经济的、不平等不自由的社会。也就是说本质上共产主义与法西斯主义是相似的。法西斯主义是共产主义被证实为某种唯美的幻想之后所出现的阶段，而在持斯大林主义立场的俄国和希特勒帝国之前的德国，共产主义同样被证实为幻想。②

因此，哈耶克认为应当关注法西斯领袖人物和纳粹领袖人物的精神发展史。每位关注此类运动在意大利或在德国出现的人们，都曾对相当多纳粹人物存有深刻的印象，从墨索里尼算起（包括赖伐尔和吉斯林），最初他们都是持社会主义立场的人，但最后都变身而持法西斯主义立场。在德国的情形就是这样，年轻的

① 彼得·杜拉克（1909—2005），出生于奥匈帝国的维也纳，祖籍为荷兰。他创建了现代管理学，被誉为“现代管理学之父”。——译注

②《经济人的末日》，1939 年，第 230 页。——原注

共产主义者都比较容易地变身为纳粹信徒，相反的情形也是存在的，这是毫无疑问的。两种党派的理论鼓动人们了解这一特征。在20世纪30年代，德国大学的教育者们碰到从欧洲大陆其他国家返回的英国和美国学生，就根本难以确定他们是属于共产主义阵营还是纳粹阵营，唯一能够确定的是，这些人都仇恨自由的西方文明传统。

于是，哈耶克肯定地认为，1933年之前的德国和1922年之前的意大利，持共产主义立场的人与纳粹分子或法西斯分子之间的矛盾和冲突确实比与其他党派之间的冲突更突出和频繁。他们互相寻求同类型思想根源的支持，但彼此却像异端那样仇视。然而他们的现实表现却说明他们之间的关系非常密切。对他们而言，敌人就是那些主张传统的自由主义者，因为他们之间缺乏任何相似的地方，确实也无法改变他们的信仰。纳粹分子之于共产主义者，共产主义者之于纳粹分子，或者社会主义之于这两种形式，都是互相潜在的瓦解对象，而且他们都相信虚妄的预言。不过他们一致肯定：他们与信仰个人自由理念的人毫无共同之处。

为了确保这个特征不被来自任何官方宣传引导的人怀疑，哈耶克引用一位权威人士的陈述。在一篇以“自由主义的再发现”为标题的文章中，德国宗教社会主义的领袖之一爱德华·海曼写道：

> 希特勒主义信徒称自身既是确实的民主主义，又是确实的社会主义，而令人恐惧的真实情形是，在这些声明中却存在某些不易发现的事实——尽管这是很小的，但却足以构成荒谬宣言的基础。而且，希特勒主义甚而声称是基督教保护者，但令人恐惧的真相是，即便如此猖獗的误导却能让人留下某种程度的印象。可是，事实却明白地从这类混淆视听的宣言中展现出来：希特勒从未表示能代表确实的自由主义。因此，自由主义具有希特勒最为痛恨的学说的特征。[①]

应该指出，仇恨之所以差点没有机会在现实中表现出来，仅是因为希特勒上台之初，自由主义理想在德国实际上已销声匿迹，而正是社会主义扮演了救世主的角色。

于是，哈耶克得出这样的结论，对许多曾经看到社会主义之向法西斯主义转变的人士而言，两种制度之间的关联日益明显起来，在这个国家中，多数人仍然坚信社会主义与自由并无相克之处。无须怀疑，多数社会主义者对自由理想持坚定的信念，但假设他们意识到这些纲领的实现将意味着毁灭自由，他们也许会重新思考自

①《社会研究》（纽约）第 8 卷，第 4 期，1941 年 11 月。——原注

身的立场。但无法调和的各种社会理想仍然和平共处，因而，我们能听到个人主义式的社会主义这类语义矛盾的观点还被慎重地讨论着。

假设这是使我们迈向新世界的精神现状的话，当务之急就应当认真地审查其他地域发生的该类演化的实在内涵。尽管结论只是证实了他人曾经表述过的担忧，但设想我们不对这类转变的主要立场进行严格的审查，就难以明白将此类社会发展形式看做偶然的理由。结论就是民主社会主义——近几代人伟大的乌托邦理想，不仅无法实现，而且为之努力将会出现某些完全不一样的现实原则，因而，现在对这些原则存有幻想的人们几乎无人打算接受这类社会秩序——除非他们的关系在现实中被全面地实现，否则就再也没有人承认它。

2. 孱弱的个人主义

计划主义者和自由主义者之间的分歧

哈耶克认为在继续探讨这一问题之前，还需要克服阻碍。这就是需厘清某些混乱，因其使我们陷入不愿遭遇的困境。

这类困境直指社会主义概念。这个概念或许表示，并常被借用来证实这样的情形：只有社会正义才在更大程度上呈现平等和社会保障等理想，这是社会主义的终极目标。但它也意味着多数社会主义者期待实现这些目标而需采用的特别方法，并且是被相当多精英认同的完全而迅疾地达致目标的唯一方法。在此情形下，社会主义就意味着根绝私有企业，排斥生产资料私有制，并创造计划经济制。在该体制中，宏观计划机构了代替为利润而钻营的企业家。

很多人自誉为社会主义者，尽管他们关注的仅是社会主义这个概念所有意义中的某一个含义，即狂热地崇拜社会的终极目标。可是，他们既不关注也不明白终极目标怎样才可成为现实，他们仅仅确信的是终极目标必然会实现，不管付出多大的代价。但是，对所有那些视社会主义为某个希望和现实政治的终极目标的人而言，现实社会主义特别的方法和目标具有同等重要的意义。相反，多数与社会主义者同等重视该社会目标的人们，由于认识到该方法对别的价值的威胁，因而拒绝表态支持社会主义。于是，事关社会主义的争论在相当程度上正演变为关于手段而非关于目标的争论——不管社会的不同目标是否能够同时实现。

这种情形已造成思想混乱，并且这种混乱情形还在延续，这是由于人们惯常的思维习惯不喜欢那些持反对意见的人对自身所期望实现的目标的威胁，但这种威胁恰恰还在逐步增大，这就必然使混乱情形变得更严重。但这还仅仅只是部分情况。导致该情况更加难以辨别的是这一事实，即社会改造的首选工具统一经济计划，也适用于其他许多目的。假设期望收入的分配不违背主流的社会正义原则，就须集中管理经济行为。因此，所有要求以为使用而生产替代为利润而生产的人，都寄望于计划。可假设对收入的分配以某种违背社会正义的形式来调节，那么，计划就绝不可被抛弃。大部分世俗的好东西应属于某一高贵的民族，如日耳曼人，或应属于某一党派内的成员或某一贵族阶级。

哈耶克批判道，利用社会主义一词要说明的是其方法而非目标，把对很多人而言意味着终极社会理想的名词应用于特定的方式，这也许是缺乏公平性的。或许更好的方式是把应用于各种目标的方式称为集体主义，同时视社会主义为其中的种类。对多数社会主义者而言，唯有某种集体主义可以代表社会主义，可是，须牢记社会主义属于集体主义阵营，因此，合乎集体主义的东西也适用于社会主义。

自由主义和社会主义的争论，差不多关乎所有形式的集体主义共有的方法，而未牵涉到社会主义者运用方法要实现的特定目标；在《通往奴役之路》中提到的所有后果，都来自于集体主义的方法，而与方法适用之目标毫无关联。同时，不可忘记社会主义不单属于集体主义或计划主义中最重要的种类，并且，社会主义还具有另外的功能，那就是劝服那些持自由主义立场的人们服从经济生活管制，尽管这类管制曾被他们推翻过。根据亚当·斯密的观点，这将推动政府保护自身，自愿执行专制和压迫的事实。

即便那些赞同以集体主义总括各类型计划经济的人，计划的目标对他们而言并不重要，这是由于普遍政治设想引发的困境，依然难以处理。在那些设想根据确定的分配理想实现必备的计划情形中，计划一词的含义才显得清晰起来。但集体性的计划能打动人心应归于该词意义上的不确定性，所以，在讨论其后果前，须使其意义清晰、一致起来。

哈耶克指出，计划受青睐的原因在一定意义上应归功于这个现实，即人都期望尽力合理地解决面临的困难，同时，尽量以天赋的预见准确地处理问题。如此，则只要个人并非极端宿命论者，就会赞同计划立场。每一政治活动都是（或应是）计划性的，只存在好和坏、睿智而远见和愚笨而短视之计划的差别。那些以探索人类实际怎样行为和怎样计划其事务为责任的经济学者，是肯定不会抵制普遍意义上的计划的。可是，那些热烈地支持社会规划的人们，却不是在这个意义上使用计划这个词。在计划者眼里，其动机仅是设计某种永久性的正义框架，个体的个别计划是远远无法满足这个要求的。他们认为，自由主义式计划即毫无计划，因为这类计划并非是为满足谁应该占有什么的个别计划。计划者根据单一计划集中管理所有的经济活动，并有意识地规范社会资源管理，以便根据某一确切方式为个体目标服务。

所以，现代社会计划论者和反对者之间的冲突，并不是于可能的社会组织之间应当如何选择，也不是应当预见或系统化地思考共同事务，而是关于这样做的最佳方式是什么的问题。可是，从这个目的出发，控制权威力量的人是否应该将自身限制于某些条件之内，并最大化地发挥个人知识和创造能力来成功地制订计划，或利用这些能力来合理地使用社会资源，以及按照某一有意构造的蓝图集中地管理和组织我们的所有活动。各社会主义派别无一例外地把计划的含义理解为后一类型的计划。这也就意味着，这类计划是处理事务的唯一合理的方法，可是却并未予以充分证实。于是，计划主义者和自由主义者之间的分歧依然存在。

在哈耶克看来，要解决冲突，相当重要的问题是不把反对此类计划的意见与教条主义式的放任自由相混淆。自由主义的观点赞扬尽可能利用竞争元素来调节人类行为，反对让事态放任自流的主张。自由主义以这个信念为基础，即只要社会能创设有效的竞争方式，就比任何方法都能有效地指导个人的行为。同时，它还强调为使竞争能有效地运作，需要设定某一精心安排的法律结构，但是过往和现实的法律都不够完美。而且，自由主义也承认，如无法创设使竞争有效的必要条件，就须执行指导性经济。不过，经济上的自由主义不同意以规划个人行为取代竞争的地位。竞争一开始就被认为是优越的，不仅因为其在多数情况下是人类熟知的最有效的方式，更因其是使我们的行为在行政当局的强制与专断的干涉不在场时能相互协调的唯一方法。的确，拥护竞争的一个突出点在于，它根除了刻意的社会控制，并且，这种情形给予每个个体某个同等的机会，决定是否应当补偿某一职业产生的风险和损害。

> 只有在为竞争而计划而非利用计划抵制竞争时，计划同竞争两者才能结合

哈耶克说，如果将竞争成功地运用于社会组织的运转过程，可以防止社会组织对经济生活某种形式的强制干预，但同时须承认社会组织促进社会运转的某些形式的强制和干预。实际上，社会需要某些形式的政府参与。可是，强调否定性的要求，即强调强制缺乏的情形，理由还是很充分的。首要的情况是，参与市场的各方须自由地根据交易对象商定的价格完成交易，任何人都须自由生产、出售以及买进可能生产和出售的产品。参与各类交易的途径须于机会均等的前提下对所有人开放，法律难以允许任何个人或集团公开或秘密地垄断这些途径。任何垄断某类商品生产价格或数量的想法，将会导致竞争无法有效地协调个人行为，这是由于价格的变迁不再彰显现实条件的全部变异，也无法指导个人的行动。

因此，对某些仅仅限制被允许的生产方法的措施，当该限制对所有潜在生产者同等地产生影响，并不被利用为某类间接地垄断价格与数量的方法时，该原则就不一定适用了。尽管所有对这些方法和产品的垄断都须付出极大的社会代价，并且生产同等量的产品需消耗更大量的社会资源，却仍是值得的。严禁使用有毒物质，限

定工作时间或规范某些卫生设施，都与竞争形式一致。剩下的唯一问题就是，在某一情形下，所获得的收益是否大于所付出的代价。保持竞争形势与广泛的社会服务体系并不矛盾——只要这类服务组织运用的方法不使大范围内的竞争失效。

在此，哈耶克仍不满意的地方是，以前使竞争成功实现的积极条件，比较起消极条件而言受到的关注少得可怜。竞争要发挥作用，不单需要合适地组织某些要素，如货币、市场和信息渠道——而其中某些情形是私有企业无法实现的——并且尤其寄望于某一正当的法律的存在，这类法律制度的目的既维持竞争，又推动竞争尽可能有效地产生作用。法律仅适用于个人的私有财产和市场自由契约无法满足的情形，实际上，法律更依赖于财产权的适用性的明确规定。对推动竞争有效运作的各类法律制度的全面研究被忽视，这是令人痛心的；我们可以证实并说明存在的严重缺陷，特别是公司法和专利法，不但可能导致竞争糟糕地运行，甚而已经摧毁了许多领域内的竞争。

最后，哈耶克指出，在某些领域中，不存在什么法律措施可以设定执行竞争和私有财产制度能仰赖的主要条件，这就是说，所有人都获得其财产产生的所有有利的服务和好处，并承担利用其财产对他人的所有伤害。譬如，在无法依赖补偿代价享用某类服务的情况下，竞争就无法提供该类服务；相反，当利用私有财产危害别人，并且无法有效地使财产拥有人承担责任的时候，价格制度也就同样缺乏效用。在所有情形中，个人思考的内容和影响社会福利项目之间，一直存在分歧；并且，当分歧严重的时候，就须于竞争外执行某一措施实现该服务。

因而，在大多数情况下，在道路上设置路标的成本与道路本身的成本，绝不可能由每个单独使用它们的个人支付。同样的道理，森林砍伐、某类耕作方式以及工厂烟尘与噪音等有害后果，也无法仅局限于财富所有人，或仅限于取得商定的赔偿而愿意接受伤害的那些人来承担。在这种情形中，须依赖于排斥价格机制调节的形式。可是，在无法设定有利于竞争正当运行条件的情况下，须采用行政当局直接管理来取代竞争，但这种情况无法证实竞争能产生作用的情况。

结果，创造的条件推动竞争最大可能的有效，并在竞争无法产生效用的情况下予以补充。根据亚当·斯密的观点，竞争即便能于最高程度上利于社会，却必须有这样一个特征，也就是对任何个人或少数人而言，利润难以补偿耗费，而这种情形现实地为国家权力空置了广大的和难以怀疑的活动空间。在缺乏能被合理维护的制度时，国家无法置身事外。某种有效的竞争与其他制度相似，需要经睿智规划并逐步调节的法律架构。法律的适当运用须具备的根本条件，即预防诈骗和诡计（包含利用鲁莽和无知），这给立法行为展示了宏大但远未实现的目标。

然而，哈耶克还想到，当设定合理的法律框架推动竞争形势向有利方向发展并未彻底进行的时候，很多国家的政府却放弃该任务，并利用不妥协的原则替代竞争。于是，问题就变成怎样取代竞争，而不是推动竞争的运行并加以完善。但必须明白一点：现代社会的计划行为是反竞争行为，计划将竞争的所有天敌都团结在新旗帜下。尽管各方的利害关系诱使他们期望在该旗帜的号召下恢复自由时代扫荡的所有特权，正是社会主义有计划的宣传，才于信仰自由思想的人们中振奋了反竞争的气势，才可能有效地抚慰所有由于消灭竞争实验所经常引发的其是否健全的疑问。而这实际是左、右翼社会主义者联合起来的条件，即同样敌视竞争，并利用某类经济管理体制表达他们的共同愿望。尽管仍然使用资本主义、社会主义来指示社会形态的过去和将来，但这两个名词秘藏而非陈明了社会过渡的情形。

尽管观察到的所有变化都倾向于大规模地集中管理经济活动，可是，反对竞争的普遍斗争，肯定首先从各方面表现出某些更坏的形式，某种既难以满足计划论者也难以满足自由主义者的情形，也就是出现某种工团主义式的或法团主义式的行业组织，于是，竞争或多或少将受到限制，但计划工作则委托给各行业自立的垄断者。于是这样的情形出现了——人们因厌恶竞争而团结起来，却对其他东西缺乏一致性——这是难以避免的必然结果。在各行业中都破坏了竞争，但这些政策促使消费者只能服从组织良好的行业中的资本家和工团联合行动。可是，尽管这种情况在许多领域中存在了相当长的时期，同时相当多的造成混乱的宣传计划的人也期待实现这个目标，但这毕竟不能被人们持久和理性地视为正当的情况。

实际的情况是，行业垄断组织的独立规划，会产生与首倡计划的人预想相反的结果。一旦出现这类情况，除恢复竞争方式之外，唯一的途径就是强化国家垄断控制——这样的控制，如需见效，还须逐步完善并详细化。对现实的人们而言，正接近的就是这样的阶段。二战爆发之前不久，某一周刊曾经指出："很多迹象证实，至少英国的领袖们逐步习惯于利用国家控制的垄断组织完成全国发展的观点"，[①]这也是对现实形势的正确评估。从那时起，这个过程被战争大大加速，伴随着时间的推移，其严重的缺陷和危险也就逐步表现出来。

在经济活动中全面集中管理这一思想，在哈耶克看来，仍使多数人感到心惊肉跳，这不仅因这个任务现存着相当的困难，更多的是因为每事都需独一无二的核心观念来指导所激起的恐惧。可是，假设现实确实在迅速趋向于这种状况，那么必定可能在完全竞争和集中管理之间找出某一中间道路。诚实地讲，表面来看，或许再也没有比这个观念——即赞同我们的目标既非如自由竞

① 《观察家》杂志，1939 年 3 月 2 日，第 337 页。——原注

争那样极端的分散，也非完全集中于某一仅有的计划，而是两种方法的合理联合——更让人感觉有理或更容易撼动明白事理的人们了。

可是，仅凭常识指导会破坏该情形的和谐。尽管竞争体制能容忍某种程度上的集中管理的渗透，但竞争无法在与计划联合的情形下受到我们毫无保留的欢迎。这种联合难以奏效，也无法变身为实现生产方式的可信赖的指导力量。计划也非某种有效药剂，只需使用少量就可产生其完全应用时期望产生的那种结果。假设竞争和集中管理都不是完全形式的（要么是完全竞争，要么是完全集中管理），那么两者都将沦为粗劣与无效的工具，它们在被利用解决相同问题时只需任择其一，把两者混合起来必然导致任何一个原则都难以发挥作用，结果反而比只择其一的情形糟糕得多。或者可以这样说：只有在为竞争而计划而非利用计划抵制竞争时，计划同竞争两者才能结合。

3. 计划是不可避免的吗

> 财产的私有制是自由最重要的保护神

哈耶克指出，为实现其目标，计划者须设立控制他人的权力体制，并利用该体制压迫他人。计划者成功地依靠该体制获得了大量的权力，民主变成压迫自由的障碍，削弱了集中指导经济行为的要求，由此引发了计划与民主之间的大规模的冲突。

多数社会主义者悲剧式地幻想取消私有个体所有的个人主义权利体系，并使该权利转而由社会统一支配，因此个人权利被无情地取缔。权力的集中忽视了个人存在，并服务于单一的计划，这不仅仅是转移，而是无限地拔高集中权力的地位。集中于少数个体手里的权力早前由众多个体独立享有，权力的汇合创设了前所未有的、巨大的权力核心，并区别于历史上的任一权力体制。

讨论由中央计划委员会集中实践权力将比私人董事会的经理们集体实践权力规模更庞大，这是毫无意义的，也是荒谬的。在竞争社会中，没有人能够平等地实现社会主义计划委员会拥有的权力份额。为防止权力的集中化，就不得不削减绝对的权力总量，竞争体制是唯一能够最小化人压迫人的权力的体制。哈耶克极度地怀疑那些亿万富翁（我们的雇主）利用权力对我们的控制会远不及最弱的官僚体制利用集中权力对我们的限制，这类判断主要基于在多大程度上允许集中权力存在和运行。

于是，哈耶克得出结论，在任何现实情形下，某个毫无技术的、薪金少得可怜的英国工人比相当多的德国雇主有更大的自由从而形成自身的生活风格，也比俄国那些高薪酬的工程师或经理更易享有自由的生活。假设他想换工作或改变生存地位，假设他想使自身的观点更专业或用某种特殊方式度过自身的闲暇时光，他并不需要面对不可逾越的阻碍。他能毫费力地保障生命安全，并靠毫无理性的蛮力限制自身自由，从而适应更高的力量为他安排的环境和任务。

现实社会的人们忘记了财产的私有制是自由最重要的保护神，这仅仅表现为对生产方式的控制衍生出人们的独立行为。作为个体的我们能够自我决定自身的行为。当所有的生产方式被掌握在单一权威手中的时候，无论是谁对我们实施绝对的权力压迫，都可被视为集体控制或独裁。

在哈耶克看来，几乎没有计划主义者愿意承认集中计划是出于心甘情愿，这是富于启发性的。计划主义者中的大多数人肯定相信，我们毋须选择是采用计划还是竞争，这是因为无法控制的境况迫使我们用计划替代竞争。人类刻意培育了这一神话：我们正在完成的新事业，不是出于个人自愿，而是因竞争在技术更新过程中被自发地消除了，这一技术变迁进程既无法逆转，也难以被阻止。这一论点属于某种能通过转述而扩大知情面的主张，由于被不断地重述，也就成为大众认同的事实被接受。可是，这个论点并无充分的根据。计划和垄断的形势，并非难以控制的客观事实的后果，反而是各种观点集合的产物。这类观点已传播超过了半个世纪，并最终表现为支配所有政策的因素。

在论证计划难以避免的过程中，经常出现的看法是，技术更新导致越来越多的社会领域排斥竞争，于是，我们唯一可以选择的是私人组织垄断生产或是政府统一管理生产。这个信念源于马克思主义关于产业集中化的理论。同许多马克思主义者所传播的信念一样，这个理论也是在各类人中转述三四次才被接受的，因此，它的出处无人清楚。

在过往的一百多年中，垄断社会组织逐步发展，竞争原则适用的领域逐步受到限制，这个历史现实确实无可辩驳——尽管该现象出现的程度常被夸大。突出的问题在于，这一发展形式是技术更新的后果，也是多数国家延续政策的结果。也许不久我们会发现，社会发展的历史推动人们强烈地回忆起后一种情况。但是，必须首先反思现代科学技术的发展在多大程度上导致较广泛领域内垄断形势的发展。

社会垄断发展的技术因素，即指规模化企业比较小企业的优点在于大规模生产方式的效率更高。在哈耶克看来，人们普遍认为，现代生产方式在多数行业中设置了条件，导致规模化企业的生产可以以单位成本递减的形式不断扩大，结果，规模化企业处处采用低价策略挤压与排斥小企业；这个过程必然持续下去，每一行业仅仅剩下为数不多的某个或某几个巨型企业。确实，这个观点仅仅孤立地对待随技术更新产生的社会影响，并且忽视反方向产生作用的影响；因此它也就难以从认真研究事实的过程之中获得支持。我们难以详细考证这个问题，只能接受能获取的最好证据。哈耶克认为，大约大半个世纪之前，对这类事实作最全面的研究的是美国全国经济临时委员会对经济力量集中化课题的研究。该委员会最终报告的结论是，规模生产的更大效率将促使竞争的消失，这一观点在现有的所有证据中难以获得支持。该委员会有关这个问题的详细论文，是这样概括的：

> 规模化企业的高效并没有得到切实证实。被认同为竞争破坏的那些有利条件，在多数领域没有体现，规模化经济于其存在的范围内也并不确定产生垄断……对效率而言最合理的某种或某几种规模，也许在多数供给受到控制性支配之前很久就实现目标了。规模生产的有效条件必然难以回避致使竞争被消灭的结论是无法接受的。[①]

政策的支持使垄断如雨后春笋般丛生

同时，哈耶克在此得出结论，社会垄断的形成经常是规模大、成本低之外的多种因素集中作用的结果。其通过相互勾结的协定形成并被公共政策推进，当协定失效以及政策恢复时，竞争的前提是可以满足的。任何曾关注垄断者怎样狂热地寻求并常获得行政权力的支援并促使控制成为现实的人，绝不会怀疑这个发展形势是可以避免的。

哈耶克认为，竞争的陷落与垄断的流行于各国出现

① C· 威尔科克斯：“美国工业中的竞争与垄断”，《全国经济临时委员会专题论文》，第 21 号（1940 年），第 314 页。——原注

的时间先后，强有力地证实了这个结论。假设这些情况属于技术进步的结果或资本主义演进的产物，就应期望其将于那些存在最进步的经济原则的国家内首次成为现实。实际上，19 世纪的后三分之一时间内，垄断却于当时还相对年轻的工业国（包括美国和德国）首次出现。尤其是被看做展现了资本主义演进必经的过程的德国，自 1878 年以降，卡特尔与辛迪加的增加，受到严密的政策系统的支持。政府不单采用保护手段，并通过直接诱导和强制，催生了价格管制和垄断销售组织的出现。在政府的支援下，科学计划、工业的自发组织首次实验，推动巨无霸型垄断组织的诞生。这是因为德国那些善于总结经验的社会主义理论人士，尤其是桑巴特[1]的理论影响，竞争原则必然会发展为垄断资本主义的想法于是在大范围内受到人们的青睐。而在美国，高强度的保护政策促使某一相似的发展趋势存在可能。德国的情况比美国更可被看做普遍趋势的表率，哈耶克借用广为人们传阅的一篇政治论文中的话说："在德国，现代文明中一切社会、政治的力量，已达到其最先进的形态"[2]，这已经成为常识了。

这些经过慎思的政策难以避免的后果五花八门，但考

① 桑巴特（Werner Sombart）（1863—1941），德国社会学家、经济学家。主要著作包括《19 世纪的社会主义和社会运动》（1896）、《现代资本主义》（1902）、《犹太人与经济生活》（1911）、《资本主义》（1930）和《新社会哲学》（1934）等。——译注

② R · 尼布尔：《道德的人和不道德的社会》（1932 年）。——原注

虑德国1931年之前的情形以及英国也从该年起普遍执行保护政策的发展现状，事实就清楚了。除去少数在较早时期取得政府保护的工业——确实这仅是十数年来的事，就英国整体工业来看，或许与历史上任一时期相似都保持了竞争。尽管20世纪20年代在工资和货币上采取的矛盾政策曾导致英国工业遭受了严重的损失，但是，至少1929年之前的那些年，从就业和普通的经济活动来看，实际上比20世纪30年代的情形好得多。而在政府迈向政策保护并伴随着英国经济政策全面转向后，社会垄断组织的数量开始以令人吃惊的速度向前发展。英国工业的变脸令大众陌生。那些认为这种发展形势和此时期的技术进步存在关联，认为19世纪80年代与90年代在德国产生作用的技术的后果又出现于20世纪30年代的英国的观点的荒谬，并不亚于墨索里尼的狂妄话语中包含的口号，也就是意大利须在其他欧洲民族之前根除个人自由，因为意大利人种的文明程度远比其他民族进步得多！

持集中计划的观点完全是因为对竞争作用的误解而产生的

哈耶克列举了英国的情况，同意观点与政策的变换仅是由于现实的无情变化所致，认为这也许存在一定道理，因为英国一直远远地尾随其他国家的思想发展。因而，虽然公众舆论仍坚定地支持竞争，不过外部事件构筑的境况迫使希望消失，尽管工业社会的垄断组织不断增长。可是，当考察发展典型德国时，理论和现实的真实关联就一清二楚了。在那里，限制竞争是经过深思熟虑的方针，这是为实现那些被称为计划的理想而必须采用的，这点毫无争议。

赞同技术进步促进计划产生的主张，也可以采用不同的方式来解释。这也许是指现代工业文明的繁杂衍生了一系列新问题，假设放弃集中计划，则无法有效处理问题。就技术进步的意义而言，确实是这样，只不过在人们所认同的广泛意义上情况就不一样了。譬如，所有人都知道，现代大都市衍生的很多问题，比如因地域联系产生的多数问题，并未利用竞争原则合理地处理。可是，在因现代文明的繁杂持集中计划的人眼里，最迫切的并非公共事业这类问题。他们普遍赞同的是，因对整体经济进程详细的了解而越发步履维艰，假设想要社会生活不因混乱而崩溃，须借用某类中央机构进行协调。

结论在哈耶克看来是很明确的，这个观点完全是因为对竞争作用的误解而产生的。推动竞争作为合理实现协调的唯一方式，是现代社会条件下劳动分工的形式，而这种劳动分工形式的复杂性使竞争不单单适用于相对简单的情形。假设条件很简单，以至于个人或机关就能有效地察觉所有相关事实的话，实行有效社会控制或计划就不会存在困难。而一旦面对的各种社会因素非常复杂，致使无论个人或机关都无法得出概括的形象时，就必然会导致权力的分散。权力的分散就要求分权，随之出现的就是协调问题——协调使各企业调节自身的行为适合他们所知的情势，促使各企业计划的合理调整。由于没有任何个人能有意识地全面权衡涉及的因素，这些因素关联到众多个人的决策，也就势必分权。显而易见，实现协调无法从有意识的控制出发，只能从具体事务的安排出发，并向每个企业宣传它必须知悉的消息，促使企业有效调整事关自身的决策，并与他人的决策一致。同时，由于经常涉及各种商品的供求变化，所以无法选择一个核心立场出发去了解，这个时候就需要采用某种手段，自觉地指导所有人活动，这个时候，竞争既表现为每个人决策的结果，也表现为每个人决策的指示。

竞争情形中的价格体制给出了这样的指示，并且这一观点是其他任何设想都无法完成的。价格体制中的企业家只需像工程师关注个别仪表的指针那样，重点关注少量的价格变动因素，即可协调他们的行为并适应同行的行为。重要之处在于，当竞争普遍产生作用时，也就是说当个别生产者调整自身的行为适应价格变动，同时又无法控制价格的变动时，价格体制就实现它的职能。当社会整体越来越复杂的时候，就须借用个人分散的认识和个人分散的行动，并由价格体制内传播相关知识的非人为机制来协调。

哈耶克认为，假设须利用主动的集中计划去发展工业体系，就无法实现目前达到的那样多样、复杂和灵活。与分权情形下协调解决经济难题的方式相比较，集中管理表现出令人吃惊的拙笨、原始和空间狭小。相反，分工则能推动现代文明进步的程度，主要原因在于，分工并非被主动创造，而是人类无意识探索到的方法，并且分工远远超过计划的限度。因此，经济活动的复杂性，并未增加集中管理的必要性，只是在推动我们使用并不依赖于主动的控制上比过去更突出。

> 合乎个人心意的好事很多，但是我们能实现的只是很少的一部分

毋庸置疑，从哈耶克的立场上来看，倾向计划的行为是慎思的结果，但缺乏外在的必然强制来推动计划模式的实现。值得探讨的是，为何如此众多的技术人士竟然处于赞同计划的前列。阐释这一现象，与计划主义者的反对者应牢记的重要事实紧密相连。重要的事实在于，设想让专家的技术梦想变成人类的唯一目的，于是，差不多每一想法都能于相对短的时期内完成，这是肯定的。也许所有人都赞同，那些十分合乎个人心意的好事是非常多的，但是我们的一生只能期望实现其中很少的部分。由于专家在自身的领域内的志向遭遇到阻力，迫使他们抵制现实的社会秩序。看着那些所有人都相信既有必要又能完成的目标却难以实现，所有人都难以忍受。至于众多目标无法同时实现，和完成某一目标就须以其他目标为代价，都只在思考属于任何专业范围外的原因时才能被发现。这类情形须通过艰难的思想努力方能意识到——思想努力为何艰难，只因人类须面对更广的背景并明白大部分劳动目标，同时，必须将其同呈现于人类眼前的利益之外部的原因（几乎被忽视的目标）相比较。

哈耶克还论证到，一般地说，每一件事情都能在计划社会中实现，因此，导致很多人崇拜计划，人类坚信可以将个别特定目标的价值取向灌输于社会领导者的心灵内；于是，某些人的愿望肯定能满足，因为计划社会绝对比现实情势更能完成某些目标。人类所知计划的或近似计划的社会的确出现了这样一些例证，这就证实国家内的公民享有的益处是计划的结果。简单否认这个事实是愚蠢的。意大利与德国规模巨大的公路网的例证常被提及——尽管这并不说明自由社会也缺乏这种可能性。不过，引用技术高明的事例来证实计划的优越性一样不聪明。也许这样说更合理：这一事例与采用非凡技术取得显著成果，仅是滥用资源的表现。任何一个在德国汽车公路上驱驰的人，如果看到其运输量远比英国劣等公路还要少，都会有这样的疑问：如果仅就和平目的而言，真有筑造汽车公路的必要吗？假设这属于如下的情况，即计划者希望用大炮替代牛油，就变成另一类性质的问题了。① 只是，如果以普通人的标准来估量，就没有必要赞同筑造汽车公路。

那些专业人士梦想，他们最关心的目标在计划社会中会受到更多关注。哈耶克认为有这样想法的人不只是专业人士。就普通人而言，一般都认为个体安排不同价值的顺序不仅是个体自身的排列方式，同时也是理性人

① 当哈耶克在修改《通往奴役之路》一书的时候，他收到消息说，德国停止养护汽车公路。——译注

通过自由讨论，促使别人相信该顺序是合理的。譬如，爱好乡村生活的人，最希望的事情就是保持自然风貌，工业生产由于污染了自然原始的美貌因而必须排斥；或醉心于纯洁的人，则期待根除风景美丽但斑驳苟延的古老茅屋；或偏好驾车旅游的人，则期望到处是纵横的公路网；而崇拜生产效率之人，则幻想最大可能地实现机械化与专业化，这不输于为充分展现个性期待尽量保留个性化的梦想家。人们几乎都明白，目标唯有在计划中才能完全实现——而且几乎都因此而渴望计划的订立。可是，一旦采纳这些强求的社会计划，就会暴露各种目标之间潜藏的冲突。

计划行为之所以普遍受到欢迎，在哈耶克看来，源于这个事实：尽管计划为未来社会勾勒出了蓝图，但它却团结了差不多所有思想顽固的梦想家和奉献于某一个别任务的信男信女。可是，这些人寄望于计划并非全面观察社会的结果，而仅仅是某种相当局狭的观察的结果，而且是经常夸大其钟爱的目标的结果。这些人并未低估自由主义社会内此类型的人重要的现实价值，恰恰相反，这类价值本身被看做崇拜的对象。只是那些最渴望计划社会的人们，假设允诺他们的行为，必将使他们变为最危险的、最难以容忍他人计划的人，这是因为从纯粹并且真实的理想主义者走到狂热不过一步之遥。尽管颇为不满的专业人士强力推行计划方式，但是，如果允许世界上所有杰出的专家毫不困难地实现各自的理想的话，这个世界必然是最难容忍和最不正义的世界，即便通过某些协调也难以解决这种形式所形成的紧张的社会局面。也许，经济学家最难以自诩为具备协调者必备知识的人，他们希望实现既能完成协调又不创造新独裁的社会形式，可是，这就意味着必须对个人施加相应的限制，而这些限制既被众多的专业人士嫉恨，也非常难以被普通人理解。

4. 挑战民主

> 人类的幸福和福利无法依凭唯一的标尺来权衡

哈耶克指出，集体主义体制的共同特质，能用某个各立场的社会主义者都乐意接受的词句，描述为具有确定的社会目标进而精心构造的社会劳动组织。目前，社会主义批评家们的指责之一是当今社会不存在对单一目标的有意识的引导，因而，他们的活动受到不负责任的专业人士的奇思妙想的引诱。

于是，哈耶克认为，很多方面的具体表现推动核心论争逐步清晰，并且将我们引向个体自由和集体主义互相冲突的根本原因。各色集体主义，譬如共产主义、法西斯主义等等，它们之间的差异集中于它们希望推动社会努力达到的目标。但它们与自由主义以及个人主义之间的差异，则在于集体主义期望安排整个社会资源来实现单一目标，并抵制个人至上的思想。简单地讲，这种情形属于真正意义上的极权主义者；当然，利用新词只是从理论上说明集体主义难以回避的各种表现。

把社会团结起来的社会目标或共同目的，常被含混地表述为公共利益、总体福利或总体利益。在哈耶克看来，这类词语缺乏确定的含义来指示具体行动，千千万万人的幸福和福利无法仅凭某一标尺的多寡来权衡。某个民族的利益，就像某个人的幸福，仰赖于很多的事物——这些事物以不同组合方式呈现出来。它难以充分表述为单一目标，只能表述为不同等级的多个目标，并全面地衡量每人的每一需要在社会中占有的独立的价值空间。按照单一计划的安排指导人们的所有活动，预先设定每种需要都于价值序列中占有某个等级，那么，这一价值序列须非常完整，才能推动计划主义者于必须选择的不同方针内做出可能的决定。简单地讲，这种情形预设存在某种完善的伦理原则，使人类的不同价值都能适得其所。

完善的伦理原则概念是陌生的，需要努力猜想方能明白其含意。我们难以习惯性地想象道德原则为某类或多或少的完美之物。实际上，现实的人们一直在不同价值之间选过来选过去，却缺乏规范怎样选择的社会原则，这一事实并不让我们奇怪，也并非意味着道德原则的不完整。在这种情形下，人类没有必要也没有理由对应做什么达成统一的认识。可是，在人类采用的原则都被看做社会共同财富、并按照单一计划以社会名义使用的情况下，某一事关人类应做什么的社会原则必将指导所有决策。在如此的世界中，我们随时都能发现，人类的道德原则满是缺陷。

在此，哈耶克并不讨论是否值得存在一套完善的伦理原则。他仅是指出，迄今为止，伴随着文明的进步，受传统束缚的个人行为的范围不断地缩小。形成人类共同道德原则的规条越来越少，在性质上却逐步地普遍化。原始人在日常生活中差不多都受到复杂宗教仪式的限制，也受到难以计数的禁忌的束缚，因此，无法想象社会中会出现个人的某种出格的行为方式。自原始人起，道德规范逐步倾向于对个体随意行为的范围进行束缚。接受某种广泛而完全能决定单一经济计划的共同伦理原则，将与此趋势反其道而行之。

哈耶克认为，对人类来说，根本问题在于完全不存在此类完善的伦理原则。以单一计划指导各类经济行为，将引发无数问题，而对这些问题的回答仅是某种道德条规的安排，现实的道德难以回答这些问题，并且对人类应做什么也不存在一致的认识。人类对于这些难题，要么缺乏确定的认识，要么存在互相矛盾的认识，因为在我们生活的自由社会内，完全不必要思考这类问题，更无必要形成统一的意见。

于是，哈耶克断言人类缺乏囊括一切的价值标准，而对任何一个睿智人士来说，区分使用可用资源的人们的无限的差异性需求，并逐一确定轻重，也是无法完成的。对人类的问题而言，人们关心的目的或仅指自身的个人需求，或囊括其亲近以及疏远的同伴的需求——也就是说，就这些名词的普遍意义来讲，属于利己主义或利他主义是无关紧要的。重要的问题是这样的基本事实，也就是任何人只能涉及有限的范围，并认识个人的有限需求的紧迫性。不管个人兴趣是追求自身的物质需求，还是热衷于实现他熟悉的人的利益，他关注的所有目标对所有人的需求来讲，仅仅是冰山一角。

这就是个人主义思想依据的基本事实，它并不像普通人断言的情形那样。设想人应当是自私或利己的，这种理论仅从这个确实的事实出发，也就是从人类想象力的局限出发，而正是这一事实促使人类在其价值标准中强行覆盖全社会的福利。并且严格看来，由于价值标准仅存于个人心灵，抛开各类个别性的价值标准，也就没有其他东西存在了。也是从这一事实出发可以肯定，价值尺度难以回避地存在差异并常互相矛盾。因此，个人主义总结道，在有限的私人领域内，应当允诺个人服从自身的而非他人的价值标准和偏好，同时，在这一领域内，个人目标应是至上的，并不屈服于他人的命令。也就是承认个人是其目标的最终裁判者，以及个人应尽力以自身的立场安排自身的行动，这样，就形成了个人主义理想的根本内容。

可是，上述的见解并不否认追求社会目标，或更准确地讲，这类见解认同个人目标可能的一致性，正是这样的一致性推动人们为所追求的目标团结起来，并使这种团结成为有意义的个人选择。然而，这类见解却把共同行动限制于与个人观点相似的例证上；如此讲来，社会目标仅是多个人的相同目标——或者认为，是个人回报满足自身愿望时所受到的他人的帮助，并自愿贡献的那些目标。因此，统一行动被限制于人类一致同意的共同目标领域。常见的情形是，共同目标并非个人最终目标，仅意味着不同的个体能将其作用于不同的情形。实事求是地讲，当共同目标并非个人终极目标而仅是能够作用于各样意图的情形的目标时，人类行动才最可能取得一致，哈耶克在此强调了其个人主义的立场。

在哈耶克看来，人类团结起来致力于完成共同目标而企图构建的组织，譬如国家，被赋予了人类自身的目标体系及手段。可是，如此构建的机构依然是另外某些组织中的成员。假设这一组织是国家，比起其他组织更强力，但其依然存在特别的和有限的范围，只有在这个范围内，其目标才是至上的。这个范围的限度，决定于众多个人对未定目标取得一致的程度；对特别的行为方式取得一致的可能，伴随着行为范围的扩张而降低。在国家执行某些职能时，公民或许会取得现实的一致，而国家执行的其他职能或许能取得大多数人的认同。按照这个分析，国家就能实现共同目标。可是，虽然每个人都可能期望国家按照某种形式行为，但在政府应做什么的论争中，存在多少不同的人，几乎就有多少不同的认识。

国家行为仅被限定于公众意见一致的情形，人们才可仰赖自愿的认同对自身行为予以引导。这种情况不是说公众意见不一致的时候，国家才直接执行全面控制，个人自由权由此也必定遭到迫害。遗憾的是，人类难以无限扩张公共领域并允许个体在私人领域内自由行为。当国家机关控制的公共范围超过某一比例时，国家才能控制社会体系。尽管国家直接控制的仅仅是大部分可用资源，可是其决策对经济体系其余资源的使用的影响很大，致使国家差不多采用间接方式控制全部社会资源。在此哈耶克举了一个例子，1928 年的德国，中央政府和地方部门直接控制了大半国民收入（达到当时德国政府预算的 53%）时，就差不多间接控制了整个国家的经济。这个时候，几乎不存在个人目标能在国家不在场的情况下实现的情形。但是，引导国家行动的社会价值标准，确实包含了所有个人目标。

要执行有效的计划，经济管理必须与政治分家

哈耶克指出，在民主政治从事某一计划的过程中，须获得比实际更大的统一时，也就可以清楚地认识其必然后果。公民也许赞同接受某类指导型经济体制，因为他们相信这种体制会带来全面的社会繁荣。在形成决定的论争过程中，计划目标将以共同福利之类的口号为旗帜，这类口号仅是在掩饰计划目标难以达成实际一

致的尴尬。实际上，公民仅在关于手段的问题上保持了一致的认识，可是，这个方式仅是为达成共同目标而采用的手段。在行政当局须将单一计划转为具体计划时，必将出现所有活动向往的确切目标。

至此就会发现，尽管我们需要计划的一致认识，但却难以得到计划所指向的目标的一致认识。尽管公民都同意须要中心计划，却于目标上难以取得一致的认识，其结果类似于一个群体决定集体旅游，却在期望去的地点上无法形成一致的认识，于是，该群体大多数人也许不得不完成一次完全没有兴趣的旅行。计划创设了如此的前景，强制我们同意多数超过我们预想的认识，而在某一计划体系内，我们难以将集体行为限制于我们同意的范围内，但为了实现所有行动目标，就迫使我们在所有事情上取得共识。

哈耶克认为人类也许会一致地表达这个期望，这就要求议会制订某类囊括所有情形的经济计划，可是，不管是公民还是公民代表，并不一定能在任何具体计划上取得妥协的认识。民主议会似乎难以贯彻人民的明确授权，这肯定会加大不满于民主制度的情绪。议会于是逐步沦落为清谈馆，无力实现他们须担负的责任。于是，人们逐渐相信，要执行有效的计划，经济管理必须与政治分家，并由专业人士（职业官员或独立机构）来控制。

在哈耶克看来，那些持社会主义立场的人，相当清楚这一困境。从韦伯夫妇抱怨下院越发难以处理日常事务起，已过去很长时间。更近时期的拉斯基[①]教授详细说明了这个问题，拉斯基认为国会机构极度不适应大批迅速通过的复杂法律，尽管这是旧话。甚而联合政府于执行经济和关税政策时，就越过下院的论争，只需审议确定整套授权立法的体制。而在拉斯基看来，政府把下院的职权范围限定于其能完成的两项职能上：发泄情绪并讨论政府政策的普遍原则。法案执行授予相关部门大范围权力的原则；同时，这类权力由枢密院敕令来执行，只是敕令在下院同意时可采用投票弹劾的方式否决。而多诺莫尔委员会[②]重申立法授权的可靠性与实际价值，并且，假设社会发展不被现实议会程序认同并以议事阻碍的正当程序加以破坏，那么加强授权立法就难以避免。

哈耶克认为，要说清社会主义政治当局反对过分受困于民主程序，并指出在往社会主义过渡时，英国的工党政府是否敢于承担其措施被下一次普选颠覆的风险这些问题，而拉斯基却意味深长地不做判断。

在拉斯基教授引用多诺莫尔委员会的事实为依据时，或许需要记得的是，拉斯基教授本人即是该委员会的正式成员，也许还可能是该委员会草案的起草人之一。

① 拉斯基（Laski·Harold·Joseph，1893—1950），英国理论家，政治活动家，社会民主主义和政治多元主义的重要思想代表。——译注

② 1928 年宣布成立，这个委员会主张通过授权立法的形式强化英国对殖民地的控制，并直接推动《多诺莫尔宪法》的产生。——译注

> 经济计划的制订，须在互相冲突与互相争竞的目标之间选择

在谈论国家经济问题的合理管理时，哈耶克认为，搞清楚这类低效率议会方式的原因是必要的。问题既不在于个别议员，也不在于议会本身，而在于议会负担的任务中存在的内在冲突。解决议会效率低下的问题，并不是说要求议员做他们能一致赞同的事情，而仅是要求其对每一事情——全盘管理社会资源——达成一致。可是，完成这一任务，多数投票决定体制是存在缺陷的。尽管在有限的方式内挑选，还是能够找到多数投票的，可是承认每事都存在某一多数意见，这就不现实了。假设个人行动的途径众多时，就没有理由赞成多数人所支持的某一特别方式。立法会内的每一成员，也许都认为某种特别的经济管理计划与无计划相比更好一些，可是，似乎不存在这样的计划让多数人确定选择它而不选择无计划的方式。

哈耶克认为即便存在一致计划，也无法通过分别投票表决特定问题来达到目的。民主议会像论证普遍议案那样逐条表决和修缮全面经济计划，是没有价值的。某一确定的经济计划，必然包含单一目的。即便议会按照程序通过某个法案，但始终也不能令所有人满意。某一各组成要素须极细心地相互适应的复合体，无法利用相互冲突的认识之妥协达成一致。以这一方式订立经济计划，实际上比成功地利用程序民主谋划一次战争的可能性更小。譬如军事战略，这一任务就

必须交给专业人士。

在此，哈耶克指出，问题的关键在于，负责指挥战役的将军接受的仅是单一目标，在战争期内，将军可用的所有方式须全部致力于实现这个目标；相反，却难以赋予经济计划者这样单一的目标，即便对手段不存在类似的限令。这是因为将军不必评估各对立的目标，他只有至上的目标。可是，经济计划或经济计划内的各类目标，远离了特定计划就无法确定。经济计划的制订，须在互相冲突与互相竞争的目标——差异性的人群的差异性需求——之间选择，而经济问题的本质正在于此。可是，哪类目标存在如此冲突，哪些目标在实现别的目标时必须牺牲，或者简单地讲，哪些是须选择的手段，也只有了解实际情况的人才能明白；而应给予各目标内哪个目标优先决策权，也仅有专家才能决定，只是在做决策时必须将选择标准渗透于实施计划的集体中。

确实，这一点并不总能被人们认识到，并且授权通常由于任务的技术特质而显得合乎情理。可并不表示仅在技术细节上被授权，也不表示困难的根源在于议会缺乏处理技术细节的能力。弄清民法构成的变化，与了解变化的全部内容相比较，其技术性和难度相似；可是却没有人慎重地提议，应授予专家机构立法权。现实地说，在这个领域内，立法也被置身于能达成多数同意原则的范围之内；但对经济管理活动而言，则须调解分歧的私人利害关系，而在经济管理活动范围内促使民主议会达成完全一致是难以做到的。

可是必须承认，不是说应该反对授予立法权。做一个比喻，实际上，反对授权就像反对病状而非反对病因一样，在反对授权可能是其他病因的后果时，就必然忽视病状的严重性。一旦权力的授予仅限于制定普通法则，就具有充分的理由相信，这一规则应当由地方政府而非中央政府确定。需要反对的是这样一种情况，那些所以求助于授权原则的人们，只是由于需要处理的事情无法由普遍原则规范，因此只能根据特殊情势酌情决定。在这种情况下，授权表示赋予当局某些权力，促使其运用法律作实质上独断的决策（即通常所说的酌情裁决）。

哈耶克指出，授予各机构特殊的技术责任尽管属于正常现象，但是仅是民主政体踏上计划社会而逐步放弃权力的开始。那种根据环境权宜授权的形式难以完全根除首倡整体计划者对民主社会无能表现的愤恨。授予各国家机构特别权力，就实现单一的、可协调的计划而言，必然预设新的发展阻力。即便通过权宜授权，民主政府成功地解决了各类计划经济生活问题，仍须把分离的计划组合为单一的、完整的形式。多数分离的计划未形成统一一体的情形，在计划主义者看来，或许比无计划糟糕得多。而民主社会的立法机构就是否决定重大的命题时一直难以选择，这样的情形必然导致他人难以炮制全面的计划。可是，必要的一致计划及民主议会无力制订计划将激发社会强烈的心理渴求，这就是期望授予政府或个人某些权力，促使政府或个人实现其责任。关于这一情形，设想我们还能做什么的话，那就是责任当局须从民主程序的束缚中解脱出来，这个信念必须成为主流思想。

> 把民主奉为神灵并不是我们的明智选择

在希特勒掌握权力之前的德国，计划运动已深入发展。德国于 1933 年之前的一段时间内已处于实质的独裁统治时期，牢记这段历史非常重要。没有人怀疑，那时的民主政治已经彻底失败，譬如像布吕宁①一样诚恳的民主主义分子，也不可能比冯·巴本②或施莱歇尔③更能执行民主式统治。希特勒没有推翻民主体制，仅是利用民主的颓废，在关键时刻赢得多数人的赞同，就布吕宁等人而言，尽管讨厌希特勒，但都相信希特勒是唯一非常坚强并可能有所作为的人。

计划主义者企图推动我们同此类发展形式保持一致，因而提出这样的论点：假设民主政治依然能实现最终的控制，就难以影响民主的本质。在谈到这一问题时，哈耶克引用卡尔·曼海姆④的论述：“有计划社会同

① 1930 年 3 月 29 日，布吕宁被德国总统保罗·冯·兴登堡任命为总理。——译注

② 1932 年 6 月 1 日，冯·巴本被任命为德国总理。——译注

③ 施莱歇尔，德国政客，在布吕宁和冯·巴本下台的问题上起到非常关键的作用。长期在德国政界游弋，1934 年意外死于冲锋队暴动。——译注

④ 卡尔·曼海姆（Karl Mannheim，1893—1947），犹太人，出生于匈牙利首都布达佩斯，著名的政治学家。——译注

19 世纪社会的唯一差别，在于越来越多的社会生活领域内，而且最后这些领域的每一方面和所有方面，都屈从于国家管理。可是，设想具备最高权力的议会可以防范某些控制权力，也就能在很多方面实现这个目标……在民主国家内，最高国家权力利用拥有的全权无限地强化民主的治理。”①

民主社会的权力信念没有注意到这样一个致命差距，也就是当议会开始就目标取得一致并仅授予政府处理细节的权力时，议会就可在明确引导之下指挥实施任务。但当授权由于没有就需要实现的目标取得一致时，并且执行计划的机关必须在议会难以预料到的各类相互冲突的目标之间选择时，以及当议会能做的仅是提议某个要么全盘接受要么全盘拒绝的计划时，情况也就大不相同了，人们对这种情况的抵制与反对都很正常；由于社会对可选择的计划无法取得多数的认同，并且被反对的计划又属于社会整体的必要成分，那么反对就是无效的。议会的作用体现为论证那些被保留下来的有用的控制因素，甚而作为鼓吹官方立场的合法媒介，以及防止那些令人深恶痛绝的弊端并能有效地纠正某些缺陷的机构。可是，它却无法控制拥有绝对权力的人，至多只能票选出这类人。结果，政治体制必然演变为全民公决式的独裁体制，在这种体制的鼓舞下，行政首脑按照自身

---

① 卡尔·曼海姆：《重建时代的人与社会》，1940 年，第 340 页。——原注

的意愿反复利用人民投票巩固他的权力。

哈耶克认为，故意控制行为仅限存于完全一致的那些社会领域内，在其他领域则听凭事情自由发展，也许实现民主的代价正在于此。但在那些仰赖中央计划执行职能的社会内，就难以达成多数一致来推进这一控制；于是，强加少数人意志给人民已非常必要，而这一少数却是人民内部就争议能取得一致的最大群体。假设政府职能依据多数人接受的立场，并通过多数人自由讨论达成一致时，民主政治就能有效运转。自由主义信念突出的优点在于，把需要取得一致的社会领域都纳入到自由社会的发展。现实的人们往往同意，民主无法忍受资本主义环境。假设资本主义这一观念意味着以自由处理私人财产为条件的竞争社会体制，那么，就会承认仅在这种制度环境内民主才能实现。可是，当这种制度被集体主义信念控制时，民主就无法避免自我毁灭的命运。

只是，哈耶克认为把民主奉为神灵并不是我们的明智选择。确实，现实社会中的人也许对民主存在太多的幻想，相反对民主产生的价值却不太关心。民主难以像阿克顿[①]对自由的论述那样，是实现更高一级的政治目标的工具。自由本身即是最高的政治目标。自由不单在实现良好的公共秩序管理时才显得必要，也能保障市民社会以及私人生活的至上目标的实现。本质上，民主是

① 阿克顿（Lord Acton，1834—1902），英国剑桥大学历史系教授，历史学家，英国理论政治家。——译注

手段，是保障国家稳定和自由权利的有效手段，它绝非永远无错，也并非不可怀疑。相反的情况是，专制经常比某类民主体制具备更多的精神和文化自由——至少，在统一化的政府和教条主义式的多数民主治理下，民主或许与最糟糕的独裁体制同等暴戾。

但是需要强调的是，与其认为独裁必然毁灭自由，不如说是计划引导独裁，这只是由于独裁能强制实现不同的理想，并且，集中计划如要可能的话，独裁是其必要因素。计划与民主的矛盾源于这一事实，即就实现经济管理目标需要压制自由的程度而言，民主显然是个威胁。可是，假设民主不再表现为个人自由的保障手段，就可能以某一形态潜藏于极权主义政治体制内。真正意义上的无产阶级专政，即便在形式上被赋予民主的特征，一旦其统一控制经济的运行，也就可能像其他专制形式一样能完全摧毁个人自由。

视民主为主流价值，并致力于实现民主的方式，也存在相当的风险。这种情况在相当程度上须对那些无聊和错误的理念担负责任，这一理念是，假设权力源于多数人的同意，权力就不体现为专断权力。很多人借助这个理念在心理上获得了安全感，这是对面临的危险普遍缺少认识的根本原因。因此，哈耶克断言，我们没有办法相信如下的情形：设想承认权力由民主程序授予，权力就不是专断权力；相反的观点也不可靠，也就是认为阻止专断权力不能针对权力的来源，唯一的办法是加强对权力的限制。民主管理也许能阻止专断权力，但不是说仅仅只有民主管理就能实现这个目标。

5. 法的失败

> 摧毁个人自由的政府在摧毁个人的奋斗

哈耶克认为，可以有效地区别专制政府与自由政府的情况，指的是自由政府把法治作为安排社会秩序最合适的原则。撇开技术因素，法治表达着这样的愿望：政府所有行为都须接受预先设计、安排和流传的规范体系的约束——这一规范体系迫使个人非常确定地预估权力当局将怎样强制，并以此为根据安排个人事务。可是，由于立法人士以及法律授权人士都可能犯错误，因而这个理想难以实现。但是，法治的核心原则是非常清晰的，即那些具有强行权力的执行机关的行为自由程度，应当被降到最低。尽管法律的每一条款都一定程度上利用改变人群达到目的的方式束缚个人自由，可是在法治的范围内，却能防止政府运用特殊的方式摧毁个人的奋斗。法治推动了竞争规范的形成，个人在这一规范内能自由地实现私人目标和愿望，并不需要刻意地利用政府权力来限制个人自由。

借此，我们区分了个人能自由决定生产的永恒法律制度和最高权力当局控制经济运行的体制，这个差别实际上表现为法治与独裁政府之间的更普遍的现实差异。

就第一种情形而言，政府行为仅限于决定现存资源利用的条件，而资源被利用于实现什么样的目标，则完全由个人确定。而在第二类情形下，则由政府配置生产资料实现某一目的。前一情形的规则能预先确定，并具备普遍规则的特征，不以特别的人的愿望和需要为对象，这些规则仅被用以实现各类个人目的。个人目的以（或应以）一个较长的时期为限，因而难以确定这些规则对个别人是否比对其他人更能提供合理帮助。也许能把个人解释为某类生产性的力量，以协助人们评估同其合作的其他人的行为动机，而这并非以满足特殊的要求为目的。

集体模式的经济规划必然背离法治之路。集体主义社会的权力当局无法限制自身只给陌生人创造机会，并帮助他们随意地利用这类机会。并且，当局无法预先运用普遍原则制约自身的专断意志，一旦人民有具体需要时，当局必须精心准备，并且有意识地在各类需要间作出决策。当局须处理按照普遍原则难以解决的问题，并作出合理的决定。同时，当局在做相关决定的时候，须区别高低贵贱。譬如当局确定养多少猪，运营多少辆公交车，以及经营多少煤矿或以怎样的价格出售鞋子，这类决策难以从普遍原则中推导出来。实际上，解决这些问题时，当局是可以通过预先制定经常有效的规定来处理的。同时，这些决策都难以撇开当时的具体环境，并且在做这类决策时，当局必须经常比较和权衡各利益集团以及各类人的利害关系，最后当局须根据某个人的立场来确定同类人的利益。这些观点最终成为法治国家的核心价值部分。在法治社会里，政府的强制能力表现为施加新的等级化的强制于个人身上。

在哈耶克看来，关于成文法与形式法亦或公正法与实体法之间的差别是非常重要的问题，并且在现实中也无法准确地区分。可是这些问题关涉的普遍原理是常见的。在这种情形下，两类规则体系的差别就像确定道路适用通则（如公路章程）与强制人民必须往何处行走的差别一致，更清楚地说来，也就是设置路标与强令人民必须行走于某条公路的差别是一致的。在某些情形下，形式法预先向人民说明当局必将采取怎样的行动，这类行为仅需利用普遍性的词汇来进行描述，并且不涉及地点、时间和特殊的人群。它所瞄准的或许是所有人都会遭遇到的情形，在这种情形下，这一规则适用于各类个人目的。

当局根据既定方式行动，强制人民根据既定方式行为。当局设定事关这种情形的知识，目的就是促使个人完善自身的规划，实际上，人都有这样的期待。形式法规对那些不确定其目的是什么的人群，或确定利用普遍规则实现个人目的却难以预测具体情形的境况，或许是有益的。就这个意义而言，形式法规仅表现为工具性力量，我们难以确定这一法规能够产生的具体功效，同时也不清楚这一法规将会有助于实现什么样的目的或能够给予什么人具体帮助，它仅仅表现为能使那些受到牵连的人能从中获得好处。实际上，这些表现就是形式法规最有影响力的标准。可是，由于人们无法预料在哪种情形下，哪些人会利用这些规范，因而形式法规很难被运用于特定目的或特定人群。

在现实社会中，人类热切地、有意识地控制每一事件的发展，也可以说在某一制度环境内，人们对政府制定的政策的最终效果比较起其他大多数制度产生的影响所知更少。同时人们也相信，在某些社会情形下，社会控制会是相对有效的方式，这仅仅是由于人们难以确定政策实际上的效用，也许这些辩驳是毫无意义的。但哈耶克认为，这一思考或许将成为法治自由主义的基础原则。

首先，哈耶克就经济事务管理做了一个简单的论述。政府职能应受到限制，要求政府仅制定应用于普遍情形的原则，并不干涉个人在时间、空间转移的情况下的每一事件上的自由行为，这是由于只有那些牵涉到特殊境况的个人，才最了解现实情况，并采取相关的处理。假设个人在规划时能最佳地运用自身的知识，就能预测到那些或许对规划产生影响的当局的行为。可是，假设要使当局的行为能被预见，它就必须确定一些核心的、固定的原则，这些原则既不是无法预测的，也不用事先为应对变化的具体环境做准备，当然这样做的后果就是人们无法预见当局行为的直接和间接的影响。并且，假定当局必须通过指导个人行动来实现某一特殊目标，它的行为就必须按照当时的处境包含的全部因素来确定，这样就使事情发展的结果难以预测。这种情况必然导致这样的认识的出现，即对个人而言，当局计划过多，计划就越发难以实行。

其次，哈耶克认为政治或道德与正讨论的问题存在更直接的联系。假设当局希望准确地预见行动后果，也就意味着当局将迫使相关的人大幅度地减少个人选择的范围。只要当局能准确预见所有情形的行动与某些人的关联，就必然推断当局在众多目标中做出合理选择。假定当局创造了对所有人开放的新机会，或者假定当局给予人民可以随意利用的机会，结果就必然超越人的认知范围。所以，同那些指涉具体命令的实在法规范相比较，普遍规则更适用于难以预见的情形，这样做的后果是，当局无法了解个人的特定目标和个人本身所受到的影响。因此，这种情况就要求立法者保持中立。

中立是指这样一种情形，就是当人们设想解决诸如此类的问题的时候，对某些问题缺乏确定的答案，就只有靠抛硬币来确定。可是，在什么事情都能被精确认知的社会内，政府难以保持中立。政府政策对某些人产生的影响也许每个人都熟悉，若要实现这样的影响，政府就必须慎重对待这些影响，这样做的结果就导致政府无法保持中立，政府必然会偏袒某些特殊对象，并把政府的评价强加在公众头上。这样做的目的并非帮助公众实现目标，而是替公众确定生活目标。假定法律的制定过程已经充分考虑到这些特殊影响，法律就不单是职守于人民的工具，反而变成立法者通过实现个人目的来影响人民的工具。这个时候，政府就不再是帮助个人展现个性的政府，反而成为道德机构——政府就成为道德的化身。政府把自身认同的道德强加在社会成员头上，并不关心这种认识是否在真正意义上符合道德标准。

道德强制的社会是灾难性的社会

也许某些人会认为，政府把道德强加给个人不会引发灾难性的后果，这是因为在那些持计划经济立场的人必须决定的问题中，它们不应受到个别意见的左右，只需要借助那些实现普遍性公平、合理的观念。哈耶克对这个看法持有疑问。但是这个看法却经常受到某些人的赞赏，而这些人通常都具备规划某一行业的资历，并且能够察觉那种所有相关的人员都接受的公平的计划，实际上这些人的设想并不是很难实现的。当然，这些相关资历并不能确切地证明问题，只是由于在特殊行业实施计划的时候，他们已经就相关利益作出了选择。

那些在某些特殊问题上有相关利益的人，并不是整个社会福利的最合适的评价者。哈耶克仅列举了这样一个显著的例证：当某个企业内劳资双方商讨某个管理生产的决策，并以此削减消费者福利的时候，他们一般是根据双方过往收益情况为判断的前提，或者是按照类似的准则分配现实利益。实际上，他们并不关心多数人遭受的损失，也难以充分考虑这些损失。假设我们必须审查公平原则是否有助于处理执行经济计划所产生的后遗症，就必须在能清楚地分辨所得和所失的情形下应用公平原则。这样，人们也许容易明白一个道理：现实社会并不存在诸如公平一类的普遍性原则。

就现实的角度而言，哈耶克认为计划所牵涉的范围越广泛，就须越多地参照所谓的公平的或合理制约的法律条文。也就是说，计划社会将更多地委托相关决策人或当局来裁决相关的具体问题。或许我们能根据模糊法则对立法与司法的渗透程度，还可依据法律条文与司法过程中逐步增大的独断性和模糊性，以及这种独断性和模糊性遭遇的蔑视（在这种情形中，法律条文与司法必然演变为政府政策的工具），来撰写一部法治衰败的国家史。在此，我们必须重申，德国的法治衰败史已在希特勒掌权之前发展了较长的时间，而高度极权主义倾向的计划为希特勒实现“社会工程”做了相当的准备。

哈耶克断言，毫无疑问，计划方式必须根据人们的差异性需要给予人们差别待遇，同时允诺个人做他人禁止的事情。因此，在法律规范下，一些人应享有富足的生活，一些人被允许做什么和占有什么。这样做的结果必然回复到身份治理的时代，这是背叛了社会进步运动的行为。在这个问题的讨论过程中，哈耶克谈到了亨利·梅恩[①]爵士的看法。在亨利·梅恩爵士看来，直到今天，这个运动都是促使身份社会向契约社会转变的运动。或许，比较起契约治理社会，法治更应被看做人治的对立形式。可是，在形式法规范的社会里，政府不确定个人在法律范围内的特权形式，只有这样，才能确保法律面前人人平等，才能与专制体制对立起来。

如果是这样的情况，必然出现表面意义上看来非常荒谬的结论，也就是在法律面前人们获得了形式上的平等，这种情况与当局主动实现所有人物质的和事实的平等的行为互不相容，并具有产生冲突的风险。在现实社会中，所有致力于实现公平分配理想的决策，必将会颠覆法治。假设我们想要使所有人都获得同等的心理满足，就必须给予不同人差别化的待遇。给予不同人群同等的客观机会并不是说给予他们同等的自主实现自身的机会，因此，我们能肯定，法治必然导致差异性的经济地位——对此唯一合理的理由是，不平等并非是利用特殊方式影响特殊人群而获得的。非常重要的问题是，持社会主义立场的人（以及纳粹分子）经常抵制纯粹的形式公平，并经常围攻那些默认某一类人应当享有一定程度的富足的法律，他们一直希望实现法律社会化的目标，因此不遗余力地围攻独立司法行为，并且赞赏所有像自由权学派（Freirechtsschule）那样颠覆法治的行动。

① 亨利·梅恩，英国资产阶级法学家，曾经撰写《古代法制史讲演录》。——译注

> 预设某个绝不例外的通用规则比规则本身的内容重要

哈耶克论证到，或许我们能这样认为，法治要生效，就必须预设某个绝无例外的通用规则，这个问题的重要性远超规则的内容本身。类似规则都可以在普遍意义上运用，相反，规则的内涵则属于次要问题。过去曾经举过这样的例子，假设每个人都具有开车的权利，至于人们应于公路左边还是右边开车是不重要的。更为重要的情形是，这些规则能确保人们正确地预估他人的行为，这就要求规则能适用于所有情形，即使在人们感觉缺乏合理性的时候，也不例外。

人们一方面希望实现法律的形式公平和平等，也期望实现实质的公平与平等，两者的冲突恰好证实了经常被滥用的特权必然带来普遍的混淆。滥用特权的人都企图利用特权谋取财产，这里可以举一些滥用特权的突出例证。譬如，过去一直都有这样的情况，土地资产仅被贵族成员独占，这无疑是滥用特权的表现。对特权的理解，我们可以举一些现代社会的例证。假设某些特定商品的生产销售权被当局赋予特定的个人，这属于特权；还有，私人财产一直都能依照平等原则被任何人获得，假设仅有个别人成功地获得私人财产，私人财产的获得就成为某种特权。

哈耶克指出，难以预见特殊性的影响是自由制度下的形式法最突出的特征，由于它能协助我们认清其他关于模糊的自由制度的本质概念，因此它也具有相当重要的地位。计划主义立场断言，自由主义的经典态度是主张无为政府，就当局是否补偿或直接干涉那些伤害行为，自由主义给出了绝对错误的选择对象，而自由放任描述的自由政策的根据是特别模糊的，并容易产生误解。每一形式的政府都必定要采取行动，政府的所有行动后果都体现为要么这样，要么那样的情况。可是，问题的核心不是要说明这个问题，核心的问题是个体是否可以预见当局的行为，同时在规划自身时充分运用这种预见，这样，政府就无法限制公众利用政府机构来为自身谋取福利。而且，个体准确的预见使他能认识到将受到什么程度的保护，并在什么程度上防止他人对自身生活的干预，以及当局将采取哪些措施限制个体。

当局的管制标准（或者采用别的方式限制舞弊和诈骗）已经肯定当局必然有所作为，相反，当局如果默许罢工活动过程中出现纠察暴力，就表示政府无所作为。在前一情况中，当局遵守了自由原则，相反的情形则没有出现。同样的道理，在当局订立管理生产的普遍或永久性规范时，譬如建筑行业管理条令或企业法规，当局也许是明智的，或者相反，可只要当局的目的是制定永久法则，并不被利用来偏护或伤害特定个人时，就没有违背自由原则。为了说明这些问题，我们首先抛开那些难以预料的产生长期影响的情形，因为在现实生活中，的确会出现为人熟悉的只对个别人产生短期影响的情形。然而，就这些法律而言，普遍不把（至少不应当把）

短期影响作为决定性因素来考虑。但是，一旦当前能预料的短期影响与长期影响相比较显得更为必要时，人们就逐步地接近该差异的边界，尽管这个差异于理论上是清清楚楚的，可是在现实中却显得模糊。

哈耶克确信，只有自由时代的法治社会才被有意识发展，这是自由时代最突出的成果之一。法治社会不仅保障个人自由，并且也在法律内体现个人自由。如同康德描述的那样（在他之前，伏尔泰也曾以相似的措辞描述过），假设个人不需要屈服于任何人，只服从法律，那么，他就是自由的人。作为模糊的理想，个人自由至少从古罗马社会以来就已存在，可是，在过往的几个世纪内，从未遭遇到像今天这样严重的威胁。至于无限的立法权力观念的出现，至少部分属于主权在民与民主政治体制相结合的结果。同时，它被以下的信念加强，这个信念是：如果当局的行动都由立法机关正式授权，那么法治传统就会延续下去。可是，这个理解是对法治的全面误解。法治与当局的行动是否合乎法律缺乏必然联系，即便当局行为合乎法律，仍可能背离法治。一部分人有权在法律规范内依照个人意愿行为，这并没有证实法律赋予个体专断行为的权力，也没有明确地规范个体将怎样行为。也许，希特勒获得无限制的权力就经历过严格的合乎宪法程序的过程，所以从单纯的法律正义而言，希特勒的所有行为都获得了法律授权，因此他的所有行为都合乎法律。可是，有哪个人会因为这个事实就承认德国依然是法治国家呢？

所以，结论对哈耶克而言就很明显了。假设在计划社会内难以维持法治，并不意味着当局的行为违背了法律，也不是说这样的社会取消了法律。这种情况仅仅表示，政府的强制权力不再受预先设定的规范的制约和左右。法律可以因集中经济管理促使现实的专断行为合法化。假设法律同意个别部门或权力当局的随意行为，结果该部门与当局行为就合法化了，但是它们的行为却没有受到法治原则的制约。假设赋予当局无限权力，就能使最专制的形式合法化，而且民主体制同样能采用这样的方式确立某种出于幻想的最完善的专制统治。

法治的内涵是有限立法

哈耶克指出，如果法律的目的是实现当局对经济活动的控制，那么就必须授权给当局，以保证当局在难以预料以及无法根据普通形式予以规范的情形下的有效行政。但是，一旦扩大计划的范围，授予多个部门与当局立法权的行为就越发普通了。例如第一次世界大战之前的一个案例中，法官达林说道：国会作出规定，做属于自身分内工作的农业部门与国会一样不受到弹劾。这个情形在当时是相当少见的，之后这样的情形就不再是什么新鲜事了。国会经常赋予权力部门广泛的新权力，而传统规则难以约束其行为，这些部门在管理人们的这类或那些活动方面，几乎具有无限的自行处置权。

所以，哈耶克确信，法治的内涵就是有限立法，也就是法治承认对现实事务有限制约并被公众认可的形式法律的普遍原则，并摈弃某种针对特殊人群或迫使所有人为实现差别福利目的而让政府强制立法的观念。也就是说，并非每件事情都必须由法律来规范，政府的强制行为只能够出现在法律预先设定的范围内，同时根据预先为人所知的形式运用政府强制。结果，特殊的立法形式必然会颠覆法治。试图否认这一认识的个人，也许就得极力推荐如下的观点：20 世纪 30 至 40 年代的德国、俄国或意大利国内的法治能否处于优势地位，取决于持独裁立场的人们能否利用宪法攫取绝对权力。

法治的主要实践必须由权利法案或宪法条款来规范，或者规则仅是被完全肯定的传统，这些也许都不重要。可是，有一种情形需要明白：无论立法形式是什么，所有对立法权的公开限制，都意味着立法权力承认个体具备不可转让的权利，以及承认人权的神圣不可侵犯。

在此，哈耶克举例，譬如威尔斯[1]这样最著名的鼓吹集中计划的人，也充满热情地撰写出为人权申辩的著作，这也许使人感到沮丧，但这也许证实了很多知识分子受自相矛盾的理想左右并误入歧途的现实。威尔斯期望实现个体权利的保护，必然干扰他期望实现的社会规划。也许从某种程度上讲，他陷入了两难困境，所以当我们发现他所拟订的人权宣言条款被赋予了相当多的保留和限制措施的时候，他的鼓吹就丧失了影响力。很清

① 英国作家，参与了联合国《人权宣言》的起草。——译注

楚的是，他一面宣称所有人都被赋予买卖合法之物的权利，并未受任何歧视性条款的制约，本来这是很好的设想，可是他紧接着提出限制理论，认为这个情形仅仅适用于某一数量的交易，并被附加某类保留措施，也就是以合乎公共利益为界限，于是他的整个规范形式就处于无效状态。

可是，尽管过去附加于任何物品买卖过程的限制都以公共福利为理由，结果，这一条款难以有效地预防什么，同时也难以保障个体权利。或者还可以单举某个条款来说明问题，这一宣言认为，每个人都能从事所有合法职业，同时，也有权参与获得报酬的职业，而且一旦存在相当多开放的职业机遇时，个人有自由选择权。可是，这一宣言并没有说明，应该由谁从事某些职业，哪些对个人开放？威尔斯设想由某个权威来确定个体是否有权从事某类职业，确实，这完全背离了职业自由选择的原则。在计划社会中，不但信息交流以及货币受到严格的控制，并且工业发展也由计划来进行安排，如此，怎样保证外出旅行和居留自由呢？还有，假设纸张的供给和所有文字的发行都被执行计划的当局严格控制，那怎样保证新闻自由呢？而于此类问题，威尔斯与所有计划论者相似，都难以提供合理答案。

在哈耶克看来，这些情况自社会主义运动产生以来，就持续抵制个人权利先验的表述，同时他赞同理性左右的社会中不应当保留个人权利，认为拥护个人义务的理论改革人士之间，体现了更为普遍的同一性。这个情形的确已经演变为那些进步人士更普遍的处世态度。假设某人依据某一原则损害了他人权利，于是这个人强烈地反对该原则，那么，差不多所有情形都会受到这种待遇。即便如《经济学家》一类自由的报刊于半个世纪前也曾经举到法国人以及那些接受如下教训的人士的例证：

> 民主政治相似于独裁政治，它们一直尽力攫取绝对权力，但却不以牺牲民主性和广泛的代表性为代价。就个体权利而言，不存在限制的领域是政府在任何情形下都不能干涉的。而那些被公众自由投票选举的政府能执行的统治权，或能被反对派公开批判的统治权，不应当受到任何限制。

而战争时期是例外的，即便是简单的自由与公开的批评都必须受到限制，这类情形是无法避免的。可是正如刚刚所引用的文字说明，《经济学家》杂志并不认为这些是令人恼恨的、战时的临时必要措施。可是，以永恒制度的立场来看，这种情形却与维护法治并不一致，并会直接推动极权形式国家的出现。这个认识是所有期望由政府管理经济的人士必然坚持的观点。

哈耶克顺理成章地得出结论，在经济活动被国家完全控制的国家内，即便在形式上同意个人人权或少数族群的平等权，这也是没有意义的，这个立场被中欧国家的历史充分说明了。中欧的历史再一次证实，绝对可以利用公认的经济工具来执行冷酷的少数民族歧视政策，而且还能保障少数族群的权利在成文法中不受损害。经济压迫因如下事实被加强，这一情形是：某些行业与活动大致都由少数族群完成，于是，多数表面是直接针对某行业与某职业的行政措施，实际上是刻意针对某一少数族群的。这一情形被期望明白计划在实际政治过程中产生后果的人们完全证实了，譬如政府支配行业发展一类毫无意义的原则，将为歧视和压迫创造无限可能。

6. 经济控制的悲剧

> 金钱属于人类发明中最有影响的实现自由的工具之一

哈耶克指出，多数计划者慎重思考执行的任务，并确信受支配的经济形式必然或多或少地遵循独裁方式行为。假设计划者必须主动地指导那些相互关联的复杂行为体系，那么就必须赋予一批专家以权力，但负总责的权力必须集中在某个总指挥手上，他的行为不受民主程序的制约，这种情形证实了中央计划的核心观念必然取得相当普遍的赞同。计划者给予人们的安慰是，独裁式管理仅仅被运用经济领域。譬如美国国内名气最大的持计划经济立场的人士之一蔡斯保证，在计划社会内，假设仅把自身局限于经济领域的话，政治民主是可以继续下去的。这一保证常伴随着这个意味：如果以牺牲生活中相对不那么重要的自由为代价，人们能追求更高的个人价值，实现更多的自由。所以，厌恨独裁政治的人们常期望在经济领域内实现独裁。

这类争论往往能激发人们的本能并诱惑最睿智的人们。假设计划真的能使人们摆脱那些不显眼的担忧，推动人们的现实生活追求不奢华却精神充实的生活，就没有谁愿意贬抑这类理想。假设人们的经济生活确实仅牵涉到次要或相对低等的方面，人们必然尽心尽力寻找某一出路，推动人民忽略物质的追求，让那些功利组织或机构去关注这些目标，推动人们的灵魂追求生活中更纯洁的目的。

令人遗憾的是，在哈耶克看来，以这一信念为出发点的保证根本没有可靠性。我们可以这样描述这个信念：赋予个人经济活动权力，仅仅就是赋予个人非根本的权力，直接促使人们忽略参与经济活动的自由权遭遇的危险；产生这类情况的直接原因是某种错误信念的作用，这些信念确信存在某些纯粹的经济目标，这与现实生活的其他目标并无直接联系。可是，排除守财奴的病态情形，并没有所谓的单一的经济目标。理性个体都无法只把经济目标视为活动的终极目标。准确地讲，并不存在所谓的经济动因，只存在用作追求其他目标的工具性的经济原因。日常情形下误用的所谓的经济动机，仅仅意味着人们期盼普遍性的机会，也是希望获取能达到却难以一一枚举的各类目标的潜力。

人们希望赚取钱财，因为钱财可以赋予人们更广泛的选择权利去享有人们创造的财富。在当代社会，人们普遍面临货币收支的限制，体悟到某种相对贫穷套在人们头上的枷锁，因而相当多的人痛恨象征着束缚的货币。这一情形是误把人们可以接触到的力量的中介替换为原因。更确切地讲，金钱属于人类发明中最有影响的实现自由的工具之一。就现实社会而言，仅有金钱才向穷困的人们开放了令人吃惊的自由选择的程度——实际上比向富裕的人开放的程度大得多。不断利用非经济因素取代货币，这是多数持社会主义立场的人都接受的意见，他们都有这样相同的特征。假设仔细地思考这个意见的实际含义，可以深入地了解到货币的重要程度。假设人们所获得的报酬不体现为货币供给形式，而是公开授予某人名誉或特权、支配别人的权力地位以及更好的住宅、食物、旅行、接受教育的机会等，这也仅仅意味着，只要接受这些安排，人们就无法自由选择。任何安排报酬的人，不但要确定报酬的数量，并且也确定享受报酬的特殊方式。

于是，哈耶克相信，只要人们明白了并不存在所谓孤立的经济原因，明白经济意义上的得失仅仅是前面描述的情形，而且允诺人们确定那些需求和欲望将会受到的影响，人们就更加容易明白普遍意见的核心思想。这一普遍意见赞同经济现状仅对现实生活内相对次要的目标产生影响，而且促使人们对单纯的、经常性的经济忧虑保持不屑的态度。从某种意义上讲，市场经济内存在许多证据——这也仅在自由经济社会内才出现。要是人们可以自由支配收入和共同财富，经济代价就一直是人们实现所有欲望过程中必须支付的最不显眼的部分。所以，单纯的经济代价属于人们可抑制其影响，并使其处于相对次要的地位上的代价。

就普通人而言，可能损失的价值远超经济价值，也可以这样认为，根本无法从经济意义上评价，这就是说，假设能发现这些损失，人就必须有担当。就经济事务而言，情况也是这样。换句话来说，经济形势的变异常常只涉及人们需求的边缘部分或边际需求。或许很多事情比经济上的损失影响的范围大得多，而于我们而言，非经济因素的重要程度远超由于经济不稳定所影响的奢侈品的需求。与这种情况相比较，污秽的金钱就演变为人们是否于生活上节约或大方的问题，这并没有太大的影响力。于是，多数人就相信，像经济规划一类只影响经济福利的东西，不能严重渗透到基本的价值中。

可是，哈耶克又认为这是不正确的。在哈耶克看来，经济价值不如另外许多东西重要。在经济领域内，人们可以按照自身的意愿确定某些情形相对重要，某些情形相对次要。也许人们可以这样解释，在现实社会内，人们必须处理日常生活中的收支问题。经济领域的追求被控制的情形意味着，除非人们明白具体的目标，不然就会一直受到束缚。也许，在人们宣传具体目标时，也需要这些目标被批准，这就导致人们在每一情形下都必然受到束缚。

在哈耶克看来，经济规划所引发的社会问题，并非只关注是否能依据人们接受的方式解决那些相对重要或不怎么重要的问题，实际上，问题的关键在于人们是否能按照自身的意愿确定哪些是对人重要，哪些是对人不重要的问题，以及计划者在确定这些问题时所扮演的角色。在人们轻蔑地讨论纯经济事务的时候，经济规划的影响力不仅仅关注人们内心的边际需求，实际上，经济规划也就意味着人们作为个体不被允许确定自身的边际需求。

哈耶克指出，当局指导经济活动不但要管理那些只涉及生活的次要部分，还须负责安排那些作用于人们的所有目标的有限手段。任何管理经济行为的人士同时也控制了人们实现目标的手段，所以必然要确定何种需求可以满足以及何种需求无须理睬，这才是问题最关键的地方。管理经济不单单需要管理与人们生活相互关联的各种情况，还要控制满足人们所有目标的手段。那些对手段具备独断控制能力的人，必然可以确定控制适用于何种目的，何种价值须获得较高的评价，何种价值仅能获得较低的评价。总而言之，必须确定人们可以信任和应当获得的东西。统一计划意味着经济事务必须由社会处理而非个人处理，或更为准确地说，必须由社会选择的代表人员来确定各类需求的重要程度。

持计划立场的人同意赋予人们在经济活动领域内的自由，意味着去除人们处理自身经济问题的困难，同时也意味着这类事件经常预示其他人为我们提前作了选择。在哈耶克看来，因为现实社会中人们所从事的每一活动差不多都仰赖他人能够提供的手段，所以计划经济差不多关涉到人们生活的所有方面。从人们的最初需求直到人们与家庭和朋友的关联，从人们的工作到休闲，几乎对生活的每一方面，计划者都有意施加控制。

> 控制全部经济的当局是相当强大的垄断者

即使计划者不希望利用权力直接管理人们的消费行为，他对人们私人空间的管理也是完善的。尽管计划社会可能采取一定程度定量配给或相类似的方式，可是计划者管理个体私人空间并不仰赖这类方式，而且即便消费者可以自由地支配其收入，也并未降低计划权力的功效。在计划社会中，政府能管理所有消费行为的缘由，在于政府可以控制生产。

哈耶克指出，在竞争社会里，个人以如下事实作为自由选择的根据：假设某人不希望人们的愿望获得满足，人们则求助于其他人。可是，假设人们面对具备垄断地位的人时，他们唯一能做的就是服从。但控制全部经济的当局却是相当强大的垄断者，这类情形是能想象得到的。或许人们不担心当局会像私有垄断者一样行使权力，这只是由于人们设想政府可能不以索取最大化的财政盈余为目的，可是政府却有绝对权力来确定供给人们东西或根据某些条件分配东西。政府不但要确定能供给的商品或劳务的类别和数量，同时，也需确定商品与劳务在各社会集团和地域的分配比例。而且，在政府愿意的情形下，就能执行任何程度的等差待遇。设想人们一直对计划为什么受到最大数量的人群的追捧而耿耿于怀，这个时候，人们就会产生疑问：这类权力会被当局用来实现自身认可的目标，同时杜绝那些当局难以认同的目标吗？这是因为政府管理生产和价格而被赋予的权力几乎是无限权力。

在竞争社会中，物品价格以及物物交换比例，取决于人们获得物品的数量和由此导致其他社会成员被交易的物品数量，这个交易不取决于任何个体的自我意志。假设某一目的的实现被证实耗费过高，人们就可采用其他方式。人们生存过程的阻碍并不来自于其他人对自身目的的反对，其他的情形也会出现这种后果。在经济被高度规划的社会内，当局审视每个人期望实现的各类目标时，必然借用权力实现某些目的，并防止其他目标的实现。人们应当获得什么的问题并不取决于人们应偏爱什么或讨厌什么，而取决于自身对问题的认识。同时，因为政府拥有制服任何反对其管理或控制的权力，因此，政府公开告诫人们应怎样支配自身的收入，并有效地管理人们的消费行为。

在哈耶克看来，政府的作用并非仅体现在人们的消费方面，甚至根本不管消费就规划和指挥人们的日常生活。政府更多的是把人们作为生产者来规划和指挥。但人们生活的这两方面绝对难以分离，并且由于人民内部大多数人耗费在工作上的时间占据了生命的绝大部分，因此，人们的职业已经确定了人们生存的地域以及同哪些人生活在一起。于是，某种程度的职业自由选择，对人们的幸福而言，甚至超过了闲暇时自由消费的重要程度。

确实，即便在最善意的社会里，这类自由也表现得很有限。几乎没有什么人可以无限选择职业。重要的问题在于：人们的确能做某些选择，他们并没有完全地限制于之前的选择，并可能选择新的工作；假设能力强的人总能做更多的选择，但他也必须牺牲某些机会，才能实现自己的目标；虽然人们从未以牺牲精神力量为代价，可是要是人们具备这样的认识（即只要人们勤奋、努力就可以脱离困境），就可以忍受多数人很难容忍的困境。

哈耶克说，在前述的情况下，并不可以认为现实的社会是十全十美的，也许，过往充满自由的时代曾经达到过这样的目标；但也不能这样认为，在人们可选择的开放机会的改善上，已经没有多少事能做了。同其他情形一样，当局处理这种情况能做的事情很多，譬如推动知识的传播、信息的交流以及人员的自由迁徙。可是困难在于，当局能真正扩大个人机会的活动，差不多都与当前被大力宣传和执行的计划是死对头。确实，几乎多数持计划立场的人相信这一承诺，在计划社会内，自由的职业选择能被慎重对待，甚至会增加。可是，当局所允诺的许多事情无法兑现。假设当局要执行计划，就必须掌控各行业与职业的进入途径，或者是福利报酬，或许还必须把两者都掌控起来。差不多所有已知的采用计划的例证中，确立这类控制或限制都是当务之急。假设社会普遍这样执行控制，并让唯一的管理当局来执行，人们无须多大的想象力即可知道当局所允诺的自由选择会演变成什么东西。在这样的情形下，自由选择即成为纯粹的假命题，区别在于计划社会排除等差待遇的承诺。可是依据现实情况，等差待遇是必须执行的。这样，人们能期待的就剩下当局依据客观尺度所实行的选拔了。

残酷的现实迫使人们做痛苦的选择

假设执行计划的政府限制自身行为来规范从业条件，同时，还通过协调所有条件来确定就业人数，情况就不存在什么差别了。哈耶克继续论证到，利用报酬的杠杆，政府能像排除多数人参与政府一样有力地阻止人们进入某些行业。某个外表不怎么样但非常期待从事售货员工作的女孩，或某个体质差却非常期望参与其孱弱体质不适于从事的职业的男孩，或者是其他那些明显不胜任或不适合的人们，在竞争社会内，并不必然被排除在某些职业的大门之外；假设人们过高地评价这些职业，就会经常牺牲经济利益获取重新开始的机会，并且在将来还会展现自身最初不那么突出的优点来弥补自身的不足。可是，一旦政府规范了各行业的报酬，同时利用客观的考试形式在志愿者中选拔时，这些人参与这类职业的意愿就可能就难以现实。

那些条件不符合标准的人，或天资异于常人的人，也就没有办法同某个符合自己期望的企业的雇主签订特别的协议；那些讨厌按规定时间上班，或欣赏随意性生活，就愿意从事报酬少、甚至难以确定收入状况的职业的人，并不愿意做那些规律化的固定工作，也就可能再也没有选择的机会。人们难以再根据个人偏好在个人认为值得的时机合理高效地工作；计划当局以简化的方式制定了一整套规范，要求每个人都必须服从。为了更方便地管理如此庞大的体系，当局就必须把各类人力资源统筹为可互换的单位，并且主动忽略那些不显著的个人差异。当局公开地宣布计划目标时，人不再表现为工具性力量。而实际的情况却是，由于计划难以包容所有个人偏好，个体体现为工具性力量的情况比过去更为严重，个人也就成为当局利用来实现社会福利、公众利益等抽象概念的工具。

哈耶克认为，在竞争社会里，多数事物都能以牺牲利益的方式获得。多数事物都能以某一代价交换，尽管人们需付出的代价非常高，这种情形不论怎样估计都不为过。可是，撇开这个情形，人的自由就是不完全的，发号施令、严格限制，或者还包括实权人士的个人偏见，就会泛滥成灾。

对于这些问题，流行的诸多意见有一点很突出，就是把那种相信竞争社会内任何事物都能以牺牲一定代价来获取的观点，作为责备竞争社会的理由之一。假设人们不同意将生活内非常高尚的道德与金钱交易互相结合起来，也就是说，人们不该为更高价值而牺牲较为次要的需要，并且应赞成他人帮助我们进行选择。于是，这些要求必然被视为非常奇异的现象，并且无法证实对个人尊严的高度尊重。怎样保护个人健康与生命、善与美、名誉与灵魂的宁静，这些常以牺牲大量的物质利益为代价，而且必须取得个人同意，这是难以否认的，这就如同人们在某些时候反对慷慨地牺牲物质利益来实现高尚的价值，并防止这些价值受到伤害。举例来说，假设人们自愿承受由于废除汽车业引起的个人损失（设想不存在其他办法），确实可以使交通意外事故降低到零伤亡率。这种情形同样适应于很多例证，即便人们常常迫使自身与同类牺牲生命、健康以及高尚的精神价值追求，借此促进物质福利，而这些福利曾为人们所蔑视。这是由于人们的目标必然是为同一财富而参与社会竞争，相反，假设绝对形式的价值不管怎样都不能陷入危险的境况，人们就只能为这类绝对价值而奋斗、努力。

残酷的现实经常强迫人们做痛苦的抉择，人都期望摆脱这类痛苦，这是很正常的情况。可是，几乎没有人自愿让他人代替自身选择，并借此来摆脱痛苦。假设出现这样的情形，人们不期望做任何选择，同时非常相信选择并非绝对必须的，而这一信任仅是被人们生存于其中的某种经济制度强迫接受的，于是，人们的不满事实上是因为经济利益分配过程中依然存在着不公正的现象。

实现公平社会思想，必须付出相应的代价

哈耶克指出，多数人相信应当杜绝经济不公的情况，而这一现实又被那种社会能够带给人们潜在的富足的想法不断地强化。假设潜在的富足是事实的话，就意味着没有什么经济不公迫使人们必须选择。尽管这个陷阱自社会主义运动出现后一直在各种名义下被社会主义宣传运动所利用，可是，潜在富足一词依然与一个半世纪多的时间以前首次使用这个观念一样缺乏真实感。在如此长的历史时期内，使用它的众多人中，并没有哪个人推出了非常可行的计划，并证实社会该怎样扩大生产以便在西欧实现这个目标，当然更不用说在全世界范围内消灭贫困。也许我们可以认为，任何讨论潜在的富足的人要么根本不诚实，要么是不知所云。可是，虚无的想象却推动人们走向计划。

尽管现在主流社会运动依然受益于虚幻的理念，可是，相信计划经济能生产出高于竞争社会财富的意见，逐步被研究该问题的学者们抛弃了。即便那些持社会主义立场并真正研究集中计划的经济学者，今天也只是期望计划社会能取得与竞争社会差不多的效率。提倡计划，不是因为生产力高低的原因，而是因为它可促使人们形成相对公正以及财富平等分配的社会。这也许是坚持计划社会的唯一正当的理由。假设人们期望实现某种符合预定标准的财富分配形式，假设人们刻意地确定哪些人应拥有什么，那么就必须规划经济，这是毋庸置疑的。可是，哈耶克认为问题依然没有得到改善，实现某一部分人的公平社会思想，就必须付出相应的代价。比较起在经济领域内采用自由竞争引发的社会后果，难道就肯定不会出现更频繁的不满和压迫吗？

哈耶克做了一个预设，假设人们因这些困惑而追求安抚自身，并认同运用集中计划则意味着经济自由是昙花一现的东西，那么人们将重新追捧很多世纪都控制着经济行为的束缚，同时也赞同这种情况对自由的侵犯决不会超越放任自由时代之前的程度，这种情况就犯了严重的错误。这一想法非常危险，即便在欧洲历史上曾实行过的最高程度的经济管制，也只是确立了某种普通的和半永久性的规范体系。在这一体系中，个体拥有广泛的自由空间，同时，管制力量无法给人强加超过一般性管理的约束。即便是在那些管制非常完善的情形下，也仅仅是渗透到个体借助这一现实参与社会分工的那些活动中。在更多的社会领域内，个体依然仰赖自身生产的产品生活，同时按照自身的偏好自由行为。

就现实而言，哈耶克认为，情况却不是这样。在自由社会时期，分工的发展营造了某种形势，几乎导致人们的所有活动都成为社会运行的组成部分。这一形势的发展不是我们所能加以修正的，这仅是由于在这一发展形势下，人们才足以根据现行标准供养大量增加的人口。可是，采用集中计划来取代竞争，必然使人们实行比以往的程度严重得多的集中化管理。这种情况无法被限制于人们所熟悉的经济领域内，这只是因为几乎所有人生活的领域都仰赖别人的经济行为。对全面性地满足人们需要的狂热，迫使人们必须在确定的时间、根据确定的方式来娱乐生活和满足需求。在这种情况下，社会主义已经为极权社会铺好了前进的道路，同时，这一情形也有利用人们的狂热作为意识形态教育工具的企图。只是这属于计划社会期盼的结果，计划社会的核心内涵在于剥夺个人的自由选择权，并为计划确定时间，给予人们最符合计划标准的任何结果。

哈耶克指出，也许人们经常这样认为，不包含经济自由的政治自由社会缺乏实际意义。这个论述确实很正确，可在某种意义上，这种立场与计划者采用该论断的含义几乎是相反的。经济自由作为政治自由的前提，不能被看做是持社会主义立场的人承诺赋予人们的、免除操劳经济事务的自由，也不会是被利用来解决个人怎样选择和获取权力的自由；经济自由必须是经济行为的自由，这一自由，由于选择权的存在，必然伴随着实现权利的风险和相关责任。

7. 保障与自由

> 保障和公平体制与个体自由选择工作的自由权相互对立

哈耶克看到，保障个体的经济利益，就像创设自由经济形式那样，常常更有理由被认为是自由真正难以缺少的条件之一。就某种意义而言，这一论断是重要的。那些不相信通过自身的努力能合理规划自身未来的人们，根本没有发现他们具有坚韧的个性和独立的精神。可是，保障个体经济利益概念与这一领域内多数描述一样，都是模糊的、缺乏明确性的，所以，普遍性的同意保障要求也许是对自由的某种威胁。实际上，假设人们过于绝对地理解保障的意义，并普遍向往社会保障，是无法扩张自由的程度的，甚至会严重地威胁到自由。

在哈耶克看来，首要的问题是必须比较两种形式的保障制度。有限的保障方式是所有人都可以获得的，所以，不存在什么特权问题，恰恰是人们能期待的合理目标。另一种则是绝对形式的保障，在某一自由的社会内，绝对形式的保障难以确保所有人都可以获得，并且也不可将保障视为特权给予任何人——除了个别少数的特殊情形，譬如审判官就需要完全的独立。前一种形式的保障是为了预防物质的严重缺乏，也就是确保所有人都可以维持其生存的最低生活要求；后一种则属于某一生活水平层次的保障，也可以说是个人或集体组织与他人或其他组织相对地位的保障。可以简单地把这两种情况描述为某种最低程度的收入保障以及个体相信的应当的特殊收入保障。也许，人们马上就会发现，这一区别大致与以下区别相同，也就是为所有市场领域外和完善市场体制的人给予的社会保障，这与只向部分人提供、同时只能通过管制或取缔市场才能实现的社会保障，存在相当的差异。

在一个普遍富足的社会内，没有任何正当理由反对向人们提供第一类保障，并且也不需要威胁普遍自由的地位。在应当保障的具体标准的设定上，实际上是存在某些困难的，特别是那些依靠社会养活的人是不是应无限地享有与其他人一样的自由权呢？[1]解决这些问题，稍微大意一点，也许就造成可怕甚至危险的政治后果。但是，我们必须肯定的是，在处理这些问题时，稍不注意，就很可能造成严重的、甚至危险的政治困境；可是，毫无疑问的是，在足以保障个体健康和工作能力以及衣食住行等方面的最低条件的满足上，是可以向每个人提供保证的。现实中的英国就已有相当大部分的个人获得了这类保证。

哈耶克指出，也没有正当理由证实政府不应当帮助个体，并为个体处理生活中一般性的意外事故做预先的

① 假设仅仅依据国家公民的身份，就可享有高于其他地域的生活水平，也就必然出现相当严重的国际关系问题，而此类问题是难以被忽略的。——原注

准备工作，这只是由于意外经常难以确定，因而几乎没有人能预先做充分的准备。人们对避免灾难和摆脱灾难的期待，常常并不因当局的帮助而降低程度，譬如疾病与意外。简单来看，这里讨论的问题是被证实能够予以保障的那些灾难，譬如那些迫切要求当局协助社会组织提供全面的社会保险体制的理由是很充足的。而针对怎样计划的详细情形，那些同意保留竞争体制的个体与那些希望借助于另外的体制来替代该体制的人们的见解，在多数情形下是难以保持一致的。当局以社会保险的名义，也许可实行某些导致竞争或多或少失去约束力的方式，可是就本质而言，当局以此方法给予个人相当的保护，这同维护个人自由的原则并不存在矛盾。这类情形，还包括当局增加遭遇天灾（譬如地震与山洪）的人的救助标准来给予个体援助。只要是能够降低个体无法防止、同时也无法预先准备应对的灾难的后果的公共行为，毫无怀疑是正确的行为。

接下来还存在一个相当重要的问题，也就是与经济行为产生的普遍不稳定以及伴随而来的间歇爆发的大量失业相抗衡的问题。这一情形确实是人们如今面临的最为严重、也最为急切的问题。尽管要解决这个问题需许多正确的计划，可是无须或至少不一定需要某种特殊的计划形式，或者还可以根据提倡者的意见，考虑能替代市场的那些计划形式。实际上，多数经济学者都期望可以在货币政策方面发现解决问题的根本方法，这一情况甚至同19世纪的自由主义形式水火不容。同时，还有其他一些经济学者则相信，必须对在建的大量公用事业工程项目进行有效协调，这样才能取得真正意义上的成功。也许这将更为严重地限制竞争的领域和范围。同时，在进行这样的社会实验的时候，假设人们想避免所有经济活动逐步地仰赖于当局支付的货币量，就必须认真关注人们的行为。可以肯定，这一情形并非唯一的，同时，就哈耶克的观点而言，也没有把这种方式看做应付经济救助最突出的威胁，或者说是最可能取得成功的方法。不管怎样，人们保护经济活动，并防止经济不稳定产生影响必须作出的努力，难以威胁人们自由的计划的诞生。

就哈耶克的观点来看，那些潜在威胁着自由的保障计划属于其他类别的保障计划。这一计划的目的在于保护个体或社会组织，并且不发生某种尽管并非应当的，却在竞争社会内常见的收入降低的情形。同时，还保护人们免除遭遇痛苦的损失的威胁，尽管这类痛苦于道义上并不存在合理的前提，但是其与竞争制度却从不分离。所以，这些保障性要求是实现公平报酬的另一类形式，也就是作用于个体主观判断的报酬，并不是与个体通过努力产生的现实结果相互适应的报酬。于是，保障和公平体制就与个体自由选择工作的自由权相互对立起来。

稳定必须以自由和安全为代价

在任何一种人们在各种不同的行业内的分配仰赖于人自己来选择

的制度下，都必须促使各行业的报酬对社会所有成员同样有效，这一点与个体主观评价毫无关系。尽管最终达到的结果经常与人们的奋斗和恒心一致，可是，在任何社会内都难以总保持这样的状态。特别是某些职业和特别技术的实用性，由于难以预料的情形将会发生变异的情形，更难取得这样的社会效果。人们都明白，一旦出现某一能对他人有相当助益的新发明，必将导致某个接受过高深训练的个人辛苦习得的技术一夜之间失去价值。在已经过去的几百年历史上不乏这类例证，而且其中有些在瞬息之间便影响了成千上万人。

虽然个人努力奋斗，虽然个人有特殊的技术，可是他总难以避免犯错误，并引发个人收入突然降低以及随之而来的痛苦与失望，这确实会伤害人们的正义感。那些遭遇到伤害的人迫切希望国家出手，并借此维护自身的合理期望，确实这类要求必然会得到他人的赞同和支持。对这类要求的普遍认同的结果，促使各地方当局都行动起来，不仅保护遭遇到危险的人，使他们免于贫穷与困乏，并且帮助他们继续取得和之前一致的报酬，同时，使他们免于受到市场变化的影响。

在哈耶克看来，假设允诺个人自由选择职业，就难以给予所有人定量的收益。而且，假设赋予部分人这类保障，也就必然衍生特权，并确定要牺牲其他人的福利，所以就减少了其他人所能取得的社会保障。因此，唯一的办法是彻底消除个人工作选择上的所有自由，方可维持个体收益。只是，这样普遍性地实现个人的合理愿望，尽管常常使人憧憬，可人类却并未积极地去争取。真实的情形是，这类保障被零星地赋予此一或彼一社会团体，必然的结果是个人被排斥于这一愿望之外，社会倒是零碎地把这类保障给予这个或那个集团，结果使那些在利益之外的个体越发感觉失落和不安全。所以，就必然出现这样的情况：当保障个人收益的特权被越发地重视，也就意味着个人对特权的渴望越发急切，到最后，为特殊个体付出任何个人或社会代价都不会被认为过分了，即便牺牲个人自由选择的能力，也被看做是合理的选择。

部分社会成员对社会的贡献能力，因社会环境难以预测与难以控制而被大大降低了；另一部分成员的社会贡献能力，却因同样的原因被提高了。假设前者因接受保护免除了不必要的损害，后者就必然因阻力难以获取不应当获取的利益，于是，收益就立刻与个人的实际贡献能力脱离了任何关联。所有人都须借助掌权者规范个人应做什么，应预测什么，掌权者意图的好坏决定了这一切。而这些决断却是相当程度的专断意志的体现，推行这个原则必导致同工不同酬的局面。这样，则差别性的报酬难以有效地引导社会发展，促使人类按照需要的形式产生变化，而且，即便那些受到影响的个体，也难以准确判断某些社会变化给他造成的麻烦。

可是，假设必须采用这样的方式，人们在差别性职业间的收益的变化，难以用经济上的奖惩（该情形与个体主观价值不存在必然的联系）来简单实现，那么，就必须采用直接命令的方式实现。当个人收益获得保障时，就不会只因个人对工作的嗜好而继续从事原来的职业，也难以选择个人期望的工作。由于决定个体工作变化、维持个体获取的收益或遭受损失的人并非个体自身，所以，就必然要由那些控制社会有效收益、并进行分配的人代替个体来选择职业。

这里出现的关于怎样合理刺激个人工作效率的问题，经常被看做是人们是否尽最大力量参与工作的意向问题来加以考察。尽管这是非常重要的问题，却不是问题的全部，甚至根本不算问题的最核心的方面。问题的关键是当人们要求他人奉献最大力量的时候，就必须给予相应的酬劳。更为核心的问题是，假设人们允许他人自由选择职业，假设要促使他人准确地判断自身应该怎样行为的话，就必须设定某种其他人容易理解的原则，促使其他人能评判各种职业的重要程度。假设人们给予某一个体好处与其对社会的贡献大小毫无关联，就会出现这样的情形：即便那些有最强意愿参与社会工作的人，也难以在多样化的职业选择过程中做最为睿智的决策，想明白个体是否应当因职业变化放弃自己热爱的某一行业，并接受另一行业或环境的安排，就必须让这些工作对社会的相对贡献体现在所支付的酬劳上。

哈耶克指出，这个问题确实非常重要，这是由于我们必须证实职业变动与自身利益的直接关联，否则，世上的人们是不会奉献自身的最大力量来从事某一职业的。就大多数人而言，尽全力完成某一任务，就必须借助于外来的动力。就这一意义而言，刺激工作效率的问题俨然是非常现实的问题，不管是从事普通劳动还是从事于管理工作，情况都是一致的。对国家体制应用工程技术（计划的意义就在于此）必然引发某些无法根绝的原则问题，这句话是那些颇有应对政府计划的经验、并清晰地了解该问题的人的观点。

要完成某项社会工程，围绕这一工程必定采取大量的非计划性的经济行为。哈耶克预测也许存在这样的情况：当局能接受大量的工人，而且，当某位工人遭到解聘时，就应当脱离该工作环境，他的名字也应当从工资册上消失。假设不存在这样的后备性的求业组织，维护工作纪律就必然像对付奴隶一样运用刑罚。

对权力执行过程中出现的工作失误的裁决，尽管形式上有差别，但情况都非常严重。竞争社会的最后方式是求助于法警，但计划经济的最后裁决则在求助于绞刑官，这确实很有道理。可是尽管如此，赋予经营者的权力依然非常大。在计划体制下，经营者与工人一样，他的地位和收益不仅仅决定于所管理的工作的效果，由于风险与利益都不属于经营者，所以做出的决定，不会仅仅是他个人的主观意见，而应是经营者按照规定必须做的事情。在经营者可以避免但没避免的工作失误问题上，即便不是个人责任，只是没有满足社会需要，也必须按照同样的方式来处理。要是经营者毫无惊险地完成规定的责任，相比与竞争社会的经营者，他的收入就可能稳定得多；假设失败了，经营者个人所面临的危险远比破产厉害得多。要是经营者可以满足上级的要求，他的经济地位就是稳定的，可是这样的稳定必须以自由与安全的生命为抵押。

对自由的限制使人厌倦，人们期盼过自由的生活

哈耶克指出，人们所论证的冲突是互成水火的两种社会组织之间的基本冲突，这两类对立的社会组织，经常依据表现形式被描述为商业社会和军事化社会。这些用词也许是令人遗憾的，因为它使人们想起那些所谓本质性的概念，而且，人们也很容易发现，所面临的问题只是在两者之间怎样进行现实的选择，并不存在第三条道路。也许，选择与风险都被赋予同一个人，或者都不赋予个人。实际的情形是，军队管理模式确实很接近于人们所认同的第二种社会组织，在这类组织的管理下，个人的职业和参与职业的人都由政府统一分配，假设缺少粮食，所有人就都必须减少食用量。也只有在这类社会制度下，个体才被给予充分的生存保障，并且一旦这类制度扩展到整个社会体系，就能使社会所有成员都获得保障。可是，这类保障方式必然限制自由，并要求实现军事化的等级生活制度，这是军营式的保障体制。

可是，设想人们要把某一在各方面完全自由的社会组成部分有效组织起来，依据军事化组织原则，也许是可行的。但是，并没有充足的理由证实这类形式的存在必然限制自由，因此，我们就必须禁止偏好这一方式的人的选择权利。实际上，依据军事化组织形式组织个体志愿参与劳动，也许是当局给予所有人参与职业的机会和最低生活保障的最佳模式。在哈耶克看来，这类建议中的一些，在以往的历史上几乎不被人们认同，只是由于自愿牺牲自由取得社会保障的人总是做这样的打算，假设放弃个人的全部自由权利，也就得取消那些不打算接受这一方式的人的所有自由。可是，要为这个操作模式找到合理的原因是非常不容易的。

在哈耶克看来，人们所了解的军事化社会组织并没有被证实，假设军事化形式渗透到整个社会内，社会将会变成什么样？如果只是社会的部分成员依照军事化方式组织起来，这些社会成员所缺少的自由，就由于这样的前景而并不感觉特别痛苦；假设限制自由使人过分厌倦，人们就可以迁徙到自由的地域；假设依照吸引着多数社会主义立场的人的理想模式，使社会组织成为巨大的、单一的工厂，当人们想看看这样的社会究竟会是什么样子的时候，就得考察古斯巴达社会，或现代德国——德国经历几代人的奋斗之后，也差不多要变成古斯巴达那样的社会了。

在那些普遍奉行自由的社会内，几乎没有人志愿牺牲自由来获取社会保障。现在，各国执行的社会政策也就把保障的特权一会给予这个社会组织，一会给予那个社会组织，很快激起了追求社会保障的热潮，这一热潮一天天地压制着人们追求自由的希望。问题的根本在于，随着一次次将社会保障权力赋予某个社会组织，其他人的恐惧感必然变得越发强烈。而且竞争社会所赋予的保障因素，使各式各样的个人机遇也就越发的少了。

哈耶克指出，在市场体系内，唯有所谓的制约主义式的计划（差不多囊括了所有可执行的计划形式），才能保证授予特定的社会组织。所谓的控制，也就是限制社会生产的数量，保证价格体系能取得合适的利润，这是市场社会内可以确保生产者取得收益的唯一方式。可是，这必然减少其他人的赚钱机会。假设生产者——或是厂长或是工人，获得不受其他人讨价还价因素影响的社会保障，也就意味着那些生存状况更糟糕的人被排挤，难以在相对繁荣的工业发展过程中分享自身应得的部分。每一限制个人自由进入某行业的措施必将降低未进入该行业的人的福利。而且，由于需要在收入上受到保障的人们越发增多，也就意味着对那些收入受损的人们敞开的机会必将越发受到制约；而那些由于变化而被影响的人，要想避免收入急剧减少的几率也必然减少。更多事实表明，假设认同那些被改善的行业排斥别的人群，使自身获得高工资或收益，必然使那些处身于收益下降的行业的人们没有生路，并且每一次变化也就成为社会规模性失业的罪恶根源。无须怀疑的是，近一个多世纪以来采用这类方法获取保障的方式，必然大量增加人们的失业率以及由此引发的恶化的社会无保障形式。

哈耶克论述到，在这样的国家内，这样的限制，尤其是对社会中产阶层的限制，仅于半个世纪之前才体现出其重要性，因而人们还难以辨别限制的所有后果。

在那些逐步严苛的社会中，部分人被排斥在社会保障的职业范围之外，一道高墙将他们同那些有职业的人们隔绝开来，而那些有职业的人们在保障体制下无人与之竞争，使他们认为完全没有必要退让，以让那些无职业者能够获得工作的机会。缺乏职业保障的现实使那些人的绝望与那些有职业的人们之间存在巨大的沟壑，仅有那些实际体验过的人才能感觉到其中的差异。这个问题的关键不是幸运的人是否应该放弃他们的社会地位，而是这些人应在多大的程度上减少自身的收益，或者仅是期望改善处境而企图他人作出某些牺牲以分担社会共同风险。

反对这类做法是因为他们相信自身有这样的权利，能够享有一定生活水平的保护、合理的价格保障，以及职业收益的保障和在保护中受到当局的特殊关照。所以，出现强烈变化的不是价格、个人工资和收益，而是处理职业和生产的数量。在社会中某一阶层残忍地剥削另一阶层的过程中，从没出现过哪类剥削比不幸的社会成员受根基牢固的社会组织的压迫更为残忍的事情。几乎没有什么宣传能超过稳定特殊价格（或工资）的梦想的损害程度，这只是由于社会在实现部分人收益的同时，却导致其他人的社会地位和权益越发不稳定。

所以，哈耶克得出结论，人们越发企图干预市场并给予更充足的社会保障，一部分人就越发没有保障；而且，更为严重的情况是，随着缺乏社会保障的人数的增长，他们无保障的社会地位与具有特权保障的部分人日益严重的对立也就越发难以弥合。同时，社会保障越发具有特权性，缺乏社会保障特权的人所面临的威胁也就越发的大，此时，社会保障就越发被人珍视。伴随着具有特权的人员的增多，以及这类人的社会保障与他人缺乏社会保障的差异越发的明显，也就逐步在社会中形成了整套全新的社会价值体系。给予人地位和荣誉的不是个人独立生存，而是社会保障。设想某个青年具有领取年薪的保障性权利，那么他就更具备结婚的资格。相反，缺乏保障将导致贱民的出现，那些青年时期被社会排斥、缺乏社会庇护的工薪阶层的人们，将必然在这样的处境中碌碌一生。

如果缺乏经济保障，自由也就失去了意义

哈耶克论述到，受到国家支持和默许的、被限制措施加强并被期待的社会保障，伴随着时间的推移引发了严重的社会变革。在此变革形式中，就像许多其他情形一样，也是德国人处于领头的地位，至于其他国家则是东施效颦。同时，这一形式的发展已被社会主义思想的传播和灌输加快了步伐，这类影响蔑视所有风险性的经济行为，也反对那些尽管值得冒险追求却仅有极少的人可以获得的利益以及道德毁誉。尽管年轻人都喜欢薪金固定的职业，讨厌从事风险行业，但人们不可责备他们，只因这些年轻人从小都被教育，前一情形是高等级的，是不自私和更为公正的工作。如今的青年人在这样的世界成长，在这样的世界中，不管是学校教育还是报纸杂志的宣传，都认为商业精神是难以带来荣誉的，也就是视赚取利润为缺乏道德的行为，并把雇佣一百人看做是典型的剥削行为，相反，指挥一百人劳动则是某种荣耀。年龄偏大的人们或许认为这样概括是夸大其词，但那些在大学里传道的教师们的过往经历无疑说明，由于反资本主义社会的宣传的强化，于是英国价值体系的变革远远超越目前的制度变革。现在的问题是，在利用变革社会制度来满足个体新出现的需要的方式时，人们是否会在不自觉的情形下毁灭那些依然得到较高评价的价值体系呢？

哈耶克相信，也许半个世纪之前只是英国与德国式社会的比较，并通过比较证实社会保障思想打败自主社会理想必然引发社会组织的变革。但不管德国军队多么强大，假设英国人把德国的强大归功于其军事化性质，或者归功于德国军队的强大力量，这就犯了严重的错误。关于这两类社会的差异远难以用这样简单的理由来说明，而且，不管在军事势力孱弱和还是强大的社会内，德国社会的特征都一样保持着旺盛的生命力。推动德国前进的整个国家性质，出现在所有的历史阶段。

当然，与其说德国因战争而团结起更多的人民，还不如说是因德国把这样的组织形式应用于其他目的。德国社会结构不同于其他国家，是因为与其他国家相比，大部分的社会生活被从上到下有价值地组织起来，同时德国很多人并不认为自身是独立存在的，而认为自身属于当局指派治理的官方代表。正如德国一直自豪的那样，他们认为德国很早就成为了吏治国家，在这样的国家内，不仅公务员，而且差不多所有社会生活，包括收益与个人身份都须接受当局分配式的保证。

尽管自由精神是否能在所有可能的场合被强制根除，一直是值得怀疑的问题，可是不是所有人都能抵御德国逐步窒息自由的过程。哈耶克指出，那些希望获取地位与荣誉、并差不多依赖工薪实现自我的人们，他们接受比自我选择偏好的工作更重要的工作。官僚社会认为，缺少固定的收益和权利的工作是低级的，甚至是下流的，假设希望多数人长期坚持要求自由，或希望很多人都长期坚持要自由而不要社会保障，这难免会成为极大的奢望。那些只能通过服从于他人获得社会保障的人，在其他任何情形下都缺乏可靠感，而且身临其中，不管结果是成功还是失败，都必然遭遇到蔑视，仅有少数人可以抵御以自由换取社会保障的引诱。一旦出现这样的情形，自由就演变为纯粹的笑话，这只是由于获取自由必须以牺牲世上的大多数好东西为代价。这样，越发多的人会感觉到，如果缺乏经济保障，自由也就失去了意义，也就是毫不稀奇的事情了。可是令人忧虑的是，人们发现拉斯基教授引证的正是同样的论点，这个引证确实比其他任何观点更多地引诱德国人放弃自由。

怎样预防出现赤贫，怎么保障社会的合理设计，并削弱奋斗被引向错误方向的原因和伴随着的失望？哈耶克认为，这应该是社会政策的一个主要目的。假设要促使个人奋斗获取成功，同时不伤害个人自由的权利，则必须在市场体制外给予社会保障，并促使竞争自然形成，不受到任何外在因素的干涉。要保存个人自由权利，某种程度的社会保障是必须的，这是由于多数人只在实现自由产生的危险较小的情形下才会自愿承担这类危险。尽管这是人们不应忽略的问题的本质，可是危险最大的地方在于主流知识阶层的领袖们，赞同牺牲自由以确保社会保障的实现。最为重要的问题在于，人们应重新坦白地面对如下事实：个人自由仅有付出代价才能被保护，就每个人而言，人们必须有牺牲相当多的物质财富的思想准备来保护个人自由权利。假设人们渴望自由，就必须具有对盎格鲁—撒克逊体制的自由原则的实现基础的信心；这个信心曾被本杰明·富兰克林体现在某种适宜于个体生活，并适宜于所有国家生活的描述中：愿意放弃基本自由换取些许暂时性社会保障的人们，一方面无须得到自由，另一方面也无需社会保障。

二、致命的自负：对极权社会的反抗

《致命的自负：社会主义的谬误》是哈耶克生前著述的最后一本书，和米塞斯的《自由与繁荣的国度》一样，本书是论战性的，也可以说是《通往奴役之路》的续篇，因为它们都试图为资本主义社会辩护。本书不像《自由秩序原理》和《法律、立法和自由》那样是纯学术性著作，因此，我们可以宽容地对待本书超越实证话语霸权式的论证方式。本书的价值体现在它将经济学和生物学的成就相融合，集中阐释了扩展秩序。必须注意的是，尽管哈耶克严肃地批判社会主义式的“建构理性主义”，但其批判本身就具有建设性和原创性，正因为如此，本书所阐述的不完美理论才是可以被谅解的。

《致命的自负》导论中确立了哈耶克的核心价值概念——扩展秩序。或许，扩展秩序经常被人们理解为资本主义，也许这也是其早期思想的深化。哈耶克描述到：“为了理解我们的文明，我们必须明白，这种扩展秩序并不是人类的设计或意图造成的结果，而是一个自发的产物。”这就是说，文明的雨露恩惠到每一个人，但这不是理性启蒙或良心建构的结果，而是自发的形式，或许还可以说是毫无章法的扩展秩序的结果，自由的实现也是由于尊重该扩展秩序的结果。

哈耶克论证扩展秩序的工具是生物学和经济学理论，其中最核心的工具就是进化论。依据哈耶克本人的观点，这是由于对斯密传统的继承，甚至利用达尔文的进化论思想也是由于阅读《国富论》而得到的启发。哈耶克强调，威胁着自由的永不枯竭的那个思想动力就在于人理性的自负。正是由于人的自负，人们假定自身为全能的审查者和裁判者，即便在实行市场经济的国家（当然，更不用说那些执行计划经济的国家）里，玩弄政治的人们都企图“设计人类的未来”或重新型构社会。这必将扼杀个体自由并使个体受到奴役。

1. 在本能和理性之间

> 为了使扩展秩序得到发展，必须制约某些善良的本能

哈耶克论证到，早期思想家认为人类活动不可能超出睿智的头脑所能想象的秩序，即便亚里士多德也相信人类之间的秩序只能扩展到传令官声音所及的范围之内，因此不可能会影响某一拥有数十万人的国家。可是，亚里士多德认为缺乏可能的事情却在那个时候出现了，因为他把人类秩序局限于传令官声音涉及的范围的依据是自身的本能，而非他的观察和审视。

在亚里士多德时代以前很久，已被充分发展的人类本能适宜于流动的小部落或小群体的生活，人类在这些群体内演进了数十万年，形成了人类根本的生物学构

造。这类由遗传而得到继承的本能，主导着群体内的合作，而这类合作范围狭小，仅限于相互了解和信任的同胞内部的交往。共同的目标和情感支配着内部成员的活动，休戚与共和利他主义的本能对这类协作方式产生了决定性作用，这些本能适用于团体中的成员，却不适用于外人，所以这些小团体内的成员只能如此生存——孤立的人短期内将成为躯壳。

在哈耶克看来，这类不寻常的秩序的构成，以及目前这类规模和结构的人类的形成，其根本原因就在于某些逐渐演化出来的人类行为规则，尤其是关于私有财产、诚信、契约、交换、贸易、竞争、收获和私生活的规则，它们不是通过本能，而是经由传统、教育和模仿代代相传，其主要内容却是某些划定了个人决定可调整范围的禁令（即不得怎样）。人类利用、发展与学会遵从某些经常禁止依照本能办事的规范，也就不再依靠对事物的共同感受，最终确立了文明体系。这些规则实际上构成了另一类新道德，它制止与限制了自然道德，即让小群体聚集在一起并保证该群体内部进行合作的本能，其代价则是阻止或堵塞了它的扩展。

哈耶克认为，可以用道德一词来定义那些非本能的规则，其使人类能够扩展出更大范围的秩序，由于道德规则的概念，只能一方面把它同冲动和未经慎重思考的行为相比照，另一方面同对特殊结果的理性思考相比照时，才具有意义。

当人们不把道德规则看做内在本能，而是把它视为通过学习获得的传统时，它同人们普遍所称呼的感情、情感或感觉之间的关系，就会引起许多有趣的问题。譬如，即便道德规则是通过学习得到的，但它未必总是会像明确的规则那样发挥作用，它可以像本能一样，也表现出对某些行为模糊的厌恶或反感，这类感觉经常指导人们对内在本能冲动做出抉择。

哈耶克提出了疑问，对本能的要求施加的限制，怎样才能对更多成员的行为进行协调呢？生活在扩展秩序里的人取得利益，并不是因为他们互相以邻居来对待，而是因为他们在相互交往中采用了扩展秩序的规则，例如关于分立的财产和契约的规则，代替了祸福与共和利他主义的规则。每个人对待他人就像对待自身这样的社会秩序，是某种只能让少数人有所收获和人丁兴旺的秩序。要想让统一的抽象规则适用于所有人的关系，让它超越各种界线，甚至国家间的界线，就必须抑制对外人本能的进攻性。

因此，哈耶克得出结论，为了形成超越个人的合作模式或系统，要求每一个体改变其对他人的出于本性的或本能的反应，往往会受到非常强烈的抵抗。这类天生的本能，即曼德维尔[1]认为的私心之恶的冲突，它可以转变为公益；人们为了使扩展秩序得到发展，必须制约

① 曼德维尔（B.Mandevile,1670—1733 年），生于荷兰鹿特丹，获医学博士。1699 年到英国行医，成为英国公民。——译注

某些善良的本能。

哈耶克认为，即便服从限制的个人的生活决定于这类限制，可是他并不明白，一般说来也无法理解，它们怎样发挥作用或怎样造福于他。他知道许多需要的东西，却被禁止去拿到它们；他不明白，所处的环境内另外有利的优势，为什么决定于他必须遵从的纪律——禁止其获得同等诱惑力的东西的规定。人们厌恶这类限制，而这类限制却反过来成就了人们：它们使人们得以生存。

许多抽象规则，例如对待个人责任和分化的财产规范，都与经济学相互关联。经济学一直研究的问题就是，某个极大超出人们的认识或设计能力的审查与选择的变化过程，怎样产生引导了人类交往的延伸秩序。亚当·斯密首先了解到，人们偶然发现了某些促使人类的经济协作井然有序的方法，它处于人们的知识和理解的范围之外。他的“看不见的手”，大概最好被看成是某种看不见的或难以全部掌握的模式。人们在自身非常模糊、结果也并不是来自人们设想的情境引导下，譬如通过市场交换内的价格机制，去完成某些事情。在经济活动范围内，人们既不了解人们所满足的那些需求，也不了解人们所获得的物品的来源。人们几乎不认识自己所服务的人，甚至也不在乎他们的存在。而人们自身的生活，也要依靠接受另一些人们不认识的人提供的服务。这些事情之所以成为可能，是因为人们处在某个巨大的制度和传统框架——法律的、经济的与道德的——之中，人们通过服从某些并非由人们颁行、人们也难以理解的行为规则，使自身接受了这类安排。

哈耶克继续论述到，正如斯密所说，人的知识是分散的。资本能用于哪一类国内产业，哪些产品或许具有最大价值，每个人在自身所处的环境内做出的判断，会大大优于任何政治家或立法者能为他做出的判断。如市场这类收集信息的制度，促使人们能够利用分散而难以全面认识的知识，由此形成了某种超越个人的模式。在以这类模式为基础的制度和传统产生之后，人们再不需要在统一的目标上求得一致（像小团体那样），因为广泛分散的知识和技能，现在可以随时被用于各种目标。

秩序就如其近义词结构、系统和模式那样，属于很难把握的概念。人们需要对两种既有所不同又相互联系的秩序概念加以区分。作为某个动词或名词，命令既可以用来指根据人们的感觉从不同方面对物体或事件加以排列或划分的精神活动的结果，例如科学对感性世界的重新排列向人们显示的情况，也可以指人们假设客体或事件在一定时间内所具有的、或人们赋予它的一定的物质格局，规律源于拉丁语内用来表示规则的词，它指同样的因素之间的关系表现出的不同方面的时空。

哈耶克认为，明确了这一区别，才能够说人类获得了建立事实上的秩序格局以服务于其各种需要的能力，因为他们学会了根据各种不同的原则，把他们从环境中得到的感官刺激因素加以秩序化，把重组的格局叠置在由感觉和直觉所形成的秩序或分类上。秩序化是从划分客体和事件的意义上，主动对它们重新加以排列，使其产生需要的结果。

人们主要利用语言对客体进行分类，人们用它标明已知的各种客体，也用它划分人们所认为的各种相同或不同的客体或事件。人们也从习惯、道德和法律中了解不同的行为将产生的预期后果。例如，在市场交往中形成的价值或价格，可以进一步成为根据行为对秩序的重要性对它们进行分类的手段；在这个秩序中，个人仅仅是整体中的某个因素，而这个整体绝不是由个人所创造的。

进化的秩序摧毁了本能的野性，习惯的力量推动人类文明的生活

在哈耶克看来，延伸秩序不是忽然出现的，它持续的时间很长，它所产生的形态变异也很大；而市场秩序只是相对晚近的产物，这类秩序中的各种结构、传统、制度和其他成分，是在对各种行为的习惯方式进行选择时逐渐形成的。这些新的规则能够传播，并不是因为人们认识到它们更为有效，或能够预计到它会得到扩展，而是因为它们使遵守规则的群体能够更成功地繁衍生息，并且能够把外人也吸收进来。

由此哈耶克得出结论，这类进化是新的行为方式利用习惯的传播过程得到了扩散而产生的，它类似于生物进化，但在某些重要方面又和它有所不同。生物进化是

非常漫长的过程，因而它在文明得到发展的一两万年的时间里，难以改变或代替人们天生的反应方式。可是人们知道，所有刚刚开化的群体，都表现出某种通过学习传统而获得文明的能力。因此，文明和文化的传递，不可能受遗传的决定，它们是人通过传统而学会的。

最早对这些现象做出明确解释的是卡尔·桑德斯[①]，他曾写道，人和群体依照他们遵守的习惯获得自然的选择，正像他们也根据精神和生理特征得到选择一样。遵行最有利的习惯方式的群体，在相互邻近的群体之间不断的斗争中，会比那些行为方式不利的群体占有优势。

这类通过学习规则逐渐消除本能反应的过程，使人和动物有了越来越大的区别，尽管喜欢本能的集体行为的天性，仍然是人类所保留的各种动物特征之一。甚至人类的动物祖先，在它们通过模仿变成现代人以前，就已经具有了某些文化传统。这类文化传统有利于某些动物社会的形成，不过，从动物到人的决定性变化，要归因于由文化决定的对本能反应的限制。

于是，哈耶克相信，个人逐渐习惯于服从这些通过学习得到的规则，甚至像遗传本能那样成了某种无意识行为，它们逐渐取代了那些本能，但人们无法对决定行为的这两种因素做出准确的区分，因为它们以复杂的方式相互发生作用。在幼儿期学会的行为方式，已经变成

① 卡尔·桑德斯，英国著名社会学家，曾撰写《人口问题——人类进化研究》一书。——译注

了人们人格的一部分，在人们开始学习时便支配着人们。甚至人体会出现某些结构上的变化，因为它们有助于人类更充分地利用文化发展所提供的机会。被人们称为智力的抽象结构，在多大程度上来自遗传并内在于人们中枢神经的生理结构之中，或者它不过是个使人们能够吸收文化传统的容器？遗传传递和文化传递的结果都可以称为传统，关键是，它们之间往往以上面提到过的方式发生冲突。

文化的进化，以及它所创造的文明，虽然为人类带来了分化、个体化、巨大的财富和快速的扩张，可是它逐渐产生的过程并不是一帆风顺的。人们并没有摆脱从人人相识的小群体那儿得到的遗产，这些本能也没有调整得完全适应相对较新的扩展秩序，或因为这一秩序而变得无害。

不过也不能忽视有些延续下来的本能是有利的，其中包括至少部分地消除了另一些本能模式的特殊属性。例如，当文化开始消除某些本能的行为模式时，遗传进化可能也给予人类个体许多不同的特征，它们能够更好地适应人类较之任何其他非家庭动物更为深入其中的许多不同环境。在这些有助于消除另一些本能的内在特性中，最重要的是向自身的同胞学习的巨大能力——尤其是利用模仿的能力。

哈耶克指出，组成扩展秩序结构的，不但有个体，还有许多常常相互重叠的次级秩序。在这些秩序中，古老的本能反应，如休戚与共和利他主义，在达成自愿合作上继续保持着一定的重要性，尽管它们本身难以给更加扩展的秩序打好基础。人们现在的困难是，为了能够遵守不同的规则，同时生活在不同类型的秩序中，人们必须不断地调整自己的生活、思想及感情。假设人们把微观组织（例如小部落或小群体或家庭）中的那些一成不变的、不加限制的规则，用于宏观组织（如文明），人们就会毁了它。可是，假如人们总是把扩展秩序中的规则用于人们较为亲密的群体，人们也会使它陷入分裂。所以，人们必须学会同时在两个世界里生活。

人们同时生活于两种秩序之中并将它们加以区分的有限能力，虽然具有某些优势，但这绝不是件容易做到的事情。人们的本能时常有倾覆整座大厦的危险，在人的本能偏好和使他们得以扩展的通过学习得到的行为规则之间的冲突，即坎贝尔所谓的由压抑性或禁忌性道德传统中的清规戒律引起的冲突，大概是文明史中的一个主要问题。渴望高尚的原始人生活的返祖感情，是集体主义传统的主要根源。

人们很难喜欢和他们某些最强烈的本能相冲突的扩展秩序，或者他们会很容易地认识到这类秩序为他们带来了所向往的物质上的舒适。哈耶克相信，从这类秩序不符合人类的生物学天性上说，永远是某种非自然的秩序。只有从人们的大多数价值、人们的语言、人们的艺术和人们的理性出自人为这个意义上说，文明是人为的产物这类说法才有意义——它们不是由遗传而存在于人们的生理结构中的。可是从另一种意义上说，扩展秩序完全是自然的产物，它是在自然选择的过程中，通过自然进化形成自身的。

人们日常生活中的大部分内容，以及从事的大多数职业，都很难满足内心深处那些直接行善的利他主义心理。哈耶克指出，恰恰相反，得到承认的行为方式，常常迫使人们不要去做那些人们的本能促使人们做的事情。相互之间存在着很大冲突的，不是在感情和理性之间，而是在内在本能和通过学习得到的规则之间，服从这些规则会产生某种带来更大利益的普遍作用。

哈耶克论述到，人们对市场秩序的原理了解很少，合作胜过竞争的普遍心理便是一个明显的证据。合作就像休戚与共一样，在很大程度上要以在目标及其手段上取得一致为前提，在某个成员有着共同的具体习惯、知识，对各种可能性有相同看法的小团体里，这样说是有意义的。假设问题在于适应陌生的环境，它便没有意义了。可是，在扩展秩序中各种努力的相互协调所依靠的，正是这类对未知世界的适应能力。竞争是个发现的过程，是某种包含着所有进化过程的方法，它使人类不知不觉地对新情况做出反应；人们是通过竞争，而不是合作，极大地提高了效率。

于是，哈耶克得出结论，为了使竞争产生有利的结果，要求参与者遵守规则，而不是诉诸武力，因为规则能够结成某种扩展秩序。在自发秩序中，为了让人们各得其所，不需要任何人对应当追求的所有目标以及采用的所有手段知道得非常清楚，这类秩序是自身形成的。在调整中产生出秩序的各种规则，其出现并不是因为人们对其作用有了更好的认识，而是因为那些兴盛的群体正好以某种增强了他们适应力的方式对规则进行了改进。这个进化过程并不是直线式的，而是在包含着不同秩序的领域不断试错的结果。确实，并不存在试验的意图——规则的变化是由历史机遇引起的，它类似于遗传变异，其作用也基本相同。

当然，在哈耶克看来，规则的进化不是顺利的，因为贯彻这些规则的力量，普遍会抵抗而不是协助同传统的对错观相冲突的变化。而新近学会的规则，是经过一番斗争才为人们所接受的，贯彻起来有时又会阻碍进一步的进化，或对协调个人努力的力量的进一步扩展形成限制。握有强制力的政权，虽然总是在传播统治集团中得到认同的道德观，可是它很少主动去促进这类协调力量的扩展。

同文明的限制相对立的感情是不合时宜的，它只适用于那些遥远过去的群体的规模和所处的环境。可是，假如文明是由道德观的某些未被欲求的变化造成的，那么人们也就根本不可能知道有什么普遍正确的伦理学体系。人们需要借助经济分析的手段证实，自发产生的规则是怎样促进了人类的生存。

理解了文化进化，肯定会消除对既有规则进行怀疑所带来的好处，会让那些希望改进规则的人承担起证实的责任。哪怕难以证实市场制度的优越性，对资本主义的产生进行历史的、进化论的考查，也会有助于解释这类尽管不为人们所知也不在人们预料之中、但更有生产效率的传统是怎样出现的，以及它们对置身于扩展秩序之中的人具有的重大意义。

暧昧的社会达尔文主义

智力不是文化进化的向导而是它的产物，哈耶克相信，它主要是以模仿而不是知识和理性为基础。通过模仿进行学习的能力，是人们漫长的本能发展过程所提供的主要好处之一。人类个体由遗传赋予的超越了本能反应的最重要的能力，就是他能够主要通过模仿式的学习掌握各种技巧。根据这个观点，人们首先应当避免那些从所谓致命的自负中产生出的观念，即掌握各种技巧的能力是从理性中产生的。因为人们的理性就像人们的道德观念一样，是某个自然选择的进化过程的产物，可是它并不是从另一种分离的发展中产生的，因此，难以认为人们的理性处在某个更高的检验者的位置，只有那些得到理性认可的道德规则才是正确的。

人们的行为虽然受制于学习，可是对于自己所做的事情，人们经常不知道其中的原因。通过学习得到的道德规则和习俗逐渐取代了本能反应，但这并不是因为人利用理性认识到了它们的优越之处，而是因为它们使超出个人视野的扩展秩序的发展成为可能。在这类秩序中，更为有效的相互协调使其成员即使十分盲目，也能够养活更多的人口并取代另一些群体。

人们的论证使进化论和文化发展的关系有了讨论的必要。对于其中的许多问题，经济学都提供了某种自身独特的解答方式。于是，哈耶克推测，社会达尔文主义是从这样一个假设中产生的，即凡是研究人类文化进化的人，肯定会加入达尔文学派之中，但是这类假设是错误的。查尔斯·达尔文首先创立了一门系统的进化论，可是，他为了说服科学界，对进化过程怎样在生物有机体中发挥作用详细做出的解释，很久以前便已经是人文学科中的某些老生常谈的命题了——至少从 1787 年以后事情就是如此，这一年，威廉·琼斯[①]看出了拉丁语和希腊语同梵语有些惊人的相似之处，以及所有印—欧语系的分支都是来自梵语。这个例子提醒人们，达尔文的或生物学的进化论，既不是这类理论中最早的，也不是唯一的，它实际上并非完全自成一体，在某些方面有别于另一些进化论的解释。生物进化的观念，是从对某些文化发展过程的研究中诞生的，对于这些过程，例如导致语言、法律、道德原则和货币等各种制度形成的过程，人们早就有所了解。

可见，当代社会生物学的主要错误在于，它假定语

① 威廉·琼斯（William Jones，1746—1794），英国东方学家、法学家。——译注

言、道德和法律等现象不是经由模仿式的学习传递在自然选择的进化中产生，而是通过现在由分子生物学阐明的遗传过程传递的。这类观点虽然处在两个极端，可是它的错误与以下观点一样：人类自觉地发明或设计了道德、法律、语言或货币这类制度，所以他可以对它们随意加以改进。这类观点，即无论人们在哪里发现了秩序，那儿必定存在着某个发号施令的人，是生物学的进化论必须予以驳斥的迷信，人们发现，正确的解释处在本能和理性之间。

不但进化的观念在人文社会科学中要早于自然科学，而且达尔文是从经济学中得到了进化的基本观念。人们从他的笔记中可知，达尔文在1838年构筑自身的理论时，正在读亚当·斯密的著作。早于达尔文的著作几十年甚至一百年，就已有人在研究高度复杂的自发秩序通过进化过程而出现的现象，现代生物学则是从更为久远的文化研究那里借用了进化的概念。

确实，就哈耶克的立场而言，文化进化的学说和生物进化学说虽然在某些方面有相似之处，但它们并不完全一样，它们常以十分不同的假设作为起点。文化进化正如朱利安·赫胥黎[1]所言，是某个和生物进化极为不同的过程，它有自身的规律、机制和模式，难以单纯从生物学基础上加以解释。不妨举出若干重要的差别：生

① 朱利安·赫胥黎（Sir Julian Sorell Huxley, 1887—1975），英国生物学家、作家、人道主义者。——译注

物进化论现在已排除了后天获得特征的遗传，可是所有的文化发展都是建立在这类遗传上，即那些以指导个人之间相互关系的规则为表现形式的特征，它们并不是个人固有的，而是通过学习掌握的。文化进化的产生，不仅通过生理上的双亲，而且通过无数个祖先，向个人传递各种习惯和信息。这个过程利用学习手段，加快了文化特性的传播速度，文化进化比生物进化快得多，它主要是通过集体选择来发挥作用。

哈耶克毫不客气地批评道，把语言、道德、法律、货币甚至智力等传统的形成，一概归于生物学名下，是滥用语言和错解理论。人们的基因遗传，可以决定人们能够学会什么，但难以决定存在着什么有待学习的传统，有待学习的东西不是人类大脑的产物，不是由基因传递的东西，不属于生物学现象。

所有进化，无论是文化的还是生物的，都是对不可预见的事情和无法预知的环境变化不断适应的过程，这是进化论无法使人们对未来的进化做出合理预测和控制的另一个原因。它所能够做到的，不过是揭示复杂的结构怎样具有某种使进化进一步发展的调整方式，但这类发展本身是不可预测的。

文化进化和生物进化在某个重要的方面完全相同。规律支配着进化产物必然经历的各个阶段，因而能够据以预测未来的发展，从这个意义上说，无论是生物进化还是文化进化，都不承认有什么进化规律或不可避免的历史发展规律。不管是遗传还是别的什么因素，都难以决定文化的进化，它的结果是多变的，不是千篇一律的。某些哲学家，如马克思和奥古斯都·孔德，认为人们的研究能够发现进化规律，从而可以对不可避免的未来发展做出预测，他们的观点是错误的。过去，进化论的伦理学观点失信于人，主要就是因为它错误地把进化和所谓的进化规律联系在了一起，实际上进化论必须把这类规律视为不可能而断然予以否认，对于复杂现象，只能限于模式预测或原理预测。

因此，哈耶克总结这类具体的错误认识的主要来源之一，是混淆了两种全然不同的过程，即个体发生的过程和种系发生的过程，个体发生的过程肯定只同事先决定的个体发展有关，它是由胚胎细胞中染色体固有的机制决定的，与进化有关的种系发生却同种群或类型的进化史有关。

生物进化和文化进化还有另一些共同特征，例如，它们都遵从着同样的自然选择原理：生存优势或繁殖优势，变异、适应和竞争，从本质上看，它们经历的是同样的过程。不但所有的进化都取决于竞争，甚至仅仅为了维持现有的成就，竞争也是必要的。

达尔文生物进化论的创立是现代一项伟大的知识成就——它使人们对自身的世界有了某种崭新的视界，哈耶克相信，作为某种解释工具，它的广泛适应性也表现在某些各不相同的自然科学家的新著之中，他们证实了不应把进化的观点局限于有机体，这个过程始于从更为基本的粒子中发展出来的原子，因此人们也能够解释分子这类最初级的复杂结构，甚至能够根据多种多样的进化过程，解释复杂的现代世界。

于是，他指出社会达尔文主义是错误的，可是今天对它的深恶痛绝，部分要归因于它同致命的自负相冲突，这类态度认为人能够按照自身的愿望改造他周围的环境，虽然这与理解正确的进化论没有联系，可是那些在研究人类事务上持建构主义态度的人，却经常以社会达尔文主义的不当之处为由，全盘否定进化理论。

不管人们喜欢与否，没有那些特殊传统，文明的扩展秩序就不可能继续存在。确实，假如人们因为观念有误而放弃这些传统，就会使大量的人陷入贫困和死亡。

仅仅依靠事实难以决定是非，可是假设在什么合理、什么正确和有益的问题上认识有误，却会改变事实和人们生存于其中的环境，甚至有可能不仅毁灭已经得到发展的个人、建筑、艺术和城市，而且会毁灭各种传统、制度和相互关系。

2. 自由、财产和公正的起源

现代文明的独特基础是在地中海周围地区形成的

哈耶克认为，假设将人们提升到野蛮人之上的是道德和传统，而非理智和精于计算的理性，那么现代文明的独特基础是在地中海周围地区形成的。在这一地区，那些允许个人自由利用自身的知识的社会，由于有着从事远距离贸易的可能性，使它们与所有人的行动受共同的当地知识或统治者知识决定的社会相比具有了优越性。地中海地区最早承认个人有权支配被认可的私人领域，这使个人能够在不同团体之间发展出密集的商业关系网，这个网络的运行独立于地方首脑的观点和期望，因为当时很难管理那些航海商人的活动。假设人们可以接受某个声望极高的权威人士（某个肯定并不偏爱市场秩序的人）所做的说明，那么希腊—罗马世界从本质上说显然是个私人所有的世界，从几亩耕地到罗马贵族和皇帝的巨大领地都是这样，同时，它也是个私人贸易和制造业的世界。

于是，哈耶克确信，这类助长私人目标多样化的秩序，只有在所谓分立的财产基础上才能够形成，这是梅因对私有财产所作的更为准确的概念。假设说分立的财产是任何先进文明中道德的核心，那么似乎是古希腊人最早认识到，它也同个人自由密不可分。据说古代克里特人的宪法制定者就理所当然地认为自由乃国家至高无上的利益，仅仅基于这一原因，才让财产专属于那些获得财产的人，而在奴隶制的条件下，所有东西都属于统治者。

这类自由的某一重要方面，即不同的个人或小团体根据他们各不相同的知识和技能追求各自目标的自由之成为可能，不仅是因为对各种生产工具的分散控制，还因为某种实际与前者不可分的做法：对得到同意转移这类控制权的方式给予承认。个人可以根据自身的以及他可以加入其中的不管哪个群体的知识和愿望，自己来决定怎样利用具体的物品，他能够这样做，取决于某一受到尊重、个人可以自由支配的私人领域得到了普遍的承认，也取决于特定物品的权利能够从这个人转移给那个人的方式同样得到了承认。从古希腊至今，这类财产、自由和秩序得以存在的前提是一样的，即抽象规则意义上的法律，它使任何个人在任何时间都可以就谁对任何具体物品享有支配权得出明确的判断。

哈耶克认为，就某些物品而言，个人财产的观念肯定很早就出现了，第一件手工制作的工具大概是个很好的例子。一件独特而十分有用的工具或武器，对于它的制造者来说，无论怎样都会具有极强的吸引力，因此把它转移给别人从心理上来说很难接受，这件工具肯定会一直伴随着他走进坟墓。这里出现了发明者和正当的所有者的结合，以及相伴而生的许多基本观念的形成。

财产观念的扩展和完善，是个渐进的过程，甚至至今还未完成。第一批手工制作的耐用工具隶属于其制造者，可能是因为只有他们掌握着使用这些工具的技能。贵重物品所有权的分化，有可能是在群体相濡以沫的必要性受到削弱，个人开始为更有限的群体例如家庭承担起责任的时候，才开始出现的，也可能是让一份有效益的财产保持原状的必要性，逐渐导致了土地集体所有向个人所有的转变。

哈耶克相信，分立财产的最初出现，是贸易发展不可缺少的条件，从而对于形成统一而相互协调的更大协调机制，甚至人们称为价格的事物的出现，也是不可缺少的。同允许所有人在决定个人财产用途上可以做出选择相比，个人、扩大了的家庭或个人自愿组成的团体占有具体物品是否得到承认并不那么重要。尤其是在土地方面，也会出现财产纵向分化的安排，例如所有者有高低之分，有地主和佃户之分，近代地产制度的发展就是这样。现在，这样的安排同某些较为原始的财产观念相比，发挥的作用更大。

不应当认为部落是文化进化的起点，这些最早的紧密群体，和另一些他们不一定熟悉的个人和群体，有着共同的祖先和行为方式，因此人们很难说部落最早是在什么时候变成了共同传统的维护者，或者文化的进化开始于什么时间。可是，不管多么缓慢以及受着怎样的阻碍，有秩序的合作毕竟在不断扩展，普遍的、无目标的抽象行为规则取代了共同的具体目标。

在此，哈耶克举到希腊人的例证。在古希腊，主要是斯巴达人，即那些最强烈地反对商业革命的人，他们不承认个人财产，反而允许甚至鼓励偷盗，他们是拒绝文明的野蛮人的代表。不过在柏拉图和亚里士多德那儿，人们可以发现某种向往恢复斯巴达行为方式的怀乡病，这类怀念之情一直持续到现在，这是对受全权政府主宰的微观秩序的渴望。

他继续举证，在地中海地区发展起来的巨大商业社会，一度需要依靠罗马人的保护以防备掠夺者，那时的罗马人，仍然具有较多的尚武精神，能够通过征服最发达的商业中心科林斯和迦太基而控制这个地区。不过在共和国时代的最后年月和帝国时代的最初几个世纪里，在深深卷入商业利益的元老院成员的统治下，罗马为世界提供了建立在个人财产绝对观念上的某个司法楷模。只是在罗马的中央政府日益取消了创业的自由之后，这类最早出现的扩展秩序才开始衰落并最终崩溃，这个过程一再出现：文明可以扩展，可是在接管了公民日常事务处理权的政府的统治下，它不太可能得到更大发展。假设没有某个把保护私有财产作为自身主要目标的政府，就不太可能发展出先进的文明，可是由此引起的进一步的进化和成长过程，却一再被强大的政府所打断。有足够的力量保护个人免于同胞暴力的政府，使某个日益复杂的自发秩序的进化和自愿合作成为可能，可是它们为了贯彻自以为更大的智慧，不让各种社会制度随意发展，迟早会滥用这类权力，压制它们原来所保护的自由。

罗马的衰落并没有永久终止欧洲的进化过程，但亚洲的类似发展（后来又出现在中美洲）却被强大的政府所阻止，这些政府也有效地抑制了私人的首创精神，其中最明显的是中华帝国。在这个国度，在一再出现的政府控制暂时受到削弱的麻烦时期，文明和精巧的工业技术获得了巨大进步，可是这些反叛或脱离常规的表现，无一例外地被国家的力量所窒息，因为它一心只想原封不动地维护传统秩序。

因此，哈耶克断言，资本主义与欧洲文明扩张的起源和产生的缘由，是受益于政治上的无政府的，不是在强大的政治统治下，而是在文艺复兴时期的意大利、德国南部和低地国家的城市里，最后是在治理宽松的英格兰，也就是说，在资产阶级而不是军阀的统治下，近代的产业制度才得到了发展。保护分立的财产，而不是政府控制其用途，为密集的服务交换网络的成长奠定了基础，也正是这一网络形成了扩展秩序。

历史学家有某种错误的观点，他们把强大国家的建立说成是文化进化的制高点，实际上这经常标志着文化进化的结束。在这个问题上，研究早期历史的人完全被那些掌权者留下的遗迹和文献所左右，因此也受到了它们的欺骗。扩展秩序的建立者，往往没有创造出能够建立丰碑的财富，因而也没有给他们的成就留下多少显而易见的辉煌证据。

> 没有竞争机制也就没有财产保护，没有财产保护也就没有公正

哈耶克指出，对于正在出现的扩展秩序，聪明的观察者不会有多少怀疑，它是建立在由政府加以保障的安全上的，强制力仅限于贯彻决定物

品各有所属的抽象规则。例如，约翰·洛克的所有权个人主义不仅是某种政治学说，而且是对给英国和荷兰带来财富的状况进行分析的结论。它是建立在这样一种见解上，即要想保证个人之间的和平合作这一繁荣的基础，政权就必须维护公正，而不承认私有财产，公正也不可能存在——“无财产的地方亦无公正”这一命题，就像欧几里德几何学中的任何证实一样确定：因为所谓财产的观念，就是指对事物的权利，而被冠之以不公正之名的观念，就是指对这类权利的侵犯或践踏。显然，这些观念就是这样建立起来的，这些名称就是因此而赋予它们的，就像三角形的三角之和等于两个直角之和一样正确。后来，孟德斯鸠也向人们表达了他的看法：商业把文明和文雅的举止传播给了北欧的野蛮人。

同时，哈耶克还从大卫·休谟[①] 以及 18 世纪的另一些苏格兰道德学家的立场分析，分立的财产得到承认，标志着文明的开始。规范产权的规则似乎是所有道德的关键，这使休谟把他阐述道德的《人性论》的大部分篇幅用来讨论这个问题。后来他又在自已的《英格兰史》（第五卷）中，把国家的强盛归功于政府干涉财产的权力受到了限制。在《人性论》里，他明确解释了假设人

① 休谟（1711—1776），18 世纪英国哲学家、历史学家、经济学家。他被视为苏格兰启蒙运动以及西方哲学历史中最重要的人物之一。虽然现代对于休谟的著作研究聚焦于其哲学思想上，但他最先是以历史学家的身份成名。他所著的《英格兰史》一书在当时成为英格兰历史学界的基础著作长达六七十年。——译注

类实行的法律不是规定了所有权和财产交换的普遍规则，而是规定让最普遍的美德拥有最大财富……而天然的模糊性和每个人的自负，使德性极不确定，因此从这类法律中产生不出任何明确的规则，这必然立刻导致社会的全面解体。后来他又在《人类理解研究》中说：幻想家或许以为，统治以慈悲为本，惟圣人能领受人间；官吏却十分正确地把这些高傲的学问家放在了和普遍盗贼相同的位置上，用严格的规矩教育他们，在凭空想象中看上去对社会最有利的原则，实践起来有可能完全是有害的和具有破坏性的。

休谟明确指出了这些思想和自由的关系，以及所有人的最大自由要根据三条基本的自然法则，即所有权的稳定、其转移需经同意以及信守承诺，对每个人的自由进行平等的限制。休谟最早明确认识到，根据事后判断的公正，或对别人财产的尊重、诚实，或信守诺言，已经成为义务并成为支配人类行为的某种权威，只有使自然的道德本能受到制约或限制，才会使普遍自由成为可能。

亚当·弗格森[1]把野蛮人定义为不知财产是什么的人，亚当·斯密则说，谁也没有见过某个动物，用某种动作或本能的声音向另一个动物说，这是我的，那是你的。正如弗格森所说，财产显然是某种进步。已经有人

① 亚当·弗格森（Adam Ferguson, 1723—1816），18世纪苏格兰启蒙运动的主要思想家之一。——译注

提到，当时对语言、法律中的这些问题也有所研究，有必要在这里引用萨维尼的阐述：在这些交往中，若想使自由的人生活在一起，让他们在各自的发展中相互支持而不是相互妨碍，就必须承认有一道无形的界线，保证在此界线之内每个人的生活和劳作享有一定的自由空间。划定这一界线和每个人自由范围的规则就是法律。

哈耶克指出，就其现有的状况而言，财产制度很难说是完美的；实际上人们也很难说明这类完美包含什么样的内容。如想让分立的财产制度实际发挥出它的最佳效果，文化和道德的进化确实需要更上一层楼。例如，人们需要普遍的竞争以阻止对财产的滥用。这反过来又需要对微观秩序，即前面讨论的那些小团体中出自本能的感情做进一步限制，因为这些出自本能的感情不但受到分立的财产的威胁，竞争有时更会对它们构成威胁，这导致人们更加渴望没有竞争的休戚与共。

财产最初是习俗的产物，司法与立法不过是在几千年里对它做了延展而已，因此难以认为，它在当代世界采取的具体形式就是最后的形式。现在人们已经认识到，传统的财产观是某个内容多变而极为复杂的概念，至今还没发现它在所有领域最有效的组合方式。

为了说明在界定各种权利的最优形式——尽管人们坚信普遍的分立财产的制度是不可缺少的，尽管人们对这点有多么无知，我们依然可以对财产所能采取的某个具体形式做点说明，这样才能界定各种权利的最优形式。

哈耶克认为，对个人控制各种资源的范围做出界定的规则体系，是通过试错法进行缓慢选择的结果，可是它却造成某种奇怪的状况。物质财产的形式对于有效组织生产的物质手段是不可缺少的，知识分子对这类财产形式普遍感到怀疑，但正是这些人，因为必须同文字产品和技术发明打交道，却变成了不久前才发明的某些非物质产权（例如版权和专利）的最热心的支持者。

这类财产和另一些财产之间有着这样的不同：物质产品的所有权引导稀缺资料用于最重要的用途，而在非物质产品的情形下，例如文学产品和技术发明，生产能力虽然也受到限制，不过一旦它们出现，就可以对它们进行无限复制；只有法律才能让它们变得稀缺，这是为了刺激人们生产这类思想。可是，这类强制性的稀缺是不是激励人类创造过程最有效的办法，并不那么显而易见。假设一部伟大的文学作品的作者没有得到唯一的版权，是不是就不会出现哪怕一部这样的作品？赞成版权必须完全视情况而定，有些极为常用的作品，如百科全书、词典、教科书和工具书，假设在它们出现之后马上就可以免费复制，它们大概根本就不可能生产出来。

哈耶克认为，对这个问题一再出现的评价，并没有事实证实发明专利的获得确实加快了新技术知识的产出，而不是导致人们集中研究那些可以预见近期就能找到解决办法的问题而造成的浪费，因为根据法律，只要有人在找出解决办法上碰巧比别人早了几分钟，他便获得了长期的专用权。

根据核心目标，必须强调有助于形成自组织结构的行为规则的自发进化。这类对扩展秩序或宏观秩序的自发性的强调，假设让人觉得专门设立的组织在宏观秩序中丝毫都不重要，那就与上述论述发生冲突了。于是，哈耶克很自然地得出结论，自发的宏观秩序中的要素，除了个人分别从事的经济筹划之外，还有那些专门设立的组织的安排。个人主义法律的进化，在很大程度上恰恰在于它为不受强制的自愿团体的存在提供了可能。可是随着整个自发秩序的扩展，它所包含的单位之规模也随之扩大。它的要素日益变得不再是个人独有的，而是成为公司和社团之类的组织以及各种管理机构的范围。在使广泛的自发秩序得以形成的行为规则中，有一部分也会有利于那些适合于在更大系统内运行的专门组织的建立。不过，这些形形色色更具包容性的专门组织，实际上只有在某个更为广泛的自发秩序中才能找到立足之地；在某个本身就是专门组织起来的全面秩序中，它是不适合生存的。

3. 市场的进化：贸易和文明

> 贸易在很大程度上是作为某种个人关系发展起来的

哈耶克指出，人们现在可以更加细致地思考另外一些已经有所意味的问题，尤其是贸易的发展以及与此相关的专业分工问题，以找出某些更为深入的联系。这些发展对扩展秩序的成长非常重要，可是在当时，甚至在几百年之后，即使那些最了不起的科学家和哲学家，对此也没有多少理解。

人们所讨论的那些时代、环境和过程，都笼罩在时间的迷雾之中，对其细节无法做出充分的证实。某些专业分工和交换行为，在完全被成员的一致意见所支配的早期小社会里，可能就已出现。原始人追踪动物的迁徙路线，当他们遇到另一些人或群体时，有可能出现某些微不足道的贸易。关于很久以前的贸易，虽然有着令人信服的考古学证据，但这类事不但少见，而且容易让人产生误解。利用贸易而得到的基本生活资料，大多数都被消费掉了，没有留下任何痕迹，而那些让所有人爱不释手、不惜放弃必需品而得到的稀奇物品，往往意味着他们会留为己用，因此也更为耐久。装饰品、武器和工具为人们提供了主要的证据，人们根据当地没有可以用来制造它们的自然资源，只能推断要想获得这些东西就必须依靠贸易。考古学也不太可能发现人们从很远的地方得到了盐，不过盐的生产者通过卖盐而得到的回报的确时有发现。可是，使贸易日益成为维系古代社会生存不可缺少的制度的，并不是奢侈的欲望，而恰恰是生活必需品。

不管交换什么东西，贸易肯定很早就出现了。远距离的贸易，以及交易商不知其来源的那些物品的贸易，肯定比相距遥远的群体之间现在能够发现的任何其他交往更为古老。现代考古学证实，贸易要早于农业或其他正常的生产活动。在欧洲，甚至存在至少三万年以前旧石器时代远距离贸易的证据。在八千年前，安纳托利亚的加泰土丘和巴勒斯坦的杰里科，甚至在陶器和金属交易出现之前，就已成为黑海和红海之间的贸易中心。这两个地方也提供了人口骤然增加的早期例证，人们常常把这说成是农业革命。后来，在公元前 7000 年的后期就存在着水路和陆路网络，把米洛斯岛的黑曜岩运往小亚细亚和希腊内陆。有证据表明，甚至在公元前 3200 年以前，就有广泛的贸易网把俾路支（位于西巴基斯坦）和西亚各地联系在一起。人们还知道，王朝时代以前埃及的生计有着可靠的贸易基础。

日常贸易在荷马时代的重要性，可以根据《奥德赛》中的故事来说明。雅典娜装扮成船长，载着一船用于交换铜器的铁，去和忒勒玛科斯会面。据考古学证据，使后来的古典文明得以迅速发展的贸易大扩张，也是出现在几乎没有历史文献可资利用的时期，即公元前 750 年到公元前 550 年这两百年里。大约在同一时间，贸易扩张似乎也使希腊和腓尼基贸易中心的人口有了快速增长。这些中心在建立殖民地上相互激烈竞争，使古典时代初期重要文化中心的生活，变得完全依靠日常的市场过程。

这些早期存在的贸易，就像它对扩展秩序的作用一样，是无可辩驳的。不过很难说这个市场过程的建立会一帆风顺，它肯定会伴以早期部落社会的根本瓦解。甚至在那些已经承认分立的财产的地方，需要有另外某些以往没有听说过的行为方式，才会使群体倾向于同意它的成员取走该群体拥有的必要物品让陌生人使用（甚至交易者本人也只是部分地理解这样做的目的，更不用说当地的民众了）——若是没有这类交易，这些物品本来一直是供当地人共同使用的。例如，建立了各希腊城邦的船主，把装满油和红酒的陶罐运往黑海、埃及和西西里以交换谷物，在此过程中他们把自身的邻人十分需要的货物拿去给了那些他们的邻人根本不认识的人。小团体中的成员若是同意这类做法，他们必须先放弃自身的成见，开始从某个新的角度理解世界——某个小团体的重要性大大减少的世界。正像皮戈特在《古代欧洲》中所说，探险者和采矿者，商人和经纪人，船运和商队组织，承诺和协议，对远方外邦人及其习俗的看法——所有这所有都涉及社会理解的扩大，这是进入青铜时代的技术进步所必需的。他还谈到了公元前2000年青铜时代中期的情况：海路、河运和陆路网络赋予当时的青铜业许多国际性，人们发现从欧洲的一端到另一端，各种技术和风格有着广泛的分布。

哈耶克就此提出疑问，是什么样的行为方式提供了这些新的起点，不但导致了对世界的新认识，甚至导致了风格、技术和观念的某种国际化呢？其中至少包括善待远客、防卫能力和安全的通道。原始部落界定模糊的领土，很可能由于个人按照这些行为方式建立起的贸易交往而相互重叠。这类个人交往可以形成关系链，正是在这个链条上，数量虽小但不可缺少的微量元素得以传播到很远的地方。这使固定职业以及由此产生的专业化，在许多新的地区成为可能，并最终导致人口密度增加。更大的人口密度又导致专业化机会或劳动分工的出现，由此引起人口和人均收入的进一步增加，这使人口的继续增加成为可能，如此不断往复。

对这类由新的聚居地和贸易所启动的连锁反应，可以展开更加仔细的研究。有些动物只能适应特殊的、十分有限的环境生态龛，离开它便难以生存，而人类和老鼠等少数其他动物，却能够适应地球上几乎任何地方。很难把这仅仅归因于个体的适应能力。只有少数较为狭小的地区，能为狩猎者和开采者提供哪怕是最原始的使用工具的定居所需要的一切。假设他们耕种土地，自然物品就更为缺乏；如果没有另一些地方的同胞的支持，他们打算居住的地方不是不适合居住，就是只能让很少的人定居。

于是，哈耶克相信，确实存在的那些相对而言能够自给自足的生态龛，不管是在什么地区，很可能早已被永久占领并且抵制外人的入侵。即使是生活在那里的人也会逐渐知道，附近的地方虽然不能提供他们所需要的全部东西，却提供了大多数东西，那儿可能缺少某些他们只偶尔需要的基本物品：燧石、弓弦、固定刀柄的木胶、制革材料。在确信这些需要可以通过不时返回自身的家乡得到满足之后，他们会离开自身的群体去占领其中某些相邻的地方，甚至是他们所居住的陆地上某些更远的人口稀少的新领土。这些早期的人口迁移和必需品转移的重要性，难以只从数量方面来评价。假设不存在进口的可能性，即使这些物品在某个地方的当前消费品中只占微不足道的一部分，早期的定居者不要说繁衍后代，连维持自身的生存也是不可能的。

只要仍然住在家乡的人还认识已经迁出的人，他们回去补充必需品便不会遇到什么麻烦。可是，用不了几代人的时间，这些原居民群体的后代便会互不相识；仍然住在原来更有自给能力的地方的人，经常会以不同的方式保护自身和自身的物产。为了获准进入原来的领地，以便取得某些只有那里出产的特殊物品，出于表达和平愿望的目的，也为了刺激当地居民的欲望，他们必须带上礼物。要想让礼物有最佳效果，它们绝不是那些当地随时可以提供的满足日常需要的东西，而应当是某些让人心动的、独特的新式装饰品或可口美味。这类交往的一方所提供的物品，事实上经常是些奢侈品，这是其中的原因之一，但很难说交换的物品对于另一方来说不是必需品。

哈耶克指出，最初，涉及礼物交换的经常性交往，很可能是在家族之间发展起来的，他们承担着相互款待的义务，而这又与通婚习俗有着密切的关系。从这类家族成员和亲戚之间送礼的做法，到更加非个人化的东道主或介绍人（他们遵照礼俗充当来访者的保人，并允许他们停留足够长的时间以得到他们所需要的东西）制度的出现，再到按照由稀缺程度决定的比例交换具体物品的做法，这个转变过程十分漫长。可是因为认识到仍可视为划算的最小值，以及不再值得交换的最大值，由此使具体的物品逐渐形成了特定的价格。另一件不可避免的事情是，传统的等值物必须不断适应变化了的条件。

人们从早期希腊史中的确可以发现重要的宾客制度，它使身处异邦的个人得到通行权和人身保护。哈耶克于是做出结论，贸易在很大程度上肯定是作为某种个人关系发展起来的，即使军事贵族会把这类贸易伪装成不过是个人之间的礼物馈赠。不但已经很富有的人能够招待另一些地区特殊家族的成员，而且这类关系提供了某些使群体的重要需求得到满足的途径，因而能使人们变得富裕。忒勒玛科斯曾向皮洛斯和斯巴达的一位访客打听他那个周游四方的父亲奥德赛的消息，这个访客很可能就是利用自身的财富登上王位的商人。

于是，哈耶克确信，这类与外邦人发生有利交往的机会的扩大，也会使已经发生的与原始小群体中那些休戚与共、目标一致和集体主义的分离得到进一步加强。的确，有些个人从小群体的控制和应尽义务中解脱出来了，他们不仅开始定居在另一些群体中，并且为同另一些群体成员建立关系网络——某个因为有不计其数的接力者和分叉过程而最终遍布全球的网络——打下了基础。即使这些个人既不知道也没有这类意图，他们却能够为建立某个更为复杂、更为广泛的秩序做出自身的贡献，这类秩序远远超出了他们本人、他们同代人的视野。

渐进发展的社会推动财产保护机制的形成

哈耶克认为，为了创造某种秩序，这些个人必须能够把信息用于只有他们自身知道的目的。如果没有某些行为方式上的有利条件，譬如和远方的群体共同遵守的宾客制度，他们是不会这样做的。这些行为方式必须是共同的，而遵守这些行为方式的个人的具体知识和目标可以各不相同，并且能够以特殊的信息为基础，这反过来又激励个人的首创精神。

由于只有个人而不是他的群体能够获准和平地进入外邦人的领地，因此他获得了自身的同胞所不具备的知识。贸易难以建立在集体知识上，只能建立在独特的个人知识上。要想使这类个人的创造力得到利用，只有越来越多地承认分立的财产。船主和其他商人受他们的个人收益所左右，可是很快，由于他们是通过贸易而不是生产去追求财富，由此给家乡不断增加的人口带来的财富和生计，就只能依靠他们在发现新机会上不断创新来加以维持了。

哈耶克论述到，人们为何接受一切具体的新习俗或新发明，只是件次要的事情。重要的是，使某种习惯或发明得到维系，需要两个明确的前提。首先，必须存在能够使某些行为方式代代相传的条件，而这些行为方式的好处未必已经得到人们的理解或赞赏。其二，保留这些习惯的群体必须取得了明确的优势，使他们能够比另一些群体更为迅速地扩张，并最终胜过（或同化）那些不具备类似习惯的群体。

人类最终能够像现在这样稠密地占据地球的大部分地区，甚至能够在几乎生产不出任何必需品的地方维持众多的人口，这是因为人类就像某个自我伸展的巨大机体，学会了扩展到最遥远的角落，从每个地方汲取整体所需要的不同养分。确实，即使在南极，不用多久也能使数千名矿工挣到丰足的生活资料。在某个来自太空的观察者看来，这类表面不断发生变化的遍布全球的现象，很像是某个有机体成长的过程，但是它是由不再率性而为、而是遵从着传统习惯和规则的个人所成就的。

这些生意人和东道主，对于他们所服务的具体对象知道得很少，他们也不需要这类知识。许多这样的需要确实要过很久才会出现，因而人们甚至无法预测它们的普遍特征。

在哈耶克看来，对经济史的了解越多，就会发现某个高度组织化的国家的建立构成了早期文明发展的顶峰这样观点是错误的。由于人们对有组织的政府的所作所为的了解，必然大大多于个人之间自发的合作所成就的事情，因此历史说明严重夸大了政府的作用。这类由于事物例如那些文献和遗迹的性质而形成的骗局，可以拿下面的故事为例予以说明：考古学家根据有关具体价格的最早记录是刻在一根石柱上这个事实，便断定价格总是由政府制定的。这还不是最糟糕的，一部广为人知的著作认为，由于在巴比伦城的发掘中没有发现适当的空地，因此那里还不存在集市——在炎热的气候下，这类市场怎么会在露天里举行?

与其说政府会促进远距离的贸易，不如说它经常阻碍这类贸易。为经商的个人提供了更大独立性和安全性的政府，是这类商业带来的信息和人口的受益者。可是，当政府发现人民日益依赖某些基本食物和原料的进口时，它就经常会以这样或那样的方式竭力保障这类供应。例如，当有些早期政府从个人贸易中第一次了解到存在着某些必要资源之后，就会试图用有组织的军事或殖民远征获得这类资源。雅典人并不是最早更不是最后一批做这类事的人，可是因此便像某些现代作者那样得出这样的论断却是很荒谬的：在雅典最为繁荣发达的时期，它的贸易是受到管理的，受着政府签订的条约的约束，并且是以固定价格进行的。

> 获利的可能起着某种信号作用，引导人们做出能让他们的工作更有成效的选择

哈耶克相信，强大的政府对自发的改进一再造成破坏，使文化的进化过程被打断。可以以东罗马帝国的拜占庭政府为

例，中国的历史也提供了政府试图推行完美的秩序，使创新变为不可能的许多事例。这个国家在技术和科学方面大大领先于欧洲，仅举一例：12 世纪它在浦江一侧便有十座油井在生产，政府的控制权所导致的肯定是它后来的停滞不前，而不是它早期的进步。使极为先进的中国文明落在欧洲后面的，是它的政府限制甚严，因而没有为新的发展留下空间，而欧洲在中世纪异乎寻常的扩张，很可能应当归功于政治上的无政府状态。

哈耶克举例道，在希腊的主要商业中心，尤其是雅典和后来的科林斯，政府专门制定的政策并没有为它们带来多少财富，并且几乎没有人理解这一繁荣的真正原因。完全不理解自身生活于其中的发达市场秩序的亚里士多德，可作为这方面一个最好的例子。虽然人们有时说他是第几个经济学家，可是他对经济加以讨论的事情，完全是家政管理，或至多是农庄之类的个人产业。对于从市场上获利的努力，即他所说的生财之道，他只是一味加以诅咒。尽管当时雅典人的生计依靠同远方的谷物贸易，他的理想秩序仍然是某种自给自足的秩序。他虽然也被人称为生物学家，可是他没有发觉任何复杂结构最关键的两个方面，即进化和秩序的自我形成。正如恩斯特·迈尔[1]所言：宇宙能够从最初的混沌中发展出来，或更高级的有机体能够从较低级的有机体进化而来，这

① 恩斯特·迈尔（1904—2005），出生于德国巴伐利亚州，曾经撰写《生物学思想的发展》、《分类学和物种起源》等。——译注

类观念是和亚里士多德的思想格格不入的。亚里士多德反对任何进化，他没有注意到自然（或 physis）的意思就是要描述成长的过程，他似乎不熟悉前苏格拉底哲学家就已知道的自我形成秩序中的某些区别，例如自发成长的 kosmos 和被早期思想家称为 taxis 的那些特意安排的秩序（比如军队中的秩序）之间的不同。在亚里士多德看来，所有人类活动的秩序都是 taxis，即由某个清醒的头脑对个人行为专门加以组织的结果。他公开声称，只有在某个小到足以使人人能够听到发令者声音的地方，某个目力所及的地方，才能建立起秩序。他宣称，人数过于庞大，便无法井然有序地参与其中。

哈耶克指出，在亚里士多德的立场而言，只有现存人口中已知的需求，才为经济努力提供了天然的或正当的理由。他认为，人类乃至自然，一直就是以它们现在这个样子存在着。这类静态的观点没有为进化论留下余地，甚至使他难以发问现存的制度是从何而来的。他好像从来没有想到，大多数现存的人类共同体，尤其他那些人数众多的雅典同胞，如果他们的祖先一直限于满足自身已知的当前需要的话，他们就根本不可能出现。他也不了解通过遵守抽象规则去适应不可预见的变化这类一旦成功便会导致人口增加和常规形成的实践过程。因此，亚里士多德为伦理学制定的普遍的研究模式，察觉不到历史提供的这些规则作用的线索，也不会想到从经济学的角度分析这类作用，因为理论家很容易忘掉答案就包含在这个规则的问题之中。

在亚里士多德的头脑里，只有目的在于把好处留给别人的行为，才是可以从道德上加以赞成的行为，仅仅着眼于个人收益的行为肯定是恶劣的行为。商业上的考虑可能不会影响大多数人的日常活动，但这绝不意味着从更长远的角度说，他们的生活不取决于使他们能够买到基本物品的贸易的正常进行。亚里士多德把为获益而从事的生产贬低为违反自然的行为，而这类生产在他之前很久，就已经成为大大超出另一些人的已知需求的扩展秩序的基础。

哈耶克得出结论，人们现在知道，在人类活动结构的进化过程中，获利的可能起着某种信号作用，它引导人们做出能让他们的工作更有成效的选择；通常，只有那些更有利可图的事情才能养活更多的人，因为它的产出大于消耗。至少亚里士多德之前的某些希腊人，对此深有体会。在公元前5世纪（这确实早于亚里士多德）第一位真正伟大的史学家在着手写作伯罗奔尼萨战争史时，便开始思考早期的人们的假设，既无商业，又无陆地或海上的交通自由，除了满足自身的生活之需外不再耕作更多的土地，那么他们绝无可能超越游牧生活的水平，因此既不会建立巨大的城市，也不会成就任何其他伟业。可是亚里士多德却忽视了这类见解。

假设雅典人遵照亚里士多德的建议——对经济学和进化毫无所知的建议，他们的城邦很快就会退化成村庄，因为他关于人类形成秩序的观点，把他带向某种只适用于静止状态的伦理学。可是他的学说却支配了此后两千年的哲学和宗教思想，尽管事实上这些思想大多数是在某个高度动态的、迅速扩展的秩序中出现的。

亚里士多德对微观秩序中道德规范的系统阐述所产生的影响，因为托马斯·阿奎那在13世纪采纳了他的思想而更加严重，后来甚至导致亚里士多德的伦理学实际上被宣布为罗马天主教会的正统学说。中世纪和近代早期的教会反对商业的态度，把利息指责为高利贷，以及有关公正价格的说教和对利润的蔑视态度，都是亚里士多德主义的显现。

到了18世纪，亚里士多德在这方面的影响开始减退。大卫·休谟发现，市场可以让人们为别人提供服务，这无需他怀有真诚的善意，甚至不需要他认识那个人；并能使人们的行动有利于公众，虽然他并没有那样的打算，这都由于某种特殊秩序的安排。在这类秩序下，即使是坏人，为公益服务也符合他的利益。因为有了这类见解，自行组织的结构观开始出现，从此以后它成为人们理解所有这类复杂秩序的基础，而过去它们就像是某些奇迹，只有人类所了解的自身头脑的某个超人版本，才能使其产生。如今人们逐渐理解了市场是怎样使每个人在规定的限制之内，把他的个人知识用于自身的个人目标，即使他对自身在其中活动的秩序所知甚少。

虽然有了这项伟大的进展，确实也是因为完全忽视了这项进展，某种依然渗透着亚里士多德思想的观点，某种天真幼稚的、泛灵论的世界观，开始主宰社会理论，成为社会主义的思想基础。

4. 本能和理性的反叛

> 扩展秩序的中心价值和各项制度遭遇诸多挑战

哈耶克指出，尽管亚里士多德不确定贸易的重要性，并且也不理解进化现象，虽然亚里士多德的思想被纳入托马斯·阿奎那体系之后，为中世纪和近代早期教会的反商业态度提供了支持，可是只是到了后来，主要是在17和18世纪的某些法国思想家中间，出现了若干重要的发展，它们才结合在一起，开始向扩展秩序的中心价值和各项制度提出了有效的挑战。

在这些发展中，关键的问题是同近代科学的兴起相联系的某种特殊类型的理性主义变得日益重要。在此后几百年里，建构主义或唯科学主义实际上控制着有关理性及其在人类事务中的作用的严肃思考。道学家们利用这类解释，以理性和文明最高价值的名义，终于开始去奉承某些相对而言事业无成的人，教唆人们满足自身的原始欲望。

这类从笛卡尔开始传给现代的理性主义的认识，不但抛弃传统，甚至声称不需要任何这样的媒介，单纯的理性就可直接为人们的欲望效力，它仅凭自身的力量，就能够建立某个新世界、某种新道德、新法律，甚至能建立某种全新的纯洁语言。虽然这类学说的错误显而易见，但它仍然支配着大多数科学家的思想，也支配着文人们、艺术家们和知识分子的思想。

还应当补充的是，另外某一也可以称为理性主义的流派，对待这类问题有不同的方式，例如把道德行为规则本身视为理性的组成部分。洛克[①]曾解释说，所谓理性，我想它并不是指构成思维训练和推理证实的理解能力，而是指明确的行为准则，所有的优良品质和培养道德观所需要的一切，都是由此而来。不过在那些自称理性主义者的人中，持洛克这类观点的只是少数。

其次，向扩展秩序提出挑战的相关发展，也来自卢梭的著作和影响。这位独特的思想家，虽然经常被描绘成一个反理性主义者和浪漫派，但他也抓住笛卡尔的思想不放，对他有着深深的依恋。卢梭那些令人目眩的思想逐渐主宰了进步思想，使人们忘记了自由作为某种政治制度，它的出现并不是因为人类从摆脱限制这个意义上对自由的追求，而是因为他们在保护公认的个人安全领域内所做的努力。卢梭使人们忘记了，行为规则必然是限制性的，它们的产物是秩序，这些规则正是通过给每个人追求自身目标的手段划定范围，从而大大扩展了

① 约翰·洛克（1632—1704），英国哲学家、经验主义的开创人，同时也是第一个全面阐述宪政民主思想的人，在哲学以及政治领域都有重要影响。——译注

每个人能够成功追求的目标范围。

在此，哈耶克借用卢梭在《社会契约论》的开篇语——人生而自由，但无往不在枷锁中，他要人们摆脱所有人为的限制，使那些一直被称为野蛮人的人一变而为进步知识分子式的真正英雄，鼓动人们抛弃那些维系着他们的生产力和人口数量的限制，提出某种对自由的获得构成最大障碍的自由观。在宣称不管是同传统还是同理性相比，动物的本能为人类进行有序合作提供了更好的指导之后，卢梭又提出虚幻不实的人民意志或普遍意志。通过这类意志，人民变成了某个单一的存在。现代知识分子的理性主义，允诺把人们重新带回天国，在那里，人们的本能不是限制这些通过学习获得规则的本能，而将使人们有能力征服世界，这是理性主义致命的自负，卢梭的以上言论大概是其主要的根源。

这是某种很有诱惑力的观点，但它的威力很难说是来自理性和证据。人们早就知道，野蛮人远不是自由的，他也不可能征服世界。除非得到他所属的群体的同意，否则他几乎什么事都难以去做。个人决定要以个人的控制范围为前提，因此只有随着个人财产的进化才成为可能；个人财产的发展反过来又为超出头领、酋长或集体的秩序的成长奠定了基础。

哈耶克相信，尽管存在着这些矛盾，卢梭的呼吁毫无疑问非常有用，它在过去两百年里已动摇了人类的文明。可是，它骨子里虽然是反理性主义的，由于包含着笛卡尔主义的意味，暗示人们能够利用理性直接满足人们的自然本能并能够用理性为此找到理由，它对进步论者产生了重大影响。卢梭为知识分子发放了许可证，使他们能够抛弃文化限制，为争取不受限制的自由找到理由，并且能够把这类对自由基础的攻击称为解放。此后，人们对财产的怀疑便日益加深，不再普遍认为它是促成扩展秩序的关键因素。人们开始认为，规范分立的财产范围与转移的规则，可以用中央对其用途的决定权取代。

19 世纪人们对财产在文明进展中的作用进行了严肃的理性评价和讨论，在许多地方似乎都成了某种禁忌。在此一时期，许多本来想对财产进行研究的人对财产也产生了怀疑，这成为那些相信能够对人类相互合作的制度进行理性重建的进步论者极力回避的话题。这类禁忌一直延续到 20 世纪，例如它在布赖恩·巴里[①]有关财产的习惯用法和分析的陈述中有所表现。人类学的奠基人日益忽视财产的文化作用，因此泰勒[②]的两卷本《原始文化》一书，索引中竟没有出现财产和所有权的条目；

① 布赖恩·巴里，英国当代政治哲学家，曾撰写《正义诸理论》一书。——译注

② 泰勒（1832—1917），英国人类学家，文化史和民族学进化学派的创始人之一。——译注

韦斯特·马克[1]确实用篇幅很长的一章讨论了财产，但他在圣西门和马克思的影响下，认为财产是某种应该反对的不劳而获的收入来源，并由此断定财产法迟早会发生重大变化。

社会主义者的建构主义偏见对当代考古学影响甚大，不过它在理解经济现象上的无能，最为粗俗地表现在社会学里（所谓知识社会学的情况更糟）。社会学本身几乎可以被称为一门社会主义科学，它历来公开标榜自身能够建立某种社会主义新秩序，它能够预测未来的发展并塑造未来，甚至创造人类的未来。就像一度虚妄地声称要取代所有专业化自然研究的自然学一样，社会学一直傲慢地无视对法律、语言和市场这类成长结构做了长期研究的成熟学科已经取得的知识。

> 道德规范，尤其是人们的财产、自由和公证制度，是由文化进化赋予人类的某种独特的第二禀性

哈耶克在论述中指出，对财产之类的传统制度的研究变成了禁忌。因为对道德传统的进化选择这个如此有趣而又重要的过程，竟然一直研究很少，这些传统为文明的发展所提供的方向竟受到严重的忽视，这实在

① 韦斯特·马克 (1862—1939)，芬兰著名的社会学家、人类学家和哲学家，生于赫尔辛基，卒于拉宾拉赫堤。他毕业于芬兰大学，1890年获得哲学博士学位，历任芬兰大学社会学讲师、道德哲学教授和亚波学院哲学教授，并于1907年1930年间担任伦敦大学社会学教授。主要著述除《人类婚姻史》外，还有《道德观念的起源和发展》、《摩洛哥的婚姻仪礼》、《摩洛哥的仪式与信仰》、《伦理相对论》等。——译注

让人难以理解。对于某个建构主义者来说，这类事情确实没有什么特别之处。假设有人迷恋社会工程，也就是被人类能够自觉地选择自身的方向这类观念所迷惑，那么他怎样达到目前的状态，确实也就无足轻重了。

虽然这里难以对这个问题加以深究，但可以顺便提一下，对财产和传统价值的挑战不仅来自卢梭的追随者，它也有其宗教的来源，尽管重要性次之。这个时代的革命运动（理性主义的社会主义，然后是共产主义），有助于针对基本财产制度的宗教反叛这一古老的异端传统的复兴。在早先几个世纪里，领导这些反叛的是诺斯替教徒、摩尼教徒、鲍格米勒派教徒和清洁派教徒。到了 19 世纪，这些具体的异端不复存在，可是成千上万新的宗教革命家出现了，他们把自身的反对热情发泄到了财产和家庭上面，并且鼓吹用原始本能来反对这些限制。简言之，对私有财产和家庭的反叛并不限于社会主义者。唤起各种神秘主义和超自然的信仰，不仅可以给限制本能的习惯找到理由，例如罗马天主教和新教中的主流教义，在更为边缘的运动中，也可以用来支持本能的释放。

不过，哈耶克认为，首先应当强调，这里基本上没有考虑这类反叛的漫长历史，以及它在不同的地方出现的不同变化。在奥古斯都·孔德提出用实证主义一词来指得到证实的（即由理性加以证实的）伦理学观点以后，它就成为对超自然的启示的伦理学唯一可能的替代。同时杰里米·边沁早就已经为人们现在称为法律和道德实证主义的学说建立了某个极为稳固的基础：他对法律和道德体系做了建构主义的解释，按照这类解释，它们的效用和意义据说完全取决于其设计者的愿望和意图。边沁本人在这一发展中也是个后来者。这类建构主义不仅包括由约翰·斯图亚特·穆勒和后来的英国自由党所代表并加以继承的边沁主义传统，实际上还包括当代所有那些自称是自由主义者的美国人（其对立面是另一些非常不同的思想家，他们在欧洲更为常见，也被称为自由主义者，但更适当的称呼应是老辉格党人，其中最杰出的思想家是托克维尔和阿克顿爵士）。如瑞士一位当代分析家所言，假设人们接受现在的自由主义（即社会主义）哲学，认为善恶之分既然对他总有一定的意义，因此他自身必须并且能够精心为它们划定一条界线，那么这类建构主义思维方式实际上就是某种无可避免的现象。

就道德和传统、经济和市场及其进化的见解，显然与许多有影响的观念相冲突，不但和前面讨论的旧式的社会达尔文主义（如今它已不再被广泛接受）、而且和过去以及现在的许多观点相冲突，如柏拉图和亚里士多德的观点，卢梭和社会主义奠基人的观点，圣西门、卡尔·马克思等许多人的观点。

哈耶克相信，道德规范，尤其是人们的财产、自由和公证制度，并不是人的理性所创造的，而是由文化进化赋予人类的某种独特的第二禀性。这类观点和20世纪知识分子的主流观点确实是对立的。理性主义的影响既广且深，因此普遍而言某个人越是聪明和有教养，他或她就不仅越有可能是理性主义者，而且还会持有社会主义观点。人们在智力阶梯上攀登得越高，越是与知识分子谈话，人们就越有可能相信社会主义信念。理性主义者大多数有可能既聪明又很有学识，而聪明的知识分子大都倾向于成为社会主义者。

理智的人倾向于过高地估计理智，倾向于认为人们必须把自身的文明所提供的优势和机会，一概归功于特意的设计而不是对传统规则的遵从；要不然就是认为，人们运用自身的理性，通过对人们的任务进行更为理智的思考，甚至是更为恰当的设计和理性的协调，就能消灭所有依然存在的不可取现象。只要认识到这一点，人们当初因为看到聪明人倾向于成为社会主义者而生出的诧异，也就会消失了。这类思想倾向会让人坚决赞成对经济进行集中计划和控制，而这正是社会主义的核心。确实，知识分子要求对他们希望做的事情一概要有所解释，对于恰巧在他们生活于其中的社会里起支配作用的行为方式，他们会因为其来历不明而不愿接受；这会使他们和默默接受现行行为规则的人发生冲突，或至少是瞧不起他们。他们也会希望同科学和理性结盟，同过去几百年里自然科学取得的巨大成就结盟，因为他们一直受着这样的教育——科学和理性的结果就是建构主义和唯科学主义，他们很难相信还能存在着源于特意试验以外的任何有用的知识，或者承认他们自身的理性传统之外任何传统的效用。一位出色的史学家就曾以这类态度写道：根据定义，传统几乎只配受到谴责，它是某种令人好笑和可憎的东西。

根据定义，巴里曾想利用分析性的定义，把道德和公正变成不道德和不公正；塞顿—沃森在这里也想对传统采取同样的措施，用严格的定义把它变成应予谴责的东西。哈耶克指出，这些反应都不难理解，可是它们后果严重。假设发生以下情况，这些严重的后果无论对理性还是道德都特别危险：更为偏爱这类相沿成习的理性传统而不是理性的真实产物，会使知识分子无视理性在理论中的局限性，不考虑由历史信息和科学信息组成的世界，总是漠视生物科学和经济学之类有关人的科学，使他们对人们的传统道德规则的起源和作用做出错误的解释。

就像其他传统一样，理性传统也是通过学习得到的，不是先天的，它也处在本能和理性之间。对这类所谓的理性和真理传统的合理性以及真实性问题，现在必须给予严格的评估。

虽然就伟大的科学家和哲学家的观点而言，他们反映出了问题的严重性，即人们的哲学和自然科学还远远没有理解人们的主要传统所发挥的作用，可是通常他们对这些思想的普及并不承担直接责任，因为他们还有某些更好的事情要做。另一方面也不应当认为，不过是那些出类拔萃的作者一时的或个别的失常表现。恰恰相反，它们是从某种根深蒂固的理性主义传统中得出的始终不变的结论。在这些伟大的思想家中，有一部分人曾经努力想去理解人类合作的扩展秩序，可是到头来，他们还是经常在不知不觉中成了这类秩序坚定的反对派。

> 科学的发展推动伦理的建构和价值的延伸，并为人们规定了义务原则

可是，哈耶克认为，在传播这些思想上出力最多的人，即建构论理性主义和社会主义的真正信徒，并不是这些杰出的科学家。他们大多数是所谓的知识分子——教师、记者和媒体代表，他们在有了些道听途说的科学知识以后，便自封为现代思想的代表，自封为在知识和道德上比那些仍然看重传统价值者高一等的人、肩负着向公众提供新观念责任的人。他们为了使自身的思想看上去新鲜，就必须对传统大加嘲讽。在这类人看来，赋予自身的立场以新颖或新事物而不是真理的形式成为主要的价值，虽然很难说这是他们的本意——虽然在他们所提供的货色中，新的一点也不比真的多。此外人们也会怀疑，这些知识分子在应当做什么事上有更高明的见识，而得到的报酬却大大少于那些主宰着实际事务的人，他们是不是被由此产生的怨忿所激励。作品质量极高的韦尔斯，可以作为这些科学和技术进步的文学解释者的某个杰出代表，他们从真正的科学家那儿乞讨来某些观念，并大力传播为

每个人派发适当份额的中央指令性经济这类社会主义理想。另一个这样的例子是早期的乔治·奥维尔，他曾一度认为，任何有头脑的人都完全明白，在可能的范围内，这个世界至少就其潜力而言是极为富足的，因此人们可以尽可能地对它进行开发，只要人们愿意，人们全都可以生活得像王公贵族。

哈耶克指出，这里重点讨论的不是韦尔斯和奥维尔这类作家的作品，而是那些最伟大的科学家所鼓吹的观点。人们可以从雅克·莫诺[1]开始进行讨论。莫诺是个伟大的人物，从本质上说，他是现代分子生物学的创始人。可是他对伦理学的思考却有着自身的见解。1970年，他在诺贝尔基金会的一次以“价值在某个事实世界中的地位”为题的会议上说：科学的发展终于摧毁了这类观点，即伦理学和价值不是人们自由选择的问题，而是为人们规定义务的问题；科学的发展使这类观点变成了谬论，把它打入没有事实依据的胡思乱想之流。之后，他又重申自身的观点，在如今已很出名的著作《偶然和必然》一书中提出了同样的主张。他劝告人们抛弃所有精神营养，承认科学是真理唯一的新来源，并对伦理学的基础做出相应的改造。

就像许多类似的阐述一样，该书也以这样的观点作为结语：从本质上说不具备客观性的伦理学，永远被拦

① 雅克·莫诺（Jacques L·Monod），20 世纪中期一位杰出的分子生物学家。——译注

在知识领地之外。这类新的知识伦理并不强加于人，相反，是人把它强加给自身。莫诺说，这类新的知识伦理，是既有理性主义又有坚定理想主义的唯一态度，以它为基础可以建立起真正的社会主义。莫诺的思想具有典型意义，因为它深深植根于某种知识理论，试图以某些类型的行为更能满足人们的愿望为根据，建立起一门行为科学——不管你把它称为幸福论、功利主义、社会主义或其他什么东西。他对人们的劝告是，人们应当使自身的行为有望造成这样一种状况，它会满足人们的欲望，使人们更加幸福，如此等等。换言之，需要这样一种伦理，使人们在追求已知的、可取的和事先选定的目标时，能够随意遵从。

哈耶克确信，莫诺的结论来自他的如下观点，除了把道德归因于人类的发明之外，对它的起源做出解释的另一种唯一可能的方式，就是许多宗教所提供的那些泛灵论的或拟人化的解释。不错，就作为某个整体的人类而言，所有宗教都与拟人化的观点密不可分，它把神比拟成某个父亲、朋友或统治者，人们必须效忠于它，向它祷告，等等，这就把大大超出人们理解力的东西贬低到了比人类智力高级不了多少的水平。可是拒绝宗教的这一方面，并不妨碍人们认识到人们可以使某些行为方式得到维护，也许是出于错误的理由，归功于这些宗教，在能够使人类大量生存下来这一问题上，它们要比理性所成就的大多数事物更为重要。

莫诺并不是以这一思路讨论问题的唯一的生物学家。对进化规律的错误解释，会把卓越的头脑引向何等荒谬的境地，在所有的人中间，几乎谁也比不上另一位大生物学家和博学的学者的言论——他就是李约瑟，他写道：社会公正和同心同德的新世界秩序，合理的无阶级国家，并不是狂热的理想主义之梦，而是从整个进化过程中得出的合乎逻辑的推论，它的权威性丝毫不亚于它的前提，因此在所有信仰中它是最理性的。

同时，哈耶克肯定，在从传统道德中解放出来的那一代人中间，约翰·凯恩斯是最具代表性的知识分子领袖之一。凯恩斯相信，和遵守传统的抽象规则形成的世界相比，他通过计算某些可预见的后果，能够建立起某个更加美好的世界。凯恩斯喜欢用因循守旧的智慧来表示自身的轻蔑，在一段坦率的自传性言论中，他提到自己年轻时的那个剑桥小圈子，他们中的大多数成员后来都属于布卢姆茨伯里团体，都摒弃了人们所承担的遵守普遍规则的个人义务。从严格的意义上说，他们都是不道德的人。他谦虚地补充说，到了四十五岁这把年纪，他已经老得难以再有所改变了，于是只好继续做个不道德的人。这位不同寻常的人物还为他的某些经济观点以及他对管理市场秩序的信念进行辩解，其根据则是从长远看人们终有一死（也就是说，人们不必在乎自身会造成什么样的长远伤害，只考虑眼前的事情就行——包括公众的意见、要求、选票以及煽动家的废话和许诺）。

从长远看人们终有一死这类说法是某种很典型的说法，即不愿意承认道德涉及长远后果——人们无法体验的后果，因此对那些有长远眼光的通过学习得到的规矩，倾向于彻底抛弃。

凯恩斯也反对传统的节俭美德，他像许多经济学家一样，拒不承认要想增加资本产品（即投资），普遍需要减少消费需求。这又使他把自身令人生畏的智力用来建立他的经济学通论——人们认为，这就是本世纪下半叶长达二十多年世界范围内罕见的通货膨胀以及随后不可避免地出现的严重失业的原因所在。由此可见，让凯恩斯头脑混乱的不只是哲学，还有经济学。

于是，哈耶克得出结论，不管凯恩斯本人怎样认为，他在削弱自由的问题上贡献甚大，可是他并没有采取和他那些布卢姆茨伯里的朋友们一样的社会主义立场，这令他们感到愤怒；不过他的大多数学生都是这样或那样的社会主义者。不管是他还是他的学生，都不承认扩展秩序必须建立在长远的考虑上。

> 自由要求允许个人追求他自身的目标

在凯恩斯观点背后有某种哲学幻觉，即存在着某种难以定义的善的属性——某种有待每个人去发现的属性，它使每个人承担起追求这类善的义务，只要认识到这类善，就有理由蔑视和不考虑许多传统道德规范。这类哲学幻觉，使他对养育自身的源泉产生了某种典型的敌视态度。

不过还是让人们来看看一位比莫诺和凯恩斯更伟大的科学家——爱因斯坦，他或许是那一时代最伟大的天才。爱因斯坦所关注的是某个不同但密切相关的问题。他采用了一句流俗的社会主义口号，认为应当用为用途而生产取代资本主义秩序中的为利润而生产。

哈耶克指出，这里的为用途而生产，是指在小团体中根据产品由谁使用预测从事的劳动。可是这类情感没有考虑到以上各章阐述过的观点，对它应当重申如下：在自发产生的秩序中，只有不同商品和服务的预期价格与其成本之间的差别，能够告诉每个人怎样为某个蓄水池做出最大的贡献，而人们都是从这个蓄水池中按自身所做贡献的比例汲取所得。爱因斯坦似乎没有明白，只有按照市场价格进行核算和分配，才能够使人们发现的资源得到集约化的运用，引导生产服务于各种生产者无法想到的目的，使每个人都能有效地参与生产交换（首先是通过服务于大多数他素不相识的大众，满足他们那些他确能有所贡献的需求；其次是他本人实际上也可得到很好的供应，因为对他的存在一无所知的人，也是在市场信号的诱导下为他的需求提供服务的）。爱因斯坦顺从于这样的情感，表现出他对协调人类努力的实际过程缺乏了解，或是并没有真正的兴趣。

据给爱因斯坦作传的作家说，爱因斯坦确认人类的理性肯定能够发现某种像生产方式一样有效的分配方式。这段论述让人想到哲学家伯特兰·罗素的主张，他认为某个社会很难被认为是完全科学的，除非它精心建立起某种完成特定目标的结构。这类要求，尤其是其出自爱因斯坦之口，表面上看如此合理，以至于当某个聪明的哲学家嘲笑爱因斯坦在自身的某些通俗读物中信口开河时，也会以赞许的口气说：爱因斯坦清楚地知道，目前的经济危机要归咎于人们为利润而生产而非为用途而生产的制度，归咎于人们生产力的巨大增长实际上没有伴随着广大群众购买力的相应增长这一事实。

人们还发现爱因斯坦也在重复资本主义社会的经济无政府状态这类社会主义煽惑人心的陈词滥调，在这一社会里，工人的报酬不是由产品的价值决定的，而计划经济则会把需要做的工作分配给全体有劳动能力的人。

哈耶克指出，与此相似但更为审慎的另一种观点，出现在爱因斯坦的合作者马克斯·玻恩的一篇文章里。玻恩显然认识到人们的扩展秩序已不再满足原始的本能，可是他也没有仔细地考察一下创造并维持这类秩序的结构，或认识到人们出自本能的道德在过去五千多年里，已经逐渐被废除或受到了限制。因此，虽然他知道科学技术大概已经无可挽回地破坏了文明的伦理基础，他却虚幻地以为，它们之所以造成这样的结果，不是因为它们系统地使信念失去了威信，而是因为它们揭示出这些信念没有满足建构理性主义所要求的某些可以接受的标准。玻恩认为，至今尚没有人设计出某种不需要传统的伦理原则也能维护社会团结的方法，他却希望能够用科学中所使用的传统方法来取代它们。他也没有明白，处在本能和理性之间的东西，是难以用科学中使用的传统方法来代替的。

在这些事例中出现的观点，全都有某些相互密切联系在一起的主题根源，它们却并没有共同的历史前辈。对某些背景资料不熟悉的读者，也许不会一眼就能看出其中的某些相互关系，因此在进一步探讨这些观点之前，应该先找出某些反复出现的主题。它们中间的大部分，表面上看好像无懈可击，而且它们全都为人们所熟知，可是它们加在一起，却构成某种论证。

这一论证也可以被称为某个错误序列，或某个炮制推断式的理性主义的“配方”，可称之为唯科学主义或建构主义。在做这样的思考之前，人们可以先参考一本字典，也就是一部包含着许多“配方”的书：《方塔纳—哈泼现代思想词典》，在这本书中可以找出四个基本哲学概念的简短定义，这些概念对于在唯科学主义和建构主义这条线上受过教育的当代思想家，有着普遍的指导作用，于是，就出现了理性主义、经验主义、实证主义和功利主义。在过去几百年里，这些概念渐渐地被人们认为是科学的时代精神代表性的用语。理性主义认为，除非有经验和推理，不管它是归纳的还是演绎的的基础，所有信念都是不可接受的。经验主义主张，任何声称表达知识的命题，仅限于那些其正当性有经验依据的命题。实证主义则被定义为这样一种观点，所有真正的知识都是科学知识，这里所谓的科学，是指它描述了可观察现象的共存性和连续性。而功利主义把行为给每个人造成的快乐和痛苦，作为行为正当与否的标准。

于是，哈耶克得出了清晰的结论。在这些定义里，人们会十分清楚地看到现代科学和科学哲学的信仰宣言，以及它们针对传统道德的战争宣言。这些宣言、定义和主张给人的印象是，唯有可以用理性加以证实的，唯有被观察实验所证实的，唯有那些能够体验到的，唯有那些能够加以检测的，才是值得相信的；唯有让人愉快的事才是应当做的，其他事情必须统统放弃。这又直接导致一种主张，认为过去和今天创造着人们的文化的主流道德传统，它们肯定无法用这样的方式加以证实，因此是不值得遵守的，人们的任务只能是在科学知识的基础上建立某种新道德，通常是社会主义的新道德。

对这些定义连同人们前面的事例，假设给予更为细致的评价，可证实它们包含着如下预设：

（1）凡是难以得到科学证实或观察验证的事情，就没有理由遵守。

（2）凡是没有理解的事情，就没有理由遵守。这类观点隐含在所有事例中。卡尔·波普尔[1]曾经说过，理

① 卡尔·波普尔（1902—1994），英国著名犹太哲学家，英国皇家科学院院士，大不列颠学会会员，维也纳大学哲学博士。他为科学哲学的发展做出了巨大贡献，并撰写了许多有关社会学、政治哲学的著作。他的证伪主义、对科学主义和逻辑实证主义的批判，使人们对“科学”与“非科学”有了全新的认识。在政治上，他拥护民主和自由主义，并提出一系列社会批判法则，为“开放社会”奠定了理论基础。——译注

性主义思想家不会盲从任何传统，确实，这就像不服从任何传统也是不可能的一样。不过这肯定是个笔误，因为他在别的地方曾正确地说过，人们根本不可能知道自身在谈论什么（他认为，虽然自由人会坚持有权评估任何传统，并且在适当的情况下有权拒绝任何传统，可是假设他不假思索地拒绝所有传统，并且对其作用始终一无所知，那么他是不可能和其他人生活在一起的）。

（3）与此相关的观点是，对于一项具体的事业，除非对它的目标事先有充分的说明，就没有理由参与其中。

（4）任何事情，除非事先完全知道它的后果，还能充分观察到这类后果，并能将它视为有益的，否则就没有理由去做这件事情。

哈耶克认为，关于这些要求，首先可以指出两点：第一，对于人们的知识或人们的理性在某些领域可能有其局限性，它们都没有表现出任何自觉，或者说，它们都没有考虑到，在这类情况下科学最重要的任务，可能就是找出这类局限性。第二，人们发现，在支持这些要求的态度中，不仅缺乏对这些问题的理解，不仅没有考虑或解决这些问题，甚至令人不解地缺乏某种好奇心，丝毫没有想象扩展秩序是怎样出现的，它是怎样得到维持的，假如破坏了创造并维持这类秩序的传统，会造成什么后果。

有些理性主义者会发出进一步地抱怨，对此人们几乎还没有予以考虑：资本主义的道德和各种制度，不但未能满足以上评论过的那些逻辑的、方法论的和认识论的要求，它甚至还给人们的自由（例如人们不受限制地表达自我的自由）加上了不堪承受的重负。

哈耶克总结道，实际上文明的所有好处，甚至包括人们的生存，都取决于人们不间断地愿意承担起传统的负担。这些好处固然难以使负担变得合理，可是改弦易辙只会造成贫困和饥荒。

自由要求允许个人追求他自身的目标。所谓自由的人，是某个在和平年代不再受具体的共同目标束缚的人。这类个人决定的自由之所以可能，是因为规定了明确的个人权利（例如财产权），并界定了每个人能够把自身所掌握的手段用于个人目标的范围。也就是说，为每个人都规定了一块公认的自由领地。这件事非常重要，因为这样人们就拥有属于自身的东西，不管它多么少，却构成了独立的个体得以形成的基础，并创造了能够追求具体的个人目标的特定环境。

可是，哈耶克认为，某种普遍的臆断，即有可能取得这类没有限制的自由，却造成了混乱。这类臆断出自伏尔泰之口：自由者，可随心所欲之者也；这反映在边沁体系中的“每一条法律都是罪恶，因为每一条法律都是对自由的破坏”；也反映在伯特兰·罗素的“自由就是人们实现自身的愿望不存在障碍”这类定义上……可是这类意义上的普遍自由是不可能的，因为每个人的自由都会颠覆其他人拥有的无限自由，即不受限制的自由。

> 用抽象原则代替共同的具体目标，才能有效地保护个人自由选择的领域

因此，问题在于怎样为所有的人保障尽可能多的自由。这可以通过用抽象规则对所有人的自由做出统一的限制加以保障。这些规则禁止对所有其他人（或由他们）实施任何歧视性的强制，禁止对任何其他人的自由领域进行侵犯。简言之，要用抽象规则代替共同的具体目标；政府的必要性仅仅在于实施这些抽象规则，以此保护个人的自由领域不受他人的强制或侵犯。所谓奴隶制，无非就是强制人们服从共同的具体目标，而服从共同的抽象规则（不管他们是否有负担感），则为最不同寻常的自由和多样性提供了空间。有时人们担心这类多样性会导致混乱，它威胁到和人们的文明联系在一起的相对秩序，实际上更大的多样性却会带来更大的秩序。因此，和没有限制的自由相比，通过服从抽象规则而实现的自由，正如浦鲁东所言，是秩序之母，而不是它的女儿。

实际上，没有理由期待习惯做法得到的进化选择会产生幸福。对幸福的强调是理性主义哲学家所为，他们认为，必须为人们的道德选择找出自觉的理由，所谓理性，也就是对幸福的自觉追求。可是，追问人们有什么自觉的理由采用自身的道德规则，就像追问人们有什么自觉的理由运用他的理性一样错误。

哈耶克指出，人们生活于其中的进化的秩序为人们

提供的幸福，有可能等于乃至超过原始秩序为极少数人提供的幸福。现代生活中的许多异化和不幸有两个来源，其中一个主要影响到知识分子，另一个影响到物质丰富的全体受益者。前者是某个有关任何生活在不符合自觉控制这一理性主义标准的制度中的人进行自我完善的预言，因此从卢梭到福柯和哈贝马斯这些法国和德国的当代思想界人士，都认为异化存在于所有未经个人自觉的同意便把秩序强加于他们的任何制度之中，因此他们的追随者倾向于认为文明是不堪忍受的——根据定义，事情只能如此。其次，坚持利他主义和休戚与共的原始本能，使那些遵守扩展秩序中非人格化规则的人，不得不承受坏了良心这类如今十分流行的恶名。同样，取得物质上的成功据说会面对内疚感。于是在物质丰富的环境里，不但有残留的贫困造成的不幸，而且有在本能和狂妄的理性看来同秩序格格不入而引起的不幸，因为这类秩序有着非本能的和超越理性的明确特征。

在现实论证的层面上，人们是从文明的负担中获得解放的要求——这些负担包括遵守劳动纪律、责任心、承担风险、节俭、诚信守诺，以及普遍规则对人类敌视陌生人、愿意同和自身相似的人同甘共苦的本能反应加以约束引起的麻烦。因此解放虽然说起来是个新概念，就它摆脱传统道德的要求而言，实际上也是某种很古老的现象。赢得了这类解放的人，将破坏自由的基础，允许人们做那些将文明赖以存在的条件毁灭的事情。

这些要求主要来自人们已经讨论过的理性主义的自由主义传统，它意味着自由在受到普遍限制的同时难以与个人行为共存。在这些作者的影响下，尤其是在穆勒的影响下，人们只能以服从某些行为规则为代价，才能享有使人们得以形成扩展秩序的自由这个事实，这一事实历来被用于为重返野蛮人所享有的自由状态的要求进行辩护。这类野蛮状态，其中包含着共同追求自身同胞的具体目标以及服从头领命令的义务或责任，很难被说成是某种自由状态（虽然它可能包含着从某些具体负担中得到解放的内容），甚至难以把它说成是某种道德状态。只有那些当人们根据自身的目标做出个人决定时必须予以考虑的普遍而抽象的规则，才担当得起道德之名。

5. 致命的自负：一个自由社会的陷落

> 凡不是来自理性的东西，不是胡说八道，就是随意的偏见

哈耶克指出，前面提到的要求，凡是没有得到科学证实的，或没有被充分理解的，或目的缺少充分说明的，或有些不为人知的后果的，都是不合乎理性的，但却十分符合建构论理性主义和社会主义思想。这两种立场本身，都来自某种对人类合作的扩展秩序的机械论的或物理主义的解释，即来自对秩序的某种理解，只要能够掌握团体中的成员所知道的全部事

实，人们就可以对某个群体进行安排或控制，可是扩展秩序不是也不可能是这样的秩序。

传统道德和资本主义的大多数信条、制度和行为方式，都不符合这些要求或标准，而且从这类有关理性和科学的理论的角度看，都是非理性的和不科学的。继续遵守传统做法的人，他们自身通常并不理解它是怎样形成或怎样得到维持的，因此传统主义者有时为自身的做法提出的另一些证明，往往十分幼稚（从而为知识分子提供了猎捕的对象），并且与这些做法取得成功的真正原因无关。许多传统主义者甚至不愿意在那些根本无法提供的证明上费心思（这使知识分子可以指责他们是反智的或教条主义的），而是出于习惯或宗教信仰，继续奉行自身的做法。这并不是什么新发现。早在二百五十年前，休谟就观察到了道德规则不是人们的理性得出的结论。可是休谟的话并不足以阻止大多数近代理性主义者继续主张，凡不是来自理性的东西，不是胡说八道，就是随意的偏见，因此他们继续要求找到理性的证明。

哈耶克相信，不但传统的宗教信条（譬如对上帝的信仰）以及许多涉及性和家庭的传统道德无法符合这些要求，甚至人们所关心的某些特殊的道德传统，如私有财产、节俭、交换、诚实守信、履行契约等，也是如此。考虑到这里提到的传统、制度和信念不但不符合上述逻辑的、方法论和认识论的要求，而且社会主义者还经常根据另一些理由反对它们，情况看起来就更加不妙。它们还被视为异化和压迫的来源以及社会不公正的来源，这是现在特别流行的观点。

这些反对意见得出的结论是，迫切需要建立某种新的、得到了理性的改造和论证的道德，它符合以上要求，因而它不会成为某种陈腐的负担，某种异化的、压迫性的或不公正的力量，也不会和贸易沆瀣一气。

人类因为按自身的设计建立起自身的世界而感到自豪，因为没有对它进行更好的设计而感到惭愧，既然如此，他现在便当真下手这样做起来了。社会主义的目标无异于对人们传统的道德、法律和语言重新进行全盘设计，它要把阻碍着理性、完美、真正的自由和公证制度的旧秩序以及断定为顽固不化的不合理状态一扫而光。

哈耶克认为，这类观点以及整个这项计划所依据的理性主义标准，说好听一点，是追求完美的建议，说难听了，不过是陈旧方法论中某些已经信誉扫地的原理，它们可能一直与被视为科学的东西结合在一起，可是和真正的研究毫不相干。在人们的扩展秩序中，某个经过了高度进化的复杂的道德体系，与受到建构主义、唯科学主义、实证主义、享乐主义和社会主义赞成的幼稚的理性理论同时存在。

目前的科学规律无法用建构主义方法论者所要求的方式加以证实，人们目前的许多科学猜测也是错误的。指导人们做得较人们过去的认识更为成功的观念，虽然可视为伟大的进步，可是从本质上说，它和它的先驱一样是错误的。人们的目标只能是尽量加快自己犯错误的过程。在这段时间里，假设人们抛弃所有当前难以证实为真的猜测，人们很快就会回到那些只相信自身本能的野蛮人的水平上去，可是这就是所有唯科学主义立场，从笛卡尔学派的理性主义到现代实证主义所建议的事情。

于是，哈耶克的结论就清晰起来，传统道德等无法用理性加以证实，可是任何可能的道德规则，包括社会主义者能够提出的那些规则，也无法用理性加以证实。因此，不管人们遵守什么规则，都难以根据要求去证实它们。由此可见，有关道德，或科学，或法律，或语言的任何论证，都不可能合乎道理地转变成可证实的问题。假设人们因为不知道理由，或因为人们无法提出符合要求的证实，就什么事情都不做，人们大概也就活不了多久了。

这个被证实的问题确实是无稽之谈，它部分归咎于某些错误的、前后矛盾的假设，它们来自人们的认识论和方法论的主流传统，有时可以追溯到远古。

人们的道德传统虽然难以按照要求的方式进行建设、证实或证明，不过对其形成过程却是可以部分地进行改造的，并且在从事这项工作时，人们在一定程度上能够理解它们所满足的需要。在这项工作能够取得成功的范围内，人们确实会要求自身在内部批判的基础上，通过一点一滴的改进以消除那些公认的缺陷。也就是说，通过分析其各个部分的相互协调和一致性，对系统做相应的修补，可以对人们的道德传统加以改进和修正。

这类分析的第一步，包括对系统怎样能够产生的过程进行所谓的合理重建。这实际上是某种历史的、甚至是自然史的研究，而不是去建构、证实或证实这个系统本身，它能够让人理解为什么是这些而不是那些规则占了上风。

哈耶克认为，最有可能对那些使文明得以成长壮大的道德传统做出解释的，必定是经济学家，他们是理解扩展秩序形成过程的专家。唯有能够说明分立的财产因素之相关作用的人，才能解释为何这类行为方式使遵守它的群体胜过了那些自身道德更适合于达到目标的群体。这类取悦于自身的经济学同行的愿望有部分合理之处，假如他们中间没有那么多人受到建构主义的影响，这一愿望也许更为妥当。

哈耶克在此产生了一系列疑惑，例如道德是怎样产生的？人们的合理重建是指什么？建构主义主张，正确的道德可以由理性加以设计和重建，除此之外，道德至少还有两个可能的来源。首先是人们说过的内在道德，即人们本能的道德（集体决策、利他主义、休戚与共），由此产生的行为方式不足以维持人们目前的扩展秩序及其人口。其次是维持着扩展秩序的、演化出来的道德（诚信、节俭、分化的财产）。人们已经知道，这类道德处在本能和理性之间，由于对本能和理性错误的两分法而变得含糊不清。扩展秩序依靠这类道德，因为它的产生事实上正是因为遵守基本规则的群体相对于其他群体而言人财两旺。相比于扩展秩序和市场的奥妙，以及一个让社会主义者和建构论者栽跟头的奥妙，人们利用受人主宰的过程能够从发现的资源中得到更大的收获。虽然无法根据它使人们做到这些事情从而生存下来的原因来证实这类道德的合理性，可是它确实使人们生存下来了，这中间大概有些需要解释的东西。

传统的道德规则无法满足诸多现实要求

哈耶克指出，现实存在着进行证实、建构的可能性，这类错误假设的根源大概是唯科学主义。以下主张会遭到人们的反对：人们不可能彻底理解传统道德规则以及它们怎样发挥作用；对这些规则的遵守并不服务于人们能够事先做出充分说明的目的；对这些规则的遵守会产生无法直接观察到的，因而也无法确定其是否有利的后果，并且在任何情况下都无法对它有充分的了解或预见。

换言之，传统的道德规则无法满足诸多现实要求。这些要求相互之间紧密地联系在一起，因此在指出它们不同的侧重点之后，仍然可以把它们作为某个整体看待。所以为了简单地指明它们的相互联系，可以说除非人们事先知道并能充分说明自己行为的可观察的后果，不然人们就是不理解自己正在做什么，或自己的目的是什么。据说，假设行为是理性的，它就必须是考虑周全的和有预见的行为。

在哈耶克看来，人们也许承认传统制度并没有为人们所理解，它们没有事先说明有利或不利的目的和作用，也许由此，人们可以对自己的实际处境做出更为清晰的认识。

在市场条件下，出人预料的结果至关重要：资源配置是由非人格化的过程完成的，在这个过程中，为了自身的目标采取行动的个人，确实不知道而且不可能知道他们相互交往的结果。

在哈耶克的眼里，盲目地（即缺乏理解地）顺从或采取行动是不理性的，某个有目的的行为，对它的意图和后果不但必须做到事先有充分的了解，而且还必须能够充分地观察到其意图和后果，并且这一意图和后果是最为有利的。当人们在产生这类秩序的广阔的进化架构内思考这一秩序时，上述要求的荒谬之处清晰可见。导致这类秩序本身的创立，并使某些行为方式压倒另一些行为方式，是过去的个人行为作用产生的结果。对于这类作用于群体的结果，过去的个人几乎不可能了解，即使早先的个人能够知道它们的作用，在他们看来这类作用也很可能没有任何好处。对于后来的个人而言，没有理由认为，他们为了搞清楚自身遵守其行为方式的群体为何比其他群体更加繁荣兴旺，他们的全体成员（或任何哪个人）就应当对历史以及必须知道的所有事情具备充分的知识，虽然有些人总是擅长于为当前的或当地的行为方式找出各种理由。

许多演化出来的规则，为扩展秩序中更大的合作与繁荣提供了保障，它们有可能全然不同于能够预见的事情，在这一秩序的进化过程中，甚至有可能会让某些人产生反感。在扩展秩序中，在每个人为达到自身的目标而必须做什么上起决定作用的环境，显然包含着其他许多素不相识的人采取什么手段以达到他们自身的目的而做出的不为人知的决定。因此不管是在这一过程的哪个时刻，个人都难以根据自身的目的，对逐渐形成秩序的规则的功能进行设计。只是到了后来，人们才有能力回顾既往的方式，从原理上对这类形成过程做些不尽完美的解释。

在扩展范围大到已超出任何单个头脑的理解力和可能的支配范围的秩序中，统一的意志确实很难遵照某种具体的公正观，或按照公认的尺度决定每个成员的利益。这不仅是因为拟人说有问题，也是因为不论是对接受利益还是分配利益的人来说，并无原则可循；因为它取决于这类意志的物质内容，而这又取决于具体的事实，因此不可能存在普遍的原则。休谟和康德得出的结论，即自发性的发扬光大，必须使普遍规则得到全面贯彻的见解，从来没有被人驳倒过，而仅仅是被人忽略或遗忘了。

于是，哈耶克得出结论，扩展秩序产生于某个竞争的过程，决定成功与否的是这个过程，而不是某个伟大的头脑、某个委员会或某个神主的认可，也不是因为它符合某种有关个人功德的公认原则。在这类秩序中，某些人取得的进展，是以另一些人同样真诚甚至值得称赞的努力归于失败为代价的。奖励并不是为功德而设。比如人们在满足他人的需求时，可以不考虑他们的功德或人们能够满足这些需求的理由。正如康德所说，没有任何共同的功德标准，能够对不同的个人所面对的不同机会做出判断，因为他们有着不同的信息、不同的能力和不同的愿望。个人行为的必要改进导致产品的升值，很难说是公正的，因为它们的必要性是由不可预见的事情造成的。假设公正是指符合对与错的先入之见，符合公共利益，符合过去已经存在的环境所提供的可能性，那么，进化过程向以前未知的领域的迈进就不会表现出公正。

在此，哈耶克毫不客气地预测，对这类道德上具有盲目性的结果，这类与任何试错过程分不开的结果，人们抱有可以理解的厌恶，这使得他们希望造成某种相互矛盾的局面：既要消除对进化（即试错过程）的控制，又要用自身当前的愿望塑造进化。可是，因为这类反应而发明的道德，却提出了某些任何系统都无法满足的自相矛盾的要求，因此它们会成为冲突不竭的根源。某种状况由其性质所定，它的结果不可能取决于任何人的知识或能够得到的知识，假设徒劳地试图让这类状况变得公正，只能毁了这一过程本身的功能。

对某个自然进化过程提出这些公正要求是不恰当的，不但就过去已经发生的事情而言，而且就现在正在发生的事情而言，都是不恰当的，因为这一进化过程显然仍在进化之中。文明不仅是进化的产物，也是某个过程；通过建立起普遍规则和个人自由的架构，它会让自身继续进化。这类进化难以用人们的需要加以支配，而且常常不会产生符合人们需要的结果。人们会发现某些过去没有实现的愿望得到了满足，其代价却是其他许多人的失望。虽然个人可以通过符合道德的行为增加自身的机会，可是由此产生的进化不会满足他的所有道德愿望。进化不可能是公正的。

幼稚的头脑只能把秩序理解成有意安排的产物

坚持让所有未来的变化符合公正，这等于要求终止进化过程。进化率领人们前进，肯定会带来许多人们既不想要也没有预见的结果，更不用说那些对其道德属性所抱的成见了。不妨问一下，假设贯彻平均主义或贤能治国信条，同时，这些执行权力在过去被授予某种神秘的力量，那会产生什么样的后果。人们很快就会发现，这件事会使文明的进化不可能实现。

知识分子确实可以宣称已经发明了新的、更好的社会道德，它可以完成这项任务，可是这些新规则不过是重返微观秩序的原始道德这类一再犯下的过失，它们很难维持以宏观秩序为基础的千百万人的生命和健康。因此，哈耶克确信，人们必须拒绝拟人说，因为它是错误的。这样人们就看到了人们所驳斥的知识分子观点中积极的和令人同情的一面。人的发明精神在建立超越个人的结构上贡献如此卓著，个人在这类结构之内找到了一些重大机会，人们因此以为，自身可以像设计部件一样对整体进行精心设计。

哈耶克指出，有些特殊的要点和问题，其中大多数都是对以上内容的深化，它们有助于澄清这些事情将怎样一起发挥作用。

首先是人们的知识实际上怎样产生的问题。大部分知识的获得并不是来自直接的经验或观察，而是来自某个对通过学习得到的传统进行筛选的不间断过程，它需要个人承认并服从那些无法用传统理性学说加以证实的道德传统。传统选择过程的产物，选择对象则是那些非理性的，或不如说是未经证实的信念。这些超出任何人的知识范围和意图的信念，有助于信奉它们的人繁荣兴旺。这个形成了各种习俗和道德观念的选择过程能够加以利用的实际条件，较之个人能够认知的范围要大得多，因此传统在某些方面比人类理性更优越或更聪明。这类重要的见解，只有那些极具批判精神的理性主义者才能认识到。

其次是前面提出的那个与此密切相关的问题，即在行为规则的进化选择中，真正起决定作用的因素是什么。人类喜欢专注于立刻就能感受到的行为后果，但它们在这类选择中是不重要的；相反，在有长远作用的行为规则指导下做出的决定所导致的结果，才是选择的依据。这些结果主要依靠保障每个人私人领域的财产和契约规则。休谟早就指出过这一点，他写道，规则并不是从具体的个人或公众在享用任何具体好处时所得到的功利或优势中产生出来的；人们在采用这些规则之前，并没有预见到它的好处，虽然有些人会逐渐明白他们从整个体系中有何收益。

于是，哈耶克的结论出现了：对未知事物的适应能力，是所有进化过程的关键，现代市场秩序在不断进行自我调整时所针对的事件，确实是任何人都不可能全部掌握的。个人或组织在适应未知事物时可以利用的信息，肯定是不完整的，它们是由某些信号（譬如价格）经过环环相扣的众多个人来传播的。每个人都以不同的组合方式，传递着抽象的市场信号流。可是，整个行为结构倾向于利用这些局部的和零散的信号，适应任何个人都不知道或预见的条件，即使这类适应绝没有达到完美的程度。这就是这一结构得以生存的原因，也是利用这一结构的人得以生存和繁荣的原因。

这类适应未知事物的自发产生秩序的过程，不可能为它特意计划某种替代方案。不管是人的理性，还是他内在的善良本性，都无法让人做到这一点，在面对因为先人一步找到了某些规则而开始扩张的竞争性群体时，为了维护自身，他只能服从那些他并不喜欢的规则——存在的只有这类严酷的必然性。

在此，哈耶克批评到，幼稚的头脑只能把秩序理解成有意安排的产物，在这类头脑看来，在复杂的条件下，通过分散的决定可以更有效地获得秩序和对未知事物的适应能力，以及权力的分化实际上会扩大全面秩序的可能性，这未免是一种荒唐可笑的观点。可是，这类分权实际上使更多的信息得到了利用，这是否定建构论理性主义要求的主要理由。基于同样的理由，配置资源的权力以可以变化的方式分散在许多能够实际决定这些资源用途的个人手里，这类分散是通过个人自由和分立的财产做到的，它能使分散的知识得到最充分的利用。

哈耶克认为，只有在个人可以按照自身的决定运用他的知识时，才有可能使个人所拥有的许多具体知识全部得到利用。没有任何人能够把自身的全部知识都传给别人，因为许多他能够亲自加以利用的知识，是在制订行动计划的过程中才变得明确起来的。只有这样，个人才能够发现他在市场上应当寻找的，以及有助于他做到这一点的，是另一些人对他们在个人环境中的发现所做出的反应。整个问题不仅仅在于利用现有的知识，还在于在现有条件下尽可能多地发现有价值的信息。

人们的整个生产规模变得如此之大，完全是因为人们能够利用广泛分布的有关具体事实的知识，通过各有其主的财产的市场交换过程，来配置各有其主的资源。市场是唯一已知的方法，它能够提供信息，使个人可以对他们直接了解的资源的不同用途的相对利益加以权衡，并且不管是否有此意图，他们能够通过利用这些资源为相距遥远素不相识的个人的需求提供服务。这类知识从本质上说只能是分散的，不可能被集中起来传递给专门负责创设秩序的某个权力机构。

因此，分立的财产制度并不是自私的制度，它不是也不可能是为了把财主的意志强加给其他人而发明出来的。它的好处是普遍的，因为它把生产的支配权，从少数知识毕竟有限的个人那儿转移给了某个过程，即扩展秩序，它使所有人的知识都得到了最大限度的利用，因此使没有财产的人得到几乎和有产者同样多的利益。

于是，哈耶克相信，所有的人在法治下享有自由，并不要求所有的人都能拥有个人财产，而是要求许多人都能够这样做。很多人宁愿没有财产生活在一片其他许多人拥有某些财产的土地上，也不愿生活在某个全部财产集体所有、由权力机构安排其用途的地方。

第三，对行为规则的遵守不同于对某些事物的知识。遵守行为规则的习惯是某种能力，它同某人的行为会有何种结果的知识极为不同。这类习惯行为应被视为理所当然，它是使自身适应或采纳某种模式的技巧，而个人对这类模式的存在几乎浑然不觉，对它的类属也几乎一无所知。可是，大多数人虽然无法解释或描述各种不同的模式，却能够意识到并使自身适应它们。因此，某个人怎样对感知到的事件做出反应，起决定作用的不一定是他对自身行为结果的知识。

大脑或思维中预先形成的秩序或模式，不仅不是某种使秩序得以确立的高级方式，甚至是某种很初级的方式。因为它肯定只能是某个整体系统中的一小部分，在这个整体系统中，更大系统的某些特征能够反映自身。人的大脑几乎不可能充分解释自身，就像它不可能说明或预测众多人类大脑相互作用的结果一样。

第四，许多个人根据不同的信息分散做出决定，由此产生的秩序，不可能由不同目标相对重要性的统一尺度来决定。这就十分接近于边际效用问题。自由包括与众不同的自由，即在自身的领地上追求自身的目标；可是，无论是在什么地方，秩序需要以它的构成因素之间的差异为前提。这类差异可能仅限于其构成因素时空位置的差异，可是，除非某种秩序有比这更大的差异，否则它就是某种没有意义的秩序。秩序之所以可取，不在于它能保持所有因素各就其位，而在于它能够生成在其他情况下不可能存在的新力量。

可见，个体差异增强了合作的群体的力量，使其超出个人努力的总和。哈耶克相信，协调合作让独特的天赋发挥作用，而具备这类天赋的人若是被迫孤身一人为生存而奋斗，就会使它得不到利用。专业化鼓励少数个人的发展，使他们独特的贡献足以养活自身，甚至能够超过另一些人为整体做出的贡献。

对这类差异或许起着主要作用的知识，不是任何哪个人的知识，更不是某个发号施令的超级头脑的知识，而是从某个过程中产生的。在这个过程中，这些知识散布在千百万相互交往的个人中。各不相同甚至彼此冲突的信念之间发生着实验性的相互作用。人类表现出智力的提高，更主要的原因不是个人私有知识的增加，而是收集各种不同的分散信息的方式，这反过来又产生了秩序并提高了生产力。

在哈耶克而言，结论就很明显了，多样性的发展是文化进化的重要组成部分，个人对于别人的价值，大多是由于他和别人有所不同。秩序的重要性和价值会随着构成因素多样性的发展而增加，而更大的秩序又会提高多样性的价值，由此使人类合作秩序的扩展变得无限广阔。

个人在能够自由加入复杂的合作结构之前，必须变得与众不同。进一步说，他们还必须结成某个性质独特的实体：它不仅仅是个总和，而且是某个结构，它在某些方面类似于有机体，在某些重要的方面又和它不同。

第五，有个问题是，既然存在着所有这些困难和反驳，为什么还会有人提出这样的要求，要把人们的行为限制在一心追求已知的和可观察的有益目标上呢？这是小群体中本能的、谨小慎微的、小家子气的伦理学的残留物。在这类小群体里，取得共识的目标是以彼此相识的同伴的需要为转移的（即休戚与共和利他主义）。相互合作的团体的成员的大多数生产活动一旦超出个人知觉的范围，遵守天生的利他主义本能这类古老的冲动，就会实际阻碍更大范围的秩序的形成。

哈耶克指出，所有道德体系都在教诲行善，从这个意义上说，它们确实都赞扬利他主义行为，但问题在于怎样做到这一点。光有良好的愿望是不够的，人们都知道这会铺出一条什么道路。严格地只去做那些对具体的他人明显有利的事情，并不足以形成扩展秩序，甚至与这类秩序相悖。市场的道德规则使人们惠及他人，不是因为人们希望这样做，而是因为它让人们按照正好可以造成这类结果的方式采取行动。扩展秩序以某种单凭良好的愿望无法做到的方式，弥补了个人的无知，因而确实使人们的努力产生了利他主义的结果。

> 受教育越多的人，越不愿意屈从于某些不可理解的指示

在某个利用广泛的劳动分工导致更高生产力的秩序中，个人再也不可能知道他的努力是在为谁或应当为谁服务，他也不可能知道自身的行为会给那些他不认识但消费着他的产品的人带来什么后果。这样一来，他根本不可能再用利他主义来指导自身的生产活动。即使人们仍可把他的动机称为利他主义，因为他的动机最终注定会给别人带来好处，可是它们有此结果，却不是因为他的目标或愿望服务于别人的具体需要，而是因为他遵守了抽象的规则。就这一意义而言，人们的利他主义非常不同于出自本能的利他主义。不再是被追求的目标，而是得到遵守的规则，决定着行为的善恶。这些规则在约束着人们大多数谋生活动的同时，也使人们能够

贡献出超出人们具体了解范围的善心。

哈耶克认为，规则要求人们的行为一心追求有利的目标，对这一问题做出的另一种解释也值得一提。人们的要求不仅是出自远古时代不明事理的本能，也来自赞成这类要求的知识分子所特有的某种品质，某种完全可以理解、但仍然是不攻自破的品质。知识分子特别急于知道，他们称之为自身理智的产物的思想，到底该用于什么终极目标。因此他们热切关注着自身思想的命运，他们非常不愿意失去对自身思想的控制权，尤甚是体力劳动者不愿意失去自身的物质产品。这类反应常常使这些饱学之士不愿投身于交换过程——为不可知的目标而工作的过程，在这一情况下，他们的努力唯一可以辨认的结果，也许就是另一些人的利润。体力劳动者乐于承认，他的雇主的职责就是了解他的双手所从事的劳动最终会满足什么需求。而在某个服务或观念网络中相互作用的众多知识分子的产品中，某个知识分子个人的工作所占的位置却不是那么容易辨认的。受教育越多的人，越不愿意屈从于某些不可理解的指示，例如市场。

哈耶克相信，这类消极立场有助于进一步解释知识分子对市场秩序的敌视，以及他们更为亲近社会主义的原因。假设这些人更好地理解了抽象的和自发形成秩序的模式在全部生命领域所起的作用，大概这类敌视和亲近倾向会趋于消失；假如他们对进化、生物学和经济学有更好的了解，他们无疑会做到这一点。可是在面对这些领域的知识时，他们往往听不进去，甚至不愿承认人们的头脑只能得到某些抽象知识的复合物。因为有关这类事物的普遍结构的单纯的抽象知识，不足以使人们有能力真正建造它们或预见到它们所采取的具体形式。它充其量只能指出在什么样的普遍条件下，许多这样的秩序或系统会自动形成。

知识分子没有认识到，虽然资本家貌似在支配着这一过程，实际上资本家也是某个非人格化过程的工具，他们也不清楚他们的努力的最终结果和目的，他们所关心的不过是整个结构中层次较高、因而范围也较大的事情。而且，想到他们自身的目标是否得到满足的问题要由这些只关心手段的人的活动来决定，这件事本身就让知识分子生厌。

人们能够让未知事物有序化，唯一的办法就是诱使它自身产生秩序。对于自然环境，人们为了达到自身的目标，有时确实可以依靠自然界自发的有序化力量，却难以随意地为各种因素安排人们希望的秩序。

为了启动能够协调超出人们观察范围的个人行为的过程，也必须遵从类似的方式。为了诱发一定的人际关系抽象结构自发地形成，需要人们提供一些非常普遍化的条件作为保障，然后让每个成员在这个更大秩序中找到自身的位置。人们对这一过程所能够提供的最大帮助，就是让这些成员只服从必要的规则。人们希望其产生的结构越复杂，人们的这类能力受到的限制也会越大。

> 卢梭对个人财产制度的怀疑，继续影响着20世纪一些最了不起的思想家

某个发现自身在扩展秩序中处于一定位置、只对自身身边的环境有所了解的个人，可以把这类建议用于自身的处境。他大概首先需要不断地对自身视野范围以外的事情进行探索，以便建立和维持创造了全面秩序的交流过程。确实，维持秩序内的交流，需要让分散的信息被许多彼此素不相识的不同个人所利用，由此使千百万人的不同知识形成某个外展的或物质的模式。每个人都变成众多传递链中的一环，他通过这些传递链接收信号，使他能够让自身的计划适应并不熟悉的环境。全面的秩序由此变得具有无限的可扩展性，它自动地提供着有关日益扩大的手段范围的信息，而不是仅仅服务于特定的目标。

除了协调当前的商品生产和服务供应外，同样的传统和行为方式还供应着未来的需求，它们的作用不仅会表现为某种空间秩序，还会表现为某种时间秩序。各种行为不但适应在空间上相距遥远的另一些人，也会适应超出行为者个人预期寿命的事情。只有那些不道德的人，才会在捍卫政策措施时拿从长远看人们终有一死做理由，因为只有那些习惯于努力为子女和有可能根本见不到的后代提供需要的群体，才做到了日益扩展和兴旺发达。

哈耶克认为，有些人被市场秩序的某些结果搞得心烦意乱，因此他们竟然忽略了一点：不管他们多么不喜

欢甚至感到不可思议，这类秩序还是在现代世界的大多数地方占了上风。人们在这个世界里发现，千百万人民在不断变化着的环境中工作，为另一些他们大多数素不相识的人提供着物质手段，同时又在满足着自身的期待，因为他们自身也会得到同样素不相识的人所生产的各种商品和服务。即使是在最糟糕的时候，他们十有八九也会发现这些期待得到了证实。

这样的某个秩序，虽然远不是尽善尽美，甚至经常失效，可是它和人们特意让无数成员各得其所而创造出来的任何秩序相比，却能够扩展到更大的范围。这类自发秩序的大多数缺陷和失效，多是因为有人试图干涉甚至阻碍它的机制运行，或是想改进它的具体结果。这类干预自发秩序的企图，很少会造成符合人们愿望的后果，因为决定这些秩序的，是任何执行这类干预的人都无从知道的许多具体事实。譬如，为消除秩序内的成员因为随机性而造成的利益不平等而特意进行的干涉，有可能毁掉整体的运行，而与任何同它对立的秩序所能提供的机会相比，自发形成秩序的过程能够保证这个群体中的随便哪个成员，在个人可利用的更大的机会范围内，交上更好的运气。

哈耶克指出，卢梭对个人财产制度的怀疑，并将其视为社会主义的基础，还在继续影响着 20 世纪一些最了不起的思想家。甚至像罗素这样的大人物，也把自由定义为实现人们的愿望不存在障碍。至少在东欧社会主义经济明显失败之前，这些理性主义者广泛认为，中央计划经济不仅会提供社会公正，还能使经济资源得到更有效的利用。这类观点表面上似乎合情合理，可是它忽略了刚才讨论过的那些事实——任何人都根本不可能知道人们在这类计划中所能够动用的资源总和，因此对这些资源不可能进行集中控制。

可是，在哈耶克看来，社会主义者仍然不愿正视让分散的个人决定那些自称为计划的共同模式时遇到的障碍。一方面是自卢梭以来一直被等同于道德的人们的本能，另一方面是在文化进化中生存下来并限制着这类本能的道德传统，这两者之间的冲突，体现在现今做出的某种阵营划分上，一方是某些伦理哲学和政治哲学，另一方是经济学。关键不在于凡是经济学确定为有效的就是正确的，而在于过去某些被认为是正确的行为方式，经济分析能够阐明它们的作用。任何哲学，只要它不赞成人们的文明陷入崩溃的痛苦和死亡，都会接受这类作用。因此，奢谈公正的社会而不仔细想想贯彻这类观点的经济后果，这根本就算不上是在关心他人。

在经历了七十年的社会主义试验之后，可以有把握地说，那些经历过社会主义试验的地区（即东欧和第三世界）以外的大多数知识分子，他们仍然自负地把在经济学中找到的教训置之度外，他们不愿意想一下，经常有人进行尝试的社会主义，为什么从来就没有产生其知识分子领袖所设想的结果，这其中说不定会有某种原因。

这些知识分子徒劳地追求某个真正的社会主义共同体，其结果是，他们先是把似乎无休止的乌托邦思潮理想化，然后是对它的幻灭——苏联，这应当证实了社会主义或许有些不符合事实的东西。可是，这些一百多年前首先由经济学家做出解释的事实，某些人至今不予理会，他们沾沾自喜地站在理性主义立场上否定某种观点，即存在着某些事实，它们超越了历史背景，或对人类的欲望构成了难以逾越的障碍。

在这段时间里，在那些继承了曼德维尔、休谟和斯密的传统的经济学家中间，不仅逐渐表现出对市场过程的理解，而且对于用社会主义取代这类过程的可能性，也日益持强烈的批判态度。这类市场方法的优越性与预期的情况如此不同，因此只能从回顾的角度，通过分析这类自发的形态来加以解释。人们在从事这项工作时发现，通过个人财产进行控制，与集中管制所能做到的情况相比，可以产生更多的信息并使其得到利用。要想对超出任何中央权力视野之外的范围进行命令和控制，必须让那些能够对可见的和潜在的资源做出计算的地方管理者，也要做到随时了解这些资源不断变化着的相对重要性，然后把相关的全部准确细节及时通知某个中央计划当局，使它能够根据它从另一些地区或地方管理者那里得到的另一些不同的具体信息，告诉他们该做些什么，他们确实也会在获得和传递这类信息上面临同样的困难。

一旦人们认识到中央计划当局所承担的是什么样的任务，人们就会明白，它必须发出的命令不可能是来自地方管理者的重要的信息，而只能是通过明确控制总量有限的资源的个人或团体之间的直接交易来决定。在描述市场过程时惯于采用的虚拟假设造成的后果是，所有这些事实可以被假定为是从事解释的理论家全部掌握的，这使整个问题变得含糊不清，结果造成了某些有助于维护各种社会主义思想的荒唐骗局。

> 离开由竞争性市场形成的价格的指导，不可能对资源进行精心的合理分配

哈耶克确信，扩展的经济秩序是也只能是由某种完全不同的过程形成的，它是从演化而来的交往方式中产生的，通过这类方式传递的不是有关具体事实的无数报告，而仅仅是各种具体条件的抽象性质（例如有竞争力的价格）。为了达成全面的秩序，必须使这类信息相互交流。这些价格传达着各个参与者在他们能够支配其用途的商品或服务中发现的不同的替代率或均衡率。任何一定数量的这类事物，都可以被证实是处于均衡状态，或可以相互替代，不管是为了满足具体的人类需要，还是为了直接或间接生产能够满足这些需求的资料。这样一个过程，竟然是在没有特意设计的情况下，由进化选择造成的，这固然令人惊奇，可是不知道有谁试图反驳这类观点，或不信任这一过程本身——除非有人头脑简单地看待这类说法——不管怎么说，所有这些事实都能够被中央计划当

局所掌握。

哈耶克指出，整个集中控制的思想确实是混乱的。没有也不可能有某个单独的行使指挥权的头脑，负责为某项事业制订行动方案。虽然每个成员有时为了说服别人，援引某些对他们的观点有影响的具体信息，可是这个机构的结论并不是建立在共同的知识上，而是建立在根据不同的信息形成的各种观点之间的一致性上。某个人所提供的每一点知识，都有可能使其他人想起另一些事实，他们是在得知某些过去他们并不知道的情况后，才意识到了这些事实的相关性。因此可以说，这个过程仍然是个利用分散知识的过程，而不是某个把某些人的知识集中起来的过程。这个团体的成员很少能够相互说明他们的特定理由，他们主要是在交流他们从个人知识中得出的结论。进一步说，那些思考相同境况的不同的人，他们所处的环境几乎很难说是真正相同的，至少就它涉及扩展秩序中某个部门而不是仅仅涉及到某个多少自给自足的团体而言，事情只能如此。

在某个扩展的经济秩序中，离开由竞争性市场形成的价格的指导，不可能对资源进行精心的合理分配。这方面最好的事例，就是将现有流动资本在能够增加最终产品的不同用途之间进行分配。从本质上说，这是一个能够节约出多少生产资源提供给未来的问题。当亚当·斯密思考这类资本的个人所有者所面对的问题时，意识到了这个问题的典型性，他写道：他能够把自身的资本用于哪些类型的国内产业呢，其中哪种产品有可能最值钱呢？显然，处在自身环境中的个人所做出的判断，要比任何政治家或立法者为他做出的判断好得多。

哈耶克假设，在扩展的经济系统中，在某个唯一发布命令的权力当局统治下，对所有可用于投资的手段加以利用的困难就是，没有哪个人能够知道这些当前可用资本的确切总量，虽然从投资假设超出或少于这个量肯定会造成不同商品和服务的需求差异这类结果的意义上说，这些资本肯定是有限的。这类差异不会自我修正，而只能从发布命令的当局所发出的某些指令无法得到执行中表现出来，这或者是因为有些必要的货物并不存在，或者是因为缺少必要的辅助手段（工具、原料、劳动力），使提供的原料或设备得不到利用。任何必须予以考虑的东西，都无法用调查或测算既定物品加以确定，而是只能由另一些人根据他当时具备的知识做出选择的可能范围来决定。要想使这项任务大体上得到解决，只能通过某些人的相互作用，他们能够通过当时各种条件对市场价格的作用，确定它们所揭示出的具体环境的相关性。譬如说，当现有资本量用于满足遥远的未来需求的份额大于人们打算从现在的消费中节约下来以便为未来增加储备（即他们节约的愿望）的份额时，现有的资本数量就会证实会发生什么事情。

理解了信息（或事实知识）传递的作用，也就为理解扩展秩序敞开了大门。可是这些问题是十分抽象的，受到支配着人们教育系统的机械论、唯科学主义和建构主义的理性教条的影响，因而对生物学、经济学和进化论一无所知的人，尤其难以理解这一点。

三、法律、立法与自由：为规范与秩序呐喊

《法律、立法与自由》一书是哈耶克经历长达十七年的努力思考而撰写的最后一部系统性巨著。哈耶克这里所陈述的自由，是一种允许一切人运用知识实现自身目的、而这一过程只受普适的正当规则约束的自由状态。该状态的设想为人们实现自身目的设定了最佳的背景，因此，“自由不只是许多价值中的一个价值，而且还是所有其他个人价值的渊源和必要条件。”这个命题还意味着，仅仅在当局是人民根据多数原则组成的权威机关，行使强制权力受社会信奉的普遍原则制约的时候，自由才是真正的自由，相反，那些相信“权宜之计”的形式必然摧毁自由。所以，自由的象征是确保得到保障的私人领域。很明显，哈耶克继承了弗格森、休谟与斯密等苏格兰启蒙思想家创立的、之后被柏林极力颂扬的“消极自由主义”。这区别于以卢梭为代表的那种“积极自由主义”传统。

该书面临最大的挑战或许是怎样在自发秩序与建构秩序，或外部规则与内部规则、制度的参考与本地化之间保持合理的平衡，哈耶克试图做一些努力，但仍被赋予“传统主义”色彩。他没有合理解释制度创新的可能

路径，也没有解释如今非西方国家模仿西方文明如何成为可能。在建构与演进之间，哈耶克出现了思维上的冲突，这主要表现在哈耶克在事关个人自由的制度与理论的阐释，以及宪政模式的再思考与设计都显现了建构形式的思维特性。特别是其关涉立法的认识同现实社会的情况严重背离，也就是说其难以实证立法过程不对称信心条件下的社会机制的设计。而且，哈耶克对若干重要概念的运用没有保持前后一致，譬如关于自发秩序、内部秩序等等，这也是研究这些问题需要认真思考的问题。

1. 摆脱理性束缚的进化

> 人不仅是某种追求目的动物，而且在很大程度也是遵从规则的动物

哈耶克指出，法国思想家笛卡尔全面表述了建构唯理主义。虽然笛卡尔所直接关注的是判断命题的标准问题，可是，这些标准却被用来判断行为的适当性和正当性。怀疑一切的态度使笛卡尔拒绝把那些未经怀疑的东西看做真实的东西，但正是这一怀疑的立场，剥夺了无法以这类方式得到证实的行为规则的有效性。实践者所成就的所有东西就是他所进行的这类笛卡尔意义上的推理过程的产物，而那些难以按照这类标准证实为真的东西，一概被称为纯粹的意见从而遭到拒绝，这类倾向成了笛卡尔所发起

的唯理主义运动的导向性特征。

可是，这类唯理论的认识道路，实际上重新回到了以前的拟人化思维方式之中。这类认识道路重提那些把所有具有文化意义的制度都归结为设计的倾向，包括像道德、宗教、法律、语言、文字、货币、市场等，都被认为是由人的理性设计建构的。这类意向论的或实用主义的历史解释法，在人们基于社会契论的观点中得到了最充分的表达。首先是霍布斯，其次是卢梭，他们的这类理论为确定现存的制度是否可以被证实为某种理性的制度提供了指南。

正是因为这类唯理主义的哲学观，直至今天人们还普遍偏好于理性地去做每一件事情，而像非理性的或排斥理性一类术语，也经由这类哲学观的阐释而具有了今天所称的贬义。正由于这个原因，人们在此前所提出的那些关于制度和习惯的设想也发生了某个转向：由赞同或认可，渐渐变成了贬低或反对，因为就他们而言，它们大多是未经人们的理性审查而出现的。

哈耶克推测，构成这类信念的原因是基于这种基本假设：人主要是经由他所占有的从明确前提内进行逻辑演绎的能力而成功主宰其周围环境的。可是，这个基本假设在事实上是错误的，任何试图把人的行动局限于以这类方式加以证实的范围之内的努力，也只会使他无法运用其他甚至是最为有效的手段。那些认为人们行动的有效性可以说清并可以构成三段论推理的看法，显然与事实存在差异。许多社会制度既不是被发明出来的，也不是为了实现任何目的而生的，它们可能仅仅是人们遵从的习俗、习惯或惯例所形成的结果。人们在社会中之所以能够自如地做出调适，不仅是因为人们受已知的目的或关系的支配，而且是因为他们也受着规则的约束——而对于这些规则的目的或起源，甚至对于这些规则的存在，人们常常是不知道甚至是没有意识到的。

在哈耶克看来，人不仅是某种追求目的的动物，而且在很大程度也是遵从规则的动物。人之所以获得成功，并不是因为他知道他为什么应当遵守那些规则，更不是因为他能够把这些规则书写出来，而是因为他的思维和行动受这些在社会中经由选择而演化出来的规则的制约。而这些规则，在相当程度上并不是人们的理性的设计和构建。

人的行动之所以在很大程度上获得成功，实乃是因为它既适应于他所知道的特定事实，而且也适应于他所不知道甚至不可能知道的大量其他事实。这类认识道路最终导向了建构论的错误的结论。而实际上人对其周遭环境所做的成功改造，是因为他们遵守这些并不是出于人的设计而且人也往往并不明确了解的规则而实现的。换言之，人们对环境的改造不仅在于（甚至还不是主要在于）人们对因果关系的洞见，而且也在于人们的行动受着与人们生活于其间的那些环境相适应、而人们并没有意识到的规则的支配。

笛卡尔意义上的那些完全的行动理性，要求行动者对与行动相关的事实拥有完全的知识。比如一位设计师或工程师要进行某项目标确定的实践，那么他就需要掌握所有相关的资料并运用足够的力量以控制或操纵相关物质材料，这是对于个人的实践而言。可是，在社会中，成功的行动取决于比任何人所能知道的多得多的特定事实。因此，人类整个文明的基础是（也必定是）人们相信诸多难以知道其在笛卡尔的意义上究竟是否为真的事实。

于是，哈耶克得出结论，每个人对于大多数决定着人们行动的特定事实，都处于某种必然的且无从逃脱的无知状态之中。这似乎无须加以证实。但问题并非如此简单，不反复强调这个事实，它就极容易被人所遗忘，原因在于它给人们造成了极大不便的事实：它不仅使人们从解释上并从智识上去影响社会进程的努力变得更为艰难，而且也给人们为影响社会进程的言行设定了严格的限制。因此，那就只能从这个假设出发，即人们要知道充分解释或控制社会进程所必需的每一个事实。可是，对于这些特定事实，人们是处于必然并且无从逃脱的无知状态之中的，这是人们认识社会秩序存在的核心问题。再者，上述把这类必然无知的问题暂时搁置的错误假设，在大多数情形中并没有被放弃，只是容易被忘记而已。

当然，哈耶克还认识到，人们对于那些决定社会进程的特定事实的无从逃脱的无知，正是大部分社会制度之所以采取了它们实际具有的那些形式的原因之所在。假设人们所说的是某个任何成员都知道该社会中的所有特定事实的社会，那么这类社会肯定与曾经存在过的任何社会都完全不同，甚至于它所具有的特征也是人们无法想象的。

> 在开放社会中，人人都在发生互动，文明也正在这类互动中得到发展

每个人都具有对于大多数特定事实无从逃避的无知，或是某种无法通过个人影响到整个社会结构的特定事实产生的无知。人的活动结构会持续不断地调适自身，以与人们所无从知道的特定事实相对应，并且通过与这些事实相调适而发挥自身的作用。这类适应或调适过程的重要意义在经济领域中最为明显，而且也首先在这一领域中得到强调。

支配人们行动的大部分行为规则及其衍生的制度，都是对这种不可能性进行调适的产物。这种不可能性指的是人们对于大多数特定事实无从逃避的无知。正义的可能性恰恰是以人们的事实知识所具有的这种必然局限为基础的，相反，那些根据已知假设进行论辩的建构主义者能领会到正义的本质。

在开放社会中，人人都在发生互动，文明也正在这类互动中得到了发展。经济学长期以来都在强调劳动分工问题，可是，却很少强调知识分立性问题。每一个社会成员都只能拥有为所有社会成员所掌握的知识中的一

小部分，所以每个社会成员对于社会运行所依凭的大多数事实也都处于无知的状态。而构成先进文明有两个因素：一是对更多知识的利用，二是每个人都在某个具有内在一致性结构的社会中活动。

哈耶克批评到，建构唯理主义者趋向于把他们的论辩建立在笼统幻想的基础之上，即某个人知道所有相关的事实，而且他有可能根据这类特定事实的知识而建构出某种可能的社会秩序。事实上他们根本无视那些他们不知道的事实，人们也根本没有能力把深嵌于社会秩序之中的所有资料或数据都收集起来，并把它们拼凑成可探知的整体。

现代人在知识上的构成性局限是他们不可能经由理性而建构社会整体的永恒的障碍。而现代人不愿意承认这个事实，主要是因为他们无限信赖科学的力量。科学知识的迅猛发展使人们渐渐感到，所有知识上的局限注定都会很快消失。可是，这一信心的基础却是对科学的使命和力量的误解，他们认为科学乃是某种能够探明并操纵人们需要的所有特定事实的方法。

哈耶克认为，人们普遍认为文明立基于对无知的征服，而事实恰恰相反，人们从自身并不占有的知识中受益。文明帮助人们克服个人知识局限性的方法是对无知的征服，可是具体做法却不是去获取更多的知识，而是能够利用那些人们可能不知道的广泛分散于个人之中的知识。人们所关注的知识的局限性，不是科学能够克服的那些局限性。科学并不是由有关特定事实的知识构成的；再者，在极为复杂的情形中，科学的力量也同样会因为它事实上不可能探明所有的特定事实而受到限制。无论是科学还是技术，都不可能使人们能够清楚地把握、了解特殊事实；在这类复杂情形下，科学也遭遇到了同样的障碍，即它在事实方面所存在的无知。尽管个别事实是某些人所知道的，可是作为整体，这些事实又是任何特定的个人所不知道的。而依照那些科学理论，人们只有知道所有的特定事实，才能够达致如此这般的具体结论或充分解释。而科学并不具有探明它欲完成这个使命所必须掌握的手段，所以科学技术永远不可能使人们拥有预见特定事件的能力。

某些社会科学家把他们的研究局限于对社会系统某个部分进行的讨论，这一事实只会使他们的研究在很大程度上是或然或应然的，即与有关未来的决策毫无干系。富有成效的社会科学必定在很大程度上是某种有关非实然的研究，即对可能性世界的假设模式进行建构：假设某些条件发生了变化，那么可能性世界就有可能建构成功。人们之所以需要某种理论，主要是期望它告诉人们，假设某些条件发生了变化，那么会导致什么样的结果。这一点与假设的科学技术论证是相同的。

哈耶克继续其批判路线，他认为建构论唯理主义的错误与笛卡尔式的二元论中关于心智实体独立存在的观念密切相关；笛卡尔式的二元论认为，心智实体独立存在于自然秩序之外，这一实体使得人类能够设计出他们的社会和文化制度。但这类观点却大可商榷，因为人的心智与自然环境和社会环境在互动中调适，并在与那些决定着社会结构的制度发生持续互动的过程中得到发展。心智不断调适和发展虽不是它所创制的社会环境的产物，可是它反过来也会对这些社会和文化制度发生作用并修正这些制度。心智是人在社会中生活和发展所带来的结果，也是人获得那些增进了他所在的群体繁衍生存下去的机会的习惯和惯例所后带来的结果。那些认为一个已然充分发达的心智设置了促使社会生活成为可能的制度的观点，实与人们所知道的所有有关人类进化的情势相悖。

文化传统，乃是某个由一系列惯例或行为规则构成的复合体：这些惯例或行为规则之所以能够留存并得以盛行，是因为它们使某些人获得了成功，但他们并非事先知道此种结果。人先行而后思，而不是先知而后行。确实，这里所说的"知"，归根结底是指人以那些有助于他生存繁衍下去的行动模式来应对环境的能力。这有点类似于行为主义或实用主义，但必须把它和行为主义、实用主义简单区别开来。

人类像动物一样，从经验中学习，主要寻求的不是某个推理的过程，而是某个模仿、遵从、传播和发展那些能够留存并盛行的惯例的过程。这些惯例之所以获得成功，是因为它们增加了行动者所属的那个群体的生存机会。这类行动规则的复合体并不是由心智创造的，但却支配着个人的行动，与其说是心智创造了规则，不如说心智是由行动规则构成的。

支配人的行为并使人的行为变得明智的这些规则有两种属性：第一个属性是它们在个人的行动中为行动者所遵从，但又不是以明确的形式为行动者所知道。第二个属性是，这类规则之所以渐渐为人们所遵从，乃是因为它们实际上给予了那些遵从它们的群体更具优势的力量，而不是因为这一结果已先为那些受这些规则指导的行动者所知道。

在某种特定的文化中成长起来的每一个人，都会在自己的身上发现规则的影子，会发现他是依规则行事的，而且能够辨识出他人的行动是否符合各种各样的规则。确实，这难以证实行为规则是先验的，而只能够证实它们是文化传统的一部分；确实，这类文化传统没有以文字的方式予以阐明，从而也未受到探讨或有意识的考察，很可能是相当恒定的。

长期以来，因为人们普遍接受了古希腊人提出的某种极具误导性的二分观而阻碍了对上述问题的讨论，哈耶克指出，这类观念就是人们习惯上所说的自然的与人为的现象所作的界分。最早用以描述这些现象的希腊词汇是 physei，指涉依本性或发乎自然，而与之相对的则是这么两个词语：一个是 nomó，译为依据约定，另一个是 thesei，大概含义是指依据审慎刻意的决定。用两个含义不尽相同的术语来表示自然的与人为的之中的人为的部分，也就必然埋下了之后始终困扰着人们的这一混乱的伏笔。直到18世纪，譬如伯纳德·孟德维尔[1]和休谟这样的思想家才明确指出，这里还存在着另一个范畴的现象，这类现象应当被归属于独特的第三类现象，亦即后来被亚当·弗格森[2]称之为人的行动并非人的设计的结果的那些现象，它们是那些理论社会科学的研究对象。

可是，在两千多年间，由古希腊人所提出的这类二分观始终支配着人们的思想，并且几乎没有受到任何的质疑。之后，在中世纪经院哲学家那里对这些问题的探讨中，出现了某种新的取向，因为这一取向导致这些经院哲学家几乎洞见到了某种介于自然的与人为的现象的范畴，也就是人的行动并非人的设计的结果。到12世纪，经院哲学家当中的某些论者已经开始把所有不是人之发明或刻意创造出来的东西都归为自然之力下，之后，论者们也越来越清楚地意识到许多社会现象都属于这个范畴。

可是，上述进化论道路的各种端绪，却在16和17世纪因建构论唯理主义的兴起而被遗忘了。结果，理性和自然法这两个术语的含义完全改变了。理性最初的含

① 经济学家，他提出了重要的概念“经济人”，这一概念完全与道德分离，经济人就变成纯粹利己主义者。——译注

② 亚当·弗格森(1723—1816)，是18世纪苏格兰启蒙运动的主要思想家之一，著有《文明社会史论》等。——译注

义是心智具有某种辨识或区分善恶的能力，可是，它的意思后来发生了转变，变成仅仅指某种从明确的前提中进行演绎推理并据此建构这类规则的能力。另外，自然法的观念也随之变成了某种与它的原意正好相反的理性法的观念。

进化理论难以提供有关未来的预言

哈耶克相信，自笛卡尔哲学在这些问题上深陷拟人化思维而难以自拔以后，某些英国思想家开启了新的认识视角。当时，人们已日益认识到，人际关系中所形成的常规模式，并不是因人之行动的有意识的目的所致，这就给当时的人们提出了有待阐发的系统化的社会理论问题。18 世纪下半叶，亚当·斯密和亚当·弗格森所领导的苏格兰伦理哲学家在经济学领域中做出了努力。在政治理论方面，伟大的先知埃德蒙·伯克也做出了极为精彩的阐释，可是却未能系统化。边沁的功利主义也进行了这方面的努力，可是成就不大。而在欧洲大陆对社会现象采取进化论的认识道路，主要是通过威廉·冯·洪堡和冯·萨维尼[①]的努力而在语言学方面得到了系统的发展。

进化的观念在接下来的讨论中会起到核心的作用，所以人们极有必要对这个观念的各种误解予以澄清。第一种误解错误地认为进化观念乃是社会科学从生物学那

① 冯·萨维尼（1779—1861），生于梅因河畔法兰克福市，德国著名的法学家和国王顾问，历史法学派的创始人。——译注

里移植来的某个观念，第二种误解认为使社会进化理论信誉扫地的严重的错误认识，乃是那些认为进化理论是由进化规律构成的观点。

哈耶克认为，对于前者的误解并不符合事实，达尔文把他在很大程度上从社会科学中接受的概念成功地运用到生物学之中，可是这也并不会使这个概念在它原来的领域里的重要意义有所减少。正是因为对语言、道德、法律和货币这样某些社会概念的讨论，才致使规则进化与秩序的生发这一对相关观念最终在18世纪得到了极为明确的阐发，并且为达尔文及其同时代人提供了某些能适用于生物进化研究的概念。

某些学者甚至还提出了社会达尔文主义的观点，可是正是这些观点，使得之后的社会科学家不再信任进化观念。社会达尔文主义的错误在于：它所侧重关注的乃是个人的选择而不是制度和惯例的选择建构，它所关注的乃是个人所具有的遗传能力而不是那些以文化方式传播或存续的能力的选择。虽然达尔文理论的纲领在用于解释社会现象时会导致各种严重的扭曲，可是在基本的进化观念上，进化论唯理主义与社会达尔文主义却还是取得了共识。

严格意义的进化理论只对某个过程提供解释，而这个过程的结果将取决于无数的特定事实，而这些无数的特定事实是人们无法从整体上知道的，因此，这类进化理论也难以提供有关未来的预言。这样，人们只能限于对原则进行解释，或者只对进化过程所遵从的抽象模式做出预测。

对于后者，所谓的进化规律是从孔德、黑格尔和马克思所主张那些历史决定论的观念以及他们所信奉的那些整体认识道路中推导出来的；这些所谓的规律宣称进化必须依某种前定的路线发展。尽管人们必须承认，进化这个术语的原初含义所意指的是那些潜在逐渐展开的过程，可是，生物进化论与社会进化论借以解释不同的复杂结构显现的那个过程，却并不意指相似的某种潜在的连续展开。对于这些人来说，进化需要追本溯源，而不是仅仅局限于对进化或者对潜在的展开的隔靴搔痒的解释。

人们不仅试图用进化观念对规则的产生进行解释，而且还试图把这个观念作为伦理学的基础，他们所做出的这些努力，只是把观察到的趋势当作进化规律，而这些所谓的进化规律却是未经证实或毫无根据的。可是，人们在此的关注只是要表明：首先，在像人类学、伦理学、也包括法学这样的学科中，对进化观念的种种滥用，实是因它们对进化论的性质的错误认识所致；他们的这类滥用也使人们一度否弃了进化观念。其次，假设人们在正确的意义上理解进化观念，那么人们就仍有理由认为，社会理论所必须探究的那些自生自发的复杂的结构，只能被理解为某种进化过程的结果。

在此，哈耶克感到很为难，要清算建构论谬误在过去三百年内在怎样的程度上左右思想家的态度，是十分困难的。从宗教上对传统的道德和法律规则的渊源及根据所给出的解释遭到了人们的拒绝，这导致了对这些规则本身的否定和抛弃，原因是这些规则难以被人们以理性的方式所证实。在这三百年间，许多著名思想家的名声，正是来自于他们以这样的方式解放了人的思想。以下任意举几个例子加以说明：

比如伏尔泰，就以上人们关注的问题上，他的观点可见之于这样一句名言：假设你想要好的法律，那么就烧掉你现有的法律，并去制定新的法律。卢梭甚至发挥了更大的影响，卢梭认为：除了活着的人的意志所创制的法律以外，根本就不存在任何其他的法律。

与此相似的是，人们拒绝承认没有以理性方式加以证实或未使每个个人都清楚和明白的行为规则具有约束力。在19世纪初期，亚历山大·赫尔岑[1]论辩说：你想要一本规则手册，可是我认为，某个人到了一定的年龄以后，他就应当为他仍旧不得不使用这些规则手册感到羞耻，真正自由的人会创制自身的道德规范。还比如，凯恩斯勋爵认为：就我本人而言……我现在还是，而且也将会是，一个非道德论者。这在当时是一种非常普遍的态度，即使在当时最活跃且最具独立精神的思想家当中，也有许多人持这种态度。

经过一番考察后，人们就会发现，建构论或意向论

① 亚历山大·赫尔岑（1812—1870），俄国哲学家，作家，革命家。——译注

的错误解释已深深地渗透进了人们认识社会现象的思维方式之中，并已深深地植根于人们的语言之中。而人们的语言是在几千年的过程中发展起来的，这个历时数千年的过程，正是人们把秩序设想成人们理性设计的产物的时期，人们把他们在现象界发现的秩序看做是一位人格神设计的杰作。可以说，所有可以被人们用来描述的这些有序结构或其作用的语言，实际上都附载着这样的暗示，即一位人格神创造了这些结构。据此，这些术语往往会导向错误的结论。

哈耶克指出，在某种意义上讲，所有科学语汇与社会现象语汇具有相同的厄运。自然科学与社会理论一样，也不得不使用那些具有拟人化根源的术语。物理学家在论及力量或惰性或在论及物与物之间相互作用的时候，是在人们普遍理解的意义上使用这些术语的，所以不大可能会误导他人。可是在社会理论的范围内，马上就会使人们想出很多极具误导性的联想。

> 法律实证主义完全以所谓的建构论之谬误为基础

人们笼统地把这类倾向称之为拟人化取向，为了做到更加准确，人们厘清了两种倾向：较为原初的态度和较为复杂的解释。较为原初的态度，是指那些赋予实体以心智并采取人格化的取向，可以被称之为拟人化取向或泛灵论；而对于较为复杂的解释，则是指那些把实体的秩序及其作用归因于某个独特的行动者的设计，可以较为准确地称之为意向论或人为论。可是，这两种倾向却以某种不为人所觉察的方式相互重合，所以人们把这两种取向统称为拟人化取向。

在人们关注的关于自生自发的秩序的讨论中，可使用的全部词汇实际上都具有这类极具误导性的含义，所以人们必须以严格的方式确定在非拟人化意义上使用哪些术语，在指称意图或设计的时候又使用哪些术语。可是，就许多语词而言，人们要么会用它们来指称刻意建构的结果，要么会用它们来指称那些自生自发的方式形成的结果，但绝不会用它们同时来指称这两种结果：这是一条基本原则。可是，有时候，人们仍有必要在中性的意义上使用术语。

人们会发现当前流行着这样一些观念，比如，社会作为、对待、奖赏和酬劳，评价、拥有和控制物品或服务，负有责任或有过错，意志或目的，公正的或不公正的，或经济分配或配置资源等等；所有这些概念都意味着对语词做意向论的或建构论的错误解释，它们不可避免地会导致人们得出不合理的结论。就像人们经常看到的那样，这些语词的混淆已深深地植根于某些极有影响力的思想流派的基本观念之中。政治理论中长期存在的许多棘手问题以及深刻影响着政治制度进化的许多观念，实际上都是这类拟人化的语词造成的。这一点同样适用于法律理论中的实证主义传统，尽管法律理论比任何其他理论都更为自豪地以为自身已经完全摆脱了拟人化观点的影响。而研究表明，法律实证主义完全是以人们所谓的建构论之谬误为基础的。法律实证主义确实是唯理主义建构论的主要分支之一，它在完全接受人制造了自身的所有的文化和制度的观点的前提下，炮制出了这样一个谎言，即所有的法律都是人的意志的产物。

因此，在哈耶克看来，笛卡尔哲学中那些被称之为建构论的方面，往往也被称之为唯理主义，而这很容易导致误解。比如，人们已经习惯于把伯纳德·孟德维尔和大卫·休谟等批判建构论的早期论者，称之为反唯理主义者；可是这一看法中却隐含了这样一层意思，即这些反唯理主义者对于有效地运用理性的关注，远不及那些名副其实的唯理主义者。可是，事实并非如此，反唯理主义者认为要有效地运用理性，必须要厘清理性的力量的限度，还要对人们没有意识到的特定事实有清晰的把握。而这两点正是建构论唯理主义所无法达致的。毋庸置疑，理性的使命之一，就是要确定理性控制的范围或限度，或者是要确定理性应当在多大程度上依赖于它所难以完全控制的其他力量。因此，较为妥当的做法是不对唯理主义与反唯理主义进行界分，而是对建构唯理主义与进化论的唯理主义进行界分。

对于唯理主义，普遍而言会突出强调抽象的方面，可是建构论唯理主义的典型特征却在于它不赞成抽象。与其不同的是，进化论的唯理主义则认为抽象概念乃是心智的工具，因为正是这一工具使其得以应对它所难以充分理解的实在。在建构论者那里，抽象性被认为是有意识的思想或有意识的概念才具有的某种特性，可是，事实却绝非如此，因为抽象性乃是所有早在其表现为有意识的思想之前就决定着人之行动的过程所具有的某种特性。再者，也只有许多这样的倾向的重合，才能够确定将要采取的特定的行动。

因此，抽象性不仅被视为所有的思想过程都多少拥有的某种特征，而且还将被视为是人对大多数特定事实的无知状态，并能够成功地利用调适能力进行活动的基础。抽象并不是心智以逻辑推理的方式从它对实在的认知中产生出来的某种东西。人们从来就不是也不可能是在充分考虑了某一特定情势中的所有特定事实以后才行动的，相反，人们始终是在把这个特定情势中的某些相关方面挑选出来，再加以考虑的情况下行动的。即使是这类选择，也不是依凭有意识的选择或刻意的挑选而完成的，相反，它所凭靠的恰恰是那些人们并不刻意控制的机制。

> 开放社会及其文明，是人们日益增长的传播抽象思想的能力之产物

哈耶克相信，人们反复强调人类许多行动都具有的这类理性不及的特性，并不是要贬低或批判这类行动的方式，恰恰相反，而是要揭示出这类行动方式得以成功所依凭的诸多原因之一；再者，人们对此特性的强调，也并不是表明人们应当尽力去理解人们为什么要做自己所做的事情，而是要指出人们不可能完全理解它。确实，人们之所以能够

运用如此之多的经验，并不是因为他们拥有这类经验，而是因为虽然人们不知道这类经验，可是它们却已然融入到那些指导着人们行动的思想图式之中。

哈耶克认为，对于建构论唯理主义者而言，他们根本没有意识到理性的适用限度问题。与此相关的是历史上一次次对理性的反叛。在这个发展过程中，对理性力量的高估，会因为人们幻想的破灭而使得他们对抽象理性的指导作用作出强烈的反抗，进而使得他们对特定意志的力量给予盲目的吹捧。原因在于，他们认为理性能够超越抽象王国，而且理性仅凭自身的力量就能够决定特定行动的可能性问题。可是，理性永远只有在与那些特定的且理性不及的驱动力相结合的情况下，才能够决定人们的所作所为。要是人们试图把建构论唯理主义者所持的这类幻想付诸实施，那么它即刻便会破灭。

唯理主义对理性的反叛，普遍集中于对思想的抽象性进行反叛。它反对所有思想都需要不同程度的抽象性，所以，不可能仅凭其自身的力量就完全决定特定的行动。理性仅仅是某种规训，它往往只是告诉人们什么难做。而这类规训又是必要的，因为人们的智识无法把握实在的全部复杂性。一方面，人们运用抽象性，扩大了能够从智识上把握的现象的范围，而另一方面，抽象性也限制了人们能够预见的行动结果的范围，进而把人们根据自身的偏好构造的这个世界也限定在某些普遍性特征层面。因此，在这一意义上，自由主义主张对整体社会秩序的刻意控制必须限定在对某些普遍性规则的实施方面，因为这些规则对于某个自生自发的秩序来说是必要的，尽管其细节是人们所难以预见的。

黑格尔清楚地看到了自由主义与那些抽象思维只具有有限力量的观点的联系。哈耶克相信，毫无疑问，黑格尔是某个极端的唯理主义者，他的理论后来成了大多数现代非唯理主义的源头。黑格尔指出，那些信奉抽象的观点就是自由主义，可是具体的观点始终会优于自由主义，因为自由主义在反对具体观点的斗争中始终落败。黑格尔的这个论断实际上真实揭示了，人们还没有成熟到足以使自身时刻受到理性之严格戒律的制约的境地。

对抽象的依赖，并不是高估了人们理性的力量的结果，而是对其有限力量的洞见所产生的结果。正是对理性的力量的高估，才导致人们反对服从抽象的规则。因为建构论唯理主义自欺欺人地认为理性能够直接把握所有的特定细节，所以拒不承认需要对理性进行规训。再者，建构论唯理主义信奉者并没有认识到，他们因此在多大程度上限制了理性真正能够控制的范围，所以更偏好于具体而非抽象，也就是说，更偏好于特定而非普遍。某些人竟然狂妄地相信自身无须借助于抽象就可以完全把握具体者，进而以肯定的方式把握或左右社会进程。自霍布斯以降，唯理主义的政治理论一直进行着类似的尝试。这一欲求不仅要求他们自身成为理性者，而且还力图使所有人都成为理性者。尽管人们必须努力使社会成为在人们喜欢生活于其间的那种好社会，可是人们却无力使它成为按道德行为的好社会。

开放社会及其文明，是人们日益增长的传播抽象思想的能力之产物；当人们说人都是有理性的时候，人们所指的实际上是他们同样具有能进行抽象思考的能力。人们在运用这类所谓理性的能力的时候，在很大程度上并没有明确那些指导他们行动的抽象规则，而且他们也并不完全理解他们之所以受这些抽象规则训导的原因。

因此，哈耶克得出了结论，建构论唯理主义在努力使所有的东西都受制于理性控制的过程中，在偏好具体并拒绝服从抽象规则的规训过程中，渐渐与非唯理主义合流。需要强调的是，只有在为那些理性所不及的特定目的服务的过程中，建构才是可能的；再者，假设这类目的不是一开始就存在的，那么任何理性的论辩都不可能就此达成一致的意见。

2. 内部秩序与外部秩序

> 每个社会都必定存在某种秩序，而且这类秩序往往是在无意中创造的

哈耶克认为需要继续探讨以下的问题，需要关注被造秩序与增长秩序这两个概念。对任何一种复杂现象的讨论，秩序都是某个不可缺少的概念。所谓秩序，是指无数多样的要素之间密切相关的某种事态。就此意义而言，每个社会都必

定拥有某种秩序，而且这类秩序也往往是在未经刻意创造的情况下存在的。显然，在社会生活中存有某种具有一致性和恒久性的秩序。假设社会生活中不存在这样一种秩序的话，那么任何人都不可能各行其是。

人们是社会的一员，人们大多数需求的满足要依赖于与他人的各种合作得以实现。所以，假设人们想要有效地追求目标，就依赖于对他人的期许与自己的实际所为之间的一致性，因为人们的计划正是以对其他人的期许为基础的。在那些决定不同个人行动期许与实际之间所存在的这类吻合，正是秩序在社会生活中显现自身的形式，而这样一种秩序是怎样产生出来的呢？在社会中，秩序必须以某种命令与服从的关系为基础，或者以整个社会的等级架构为基础，因此，在这类结构中，处于高位者的意志最终将成为某个最高权力机构的意志，并决定着他人所必须做的事情。

哈耶克认为，这类秩序概念的权威含义是，只有根源于系统外的或源于外部的力量才能够创造秩序。因此，这一涵义难以适用于从内部确立起来的均衡。这样一种类型的自生自发的秩序，从许多方面来看都有着不同于人造秩序所具有的属性。

经济理论长期以来一直研究各种自生自发秩序，生物学和控制论也在关注这类秩序。这类秩序与指导或控制各要素的运动的方式不同。这种差异性对于理解社会进程和制定社会政策来说都是非常重要的。被造秩序是某种源于外部的秩序或安排，这类秩序也被称为建构或人为秩序，它甚至还被称为组织。另外，增长秩序则是某种自生自发的源于内部的秩序。古希腊人用外部秩序来指被造的秩序，用内部秩序来指增长的秩序，原意是指某个城邦或共同体的正当秩序。

可以说，社会理论奠基于人类社会存在的某些有序结构的发现。这些结构是人行动的产物，而不是人设计的产物。在某些领域，这个发现已经得到了人们的普遍接受。包括像语言和道德，大家已经意识到它们是进化的产物，而这个进化过程不是人们预见或设计的。再比如，在经济学领域，某些人仍然在继续批评亚当·斯密所谓的看不见的手，可是他们没有从亚当·斯密本人所要表达的意思着手去理解。

这里还需要关注这么两个问题：一是要揭示人类社会中存在着某种客观秩序；二是要理解这个事实为什么难以让人们接受。比如像市场这样的秩序，它不会主动进入人的意识之中，它必须凭借人的智力进行探索。人们不可能用肉眼看到，也不可能直接认识到这类秩序，而只能根据某些要素间的关系在心智上对它进行重新建构。自生自发秩序的这个特征可被概括为：它是某种抽象的秩序，而非具体的。

人们普遍会把秩序和人造秩序或外部秩序等量齐观，哈耶克指出，这类思考方式导致的结果是，他们有把某些人为特征强加给所有秩序的倾向。这类秩序只具有较低的复杂程度，这是由该秩序的创造者的水准所决定的，而且它们往往也是具体的，并始终服务于该秩序的创造者。对于这些特征，自生自发的秩序或内部秩序并不一定都拥有，这类秩序的复杂性并不是仅靠人之心智就能把握的。这类秩序未必是人的感官所能把握的，因为它有可能要把纯粹的抽象关系靠人的心智加以重构。还有，由于这类秩序不是被创造出来的，所以它并不具有特定的目的。

自生自发的秩序未必都是复杂的，但与人为的安排不同，它们可能具有相当的复杂程度。那些包含了特定事实的复杂秩序，只有通过能够使自生自发秩序得以建构的力量的推进，才能实现。

自生自发秩序未必是抽象的秩序，但它们却常是根据抽象要素之间的关系构成的，因为如此，这类秩序是不可能为人的直觉而认知到的；还有，除非人们所依据的是解释它们特征的理论，否则人们也难以认识它们。虽然这类秩序所包含的要素和数量发生了变化，但它们仍会持续存在下去，所以这类秩序的抽象特性具有重要意义。

更重要的是自生自发秩序与目的之间存在的那些关系。正是因为这类秩序不是由外在的能动者创造的，所以它本身也就不可能具有目的，尽管它的存在对于某些个人是非常有意义的。可是从另一方面来看，也可以说这类秩序是以它的要素的行动为基础的。

在自然界中，自生自发秩序表现得比较明显，一旦人们从自然界转向生命、心智和社会等领域中，那么自生自发秩序这个概念就更为重要。这些社会秩序之所以具有复杂性，是因为它们是由自生自发的秩序力量产生出来的。因此，在试图解释和影响这些结构的过程中，它们向人们出了难题。由于人们最多只能够知道构成这些要素的规则，而无法知道个别要素或特定情势，所以知识也就只能涉及自我构建的秩序的普遍特征。就像在人类社会中那样，即使在人们有能力改变某些规则的情况下，也只能影响这类秩序的普遍特征而绝非它的具体细节。

哈耶克相信，这说明了尽管对自生自发的有序化力量的运用能够促成某种秩序的形成，可是与人们对某些秩序的细节所具有的控制力相比，仍旧要弱得多。在自生自发秩序的情形中，人们可以通过确定某些因素来确定它们的抽象特征，可是却不得不把细节留给其他未知情势去决定。因此，通过依赖自生自发的有序化力量，人们能够扩展那些秩序的范围，可是能够做的也只是如此而已，这是因为决定其特定情势的因素比人们所能知道的要多。还有，在一定的社会秩序中，因为这类秩序会运用每位社会成员所具有的个别的知识，因此，全面的知识绝不可能被个别心智完全掌握，也不可能受制于心智所展开的协调或调适的过程。

人们对那些扩展的复杂的秩序的控制力比较弱。对于扩展秩序的许多方面，人们实际上根本无力控制。所以，人们对某个具体安排或外部秩序所拥有的支配力量，在自生自发秩序的情形中就不再具有，因为就这类秩序而言，人们所知道的并且能够影响的只是它的抽象方面。

需要指出的是，在两个不同方面，秩序可被认为是程度问题。系列物件或事务所确立的秩序是不是良好，取决于人们能够预测的要素的特性的多少。不同秩序可以用如下描述的两种或某种方式相互区别：首先，秩序性所关涉的或许只是要素间为数很少的关系，或者是要素间为数很多的关系；其次，界定的常规性可能会得到全部或近似全部的确认，进而使人们只能在某种程度上预测它是否会出现。在第一类情形中，人们可以预测的只是少数特征，但把握性很大。在第二类情形中，人们可能能够预测更多东西，但把握的程度相对较小。另外，对自生自发的有序性力量的某种程度的依赖也是可取的，甚而是不可缺少的。

自生自发秩序衍生人类的行为规则

自生自发秩序的形成是各要素在特定环境中遵从某些规则而产生的，而规则是那些遵从它们的要素在盲目的情况下发挥作用的，规则的这个特点也同样适用于其他支配着人的行动并决定着社会秩序的方面。从人能够采用书写规则的角度上看，人确实不知道所有行动的规则。社会生活结构是由行为规则所决定的，这些规则仅以事实上为人们所遵守的方式而存在。这些规则能够得到传播并为人们所传授，违反规则的行为能够得到纠正，而且就适当行为的不同见解也能够得到判定。尽管人类在没有大家所遵从的法律的情况下是无法生存的，可是，人类确实是在难以阐明这些法律的情况下生活了很多年。

个人行为并不一定都会产生整体秩序，某些支配个人行为的规则还会使某种整体秩序的形成成为完全不可能的事情。因此，问题在于何种行为规则会产生社会秩序，而特定的规则又会产生何种秩序。某种完全的个人行为所可能导致的只是失序，比如，假设规定任何人都应努力杀死遇到的其他人，或者，任何人在看见其他人时都应立即逃走，那么显然，对这一规则的遵从，就完全不可能产生自生自发的秩序。要知道，个人的活动是以与他人的合作为基础的。

因此，仅仅依照那些引导个人，并经选择依靠那些促使社会生活成为可能的方式行为时，社会才可能存在。应当记住的是，为实现这个目的，会在不同类型的社会之间做选择，可是也应当同样牢记的是，支撑秩序的特性乃是个人的特性。

哈耶克指出，在特殊的社会秩序中，个人所应对的情势乃是他能知道的特定情势。只有当个人所遵从的是那些会产生某种整体秩序的时候，个人所作的应对才会产生某种整体秩序。若他们所遵从的规则可以产生秩序，那么它们的行为就可以产生出某种整体秩序。这种秩序可以对无数情况做出适当的调适。它意味着，对这类整体秩序的结构而言，所有的人都必须遵从明确的规则。换而言之，为了使某种明确的整体秩序得以形成，个人对周遭的事件所做的调适或应对就必须具有相似性。

所以，这些规则必须拥有某种特性才能使个人行动产生某种整体秩序。某个社会中的个人会遵从某些规则，因为他们的环境大致是以相同的方式向他们展示的；他们也会自发地去遵从某些构成了他们共同的文化传统的部分的规则。另外，人们还会被迫去遵守另外一些规则，原因是只有在这些规则为人们普遍遵守的时候，人们的行动得以成功所须依凭的整体秩序才得以产生。

因为人们能够有意地去改变这类规则，所以它们成了人们影响秩序的主要手段。自生自发秩序的基础性规则可能是自生自发形成的，可是实际却未必如此。因为个人所遵从的规则并不是刻意制定的产物，而是自生自发形成的结果，所以秩序最初是以自生自发的方式形成的。需要注意的问题是，人们渐渐学会了怎样改进这些规则；至少人们可以想象，自生自发秩序的形成是以某种人为制定的规则为基础的。所以，必须把由遵从规则而产生的秩序和这类秩序立基于其上的规则所具有的自生自发性区别开来；其次，某种被迫称之为自生自发的秩序，也有可能是以那些完全人为设计的规则为基础的。事实上，就这个社会而言，在人们所遵从的规则中，只有部分规则是刻意设计的产物，如部分法律规则，而大多数道德规则和习俗都是以自我为根据生发的。

在某个规模巨大的组织内，人们之间的合作始终都是以自发秩序和人为组织为基础的。对于很多任务而言，组织是促使人们进行有效合作的最有力的手段。普遍说来，这两种秩序会共存于某个复杂的社会中，不论其程度怎样复杂。可是，这个事实并不意味着可以用大家喜欢的方式把它们混为一谈。某些社会群体会为了实现自身的特定目的而组织起来，可是这些组织和个人所从事的活动间的协调，是自生自发秩序力量所促成的。家庭、农场、工厂、商行、公司和各种社团，以及所有公共机构，都是组织，可是它们又会被整合进某种更宽泛的秩序中。用社会来描述这一自生自发的秩序是可取的，因为它可以使人们将它与规模较小的组织群体区别开来，还可以使人们将它与某些群体区别开来，如部族或氏族，因为这些群体在某些方面为了实现共同的目的而在某个领导下共同行动。

在此，哈耶克得出结论，社会这类自生自发秩序，无须具有一个明确的边界。在某个联系松散但宽泛的秩序中，经常会有若干个联系较为紧密的人组成的核心，这些人在这类秩序中占有重要地位。开放社会中的那些小社会可能会因空间的邻近而产生，也可能因为某些其他的能够使其成员产生较为密切的关系的特定情形而产生。这类不尽相同的社会组合往往有重合现象，而且每个人除了作为开放社会的成员以外，还可能是其他社会组合中的成员，也可能是存在于宽泛的开放社会之中的各种组织的成员。

在开放社会内的各种组织中，政府通常都占据着一个极为特殊的位置。尽管可以想象，假设规则在没有组织机构强制实施的情况下仍能被遵从，那这类秩序便不需要政府的存在，可是，在大多数情况下，为了使那些规则能被遵守，政府却是不可或缺的。

政府的这一功能就像工厂的维修队，它并不提供服务项目或消费品，而在于使机制正常运转。普遍而言，这个机制服务的目的，是由那些操控该机制各个部分的人决定的，而最终则是由那些购买其产品的人决定的。

还需要说明的是，个人会运用这类结构为自身服务；可是，负责保证正常运转的政府，除了担当强制实施任务以外，通常还应提供自生自发秩序所难以充分提供的其他服务。政府所具有的这两种不同的功能普遍都没有得到明确的界定。将政府的强制功能和服务功能做出区分，具有着重要意义。当政府实施服务功能时，它只是许多组织中的某个组织，而且像其他组织一样，只是自生自发秩序中的一部分，而当它实施强制功能时，它是在为维续这个整体秩序提供基本条件。

社会组织需要借助规则，也需要接受具体命令的约束

哈耶克指出，尽管自生自发秩序与组织共存，可是两种秩序的原则仍难以以任何方式混淆。

从某种意义上讲，每个组织不仅需要依凭规则，而且也需要受具体命令的约束。组织之所以需要遵从规则，与自生自发秩序所需依凭的规则理由相同：根据规则而不是根据具体的命令来指导每个人的行动，可能使任何人都无法运用整体拥有的知识。在任何组织，只要成员不是组织者的单纯的工具，那么，该组织的命令所确定的就只是每个成员的职能、目的、方法等普遍特征，并要把所有的细节都交由每个成员并根据他们各自的知识和技术去决定。

组织者肯定会希望每个人以合作的方式去运用知识。可是只有在最简单的那些组织中，才可以想象那些统一支配所有活动的细节。可是，毫无疑问的是，任何人都未曾成功地对复杂社会的所有活动做全面且刻意的安排。假设有人能够成功地把复杂的社会组织起来，那么该社会也就不再需要众多心智，而只需某个心智就够了；其次，即使真有这类情况发生，这个社会也肯定不是一个极复杂的社会，而只是一个极原始的社会。而那个决定每件事的心智，很快就会变得极端原始。这是因为那些能被纳入这类秩序设计中的事实，只是那些为这一心智所领会的事实；再次，由于只有某个心智能够决定采取行动并获得经验，所以也就不存在能使心智得以发展的互动状况。

那些支配组织内部行动的规则的特征，是它们履行组织所分派的任务的规则。其预设是，每个人在确定的结构中的位置是由命令决定的，每个人所遵从的规则，不但取决于他在该结构中所处的位置，而且也取决于权力机构为他所规定的目的。因此，这些规则所调整的只是政府的职能机构或执行机构的行动细节。

据此，组织规则必定依附命令，而且能调整命令所未规定的事项。对于组织内的成员而言，这样的规则会有所不同，而且人们也必须根据组织命令所确定的目的来解释这些规则。在这类组织中，假设特定的命令不分派职责，也不确定所追求的目的的话，那么完全抽象的规则就不足以告诉个人什么是他所必须做的事情，什么是难以去做的事情。

与组织的规则相对，支配自生自发秩序的规则必定是目的独立、平等适用的，虽然未必对所有成员都适用，至少要对整个成员群体适用，必须是适用于数量上未知的和不确定的人和事的规则，也必须再由个人根据其各自的知识和目的加以调整和适用；另外，个人对它们的适用将独立于共同目的。

这意味着自生自发秩序的根基（即普遍性法律规则）要实现的是某种抽象的秩序，而这一秩序所具有的特定或具体的内容则是不可知的，也是难以预见的；可是，那些支配组织的命令和规则所服务的只是要达到的特定结果。规则要维系的秩序的复杂程度越高，那些未知的情势决定的分立行动的范围就越大，而且其运转也就会越发依赖规则而不是具体的命令。就像在最为复杂的组织里，由最高机构发布的命令所决定的只是分派或确定目标，而这些职责的履行却只能由相应的规则加以调整和运作。确实，这些规则对于分派的职责而言，在某种程度上讲是比较具体的。政府，作为组织之一种，必须致力于实现系列的具体目的，可是，只有当人们从这个最大规模的组织（即政府）转向社会的整体秩序时，人们才会发现某种完全依凭规则自生自发的秩序。

恰是由于当代社会并不依赖于组织，而是作为某种自生自发的秩序演化发展起来的，所以它才达到了它所拥有的复杂程度，也远远超过了刻意建构的组织所能够达到的复杂程度。确实，那些使这类秩序发展成为可能的规则，在最初时并非是根据人们对结果所做的预期而设计出来的；真实的情形也许是，那些因偶然原因而运用了合适的规则的人们发展出了某种较为复杂的文明，而后这种文明又不断地扩展到了其他族群。人们之所以能够维系如此这般复杂的秩序，所凭靠的并非操控社会成员的方法，而只是间接的方式，即对那些有助于自生自发秩序的规则予以实施和改进的方式。

人们不仅完全不可能在以组织替代自生自发秩序的同时，又尽可能地运用其成员所掌握的知识，而且也完全不可能在直接干涉自生自发秩序的同时，又对这类秩序进行改进或矫正。显然，以这类方式将自生自发秩序与组织混合在一起的，绝不可能是理性的选择。尽管用补充规则来补充那些支配组织的命令，并把组织看做是自生自发秩序的要素，都是有道理的，可是，用孤立且补充性的命令来补充那些规则不可能有任何益处，因为在这些命令所涉的活动中，人们的行动原本是由普遍规则所指导的，这就是反对干预或干涉市场秩序的论辩的原因所在。这些要求自生自发秩序中的成员采取具体行动的命令，之所以难以改进而只能扰乱这一秩序，是因为它所关涉的只是行动系统的一部分，而大多数这类行动却是由只为诸行动者所知的信息和目的所指导或决定的。自生自发秩序源出于每一因素对作用于它的因素的平衡和每个因素对彼此的行动所做的协调，可是，假设这些行动中有一部分因素由另一个机构依据不同的知识，并为了实现不同的目的来决定，那么平衡就会被破坏。

所以，那些反对干预的论辩认为，尽管人们能够从修正自生自发秩序赖以存在的普遍规则努力改进此秩序，也能够用各种努力来达到这类结果，可是却不可能以具体命令的方式来达致这类结果，因为具体命令会取消其成员去实现自身的目的的可能性。

3. 为什么需要权宜社会

> 行为规则支配公众意见，权宜策略迫使限制失灵

哈耶克认为，人们实现自身目的的最佳的条件，也许是某种允许所有人运用自身的知识去实现目的、

且只受普遍正当的行为规则的约束的自由状态。只有当政治当局，包括多数人民的政治当局，在行使强制权力时能够为社会共同体所信奉时，这类系统才可能得以实现并得以持续。个人自由，无论在何处，在相当程度上都是人们普遍尊重这些原则的结果，尽管这些原则从没能在宪法性文献中得到阐释。在如此之长的历史，中自由之所以得以维护，实在是因为这些未被人们慎重对待的原则始终支配着公众的意见。

只有当社会中的个人按照某个一以贯之的计划并且让众多人协调努力去奋斗的时候，他的努力对他人的帮助的影响才会凸显出来；其次，孤立的个人想要有所作为以便克服那些影响着他的难以解决的问题，也常是极为困难的。可是，为了追求个人的目的，而实际上参加那些使他能够与他人协调行动的组织，也是他自由的一部分。虽然利他主义者的某些目的只有在集体的行动中才能达到，可是纯粹利己的目的却也常可以经由参加集体行动而实现。无论是在利他主义与集体行动，还是在利己主义与个人行动之间，都不存在必然的联系。

文明对人们的助益性，是以运用刻意安排的行动之外的所能运用的知识为基础的；据此人们可以进一步探究，人们难以通过把那些可安排设计的特定要素堆积在一起而建构出合理的可控制的社会。尽管所有有助益的改进在很大程度上讲都注定是以积少成多的方式取得的，可是，假设这些分立的措施、步骤没有一个一以贯之的原则体系来指导的话，那么其结果就仍可能是对个人自由的某种压制和损害。

就此，哈耶克提出了疑问，为什么会有如此的结果，其中的原因或许非常简单，尽管此原因还没有被人们普遍意识到。因为自由的价值在于它为还没有发生的行动提供机会，所以人们也很少能够预测到对自由施以某种特定的限制会使人们失去什么。任何类似的限制，其目的都在实现某种可预测的特定结果，所以由于类似限制而没有能够成功的东西往往不为人所知。例如，对市场的秩序施以人为的干预所产生的直接后果，在多数情况下都是立竿见影的，可是那些间接且影响深远的后果却在很大程度上是未知的，所以也会被人们忽略。此外，人们也绝不可能预见到以人为干预方式实现特定结果所必须付出的全部的代价。

就此而言，当人们仅仅根据问题表面上的结果来判断的时候，就会始终高估集权指导所具有的好处。人们的选择，普遍而言是在已知和未知之间展开的。假设把自由与强制间的选择看做是权宜之计，那么自由几乎就注定会在所有的场合被牺牲掉。因为在特定情势中，人们很难知道自身的选择将会导致什么样的后果，所以在每一特定的情势中仅根据可预见的后果进行决策，就必定会逐步地摧毁自由。在对自由施以限制的措施中，人们也并不知道这些限制性措施会造成何种具体损失。

哈耶克借 19 世纪的情况来说明问题，他认为某些自由主义的思想家已经意识到了这类问题，即只有当自由被看做是一项难以因为特定的好处而牺牲的最高原则的时候，自由才能得到维续。可是，这个告诫被当成了耳边风，同时，逐渐放弃原则和从实用角度出发进行决策和行事的趋向，成了制定社会政策和经济政策的最重要的创新之一。那些为了更好地把握自身的命运而否弃所有原则的观点，现在甚至被宣称为这个时代的新智慧。某些人主张，在践履某项任务时，人们应当运用利于解决问题的社会技术，而难以被任何教条所束缚，因为这类方式是理性和科学时代最值得推崇的行事方式。因而，意识形态在某种程度上已不再受人们欢迎。

现代社会所盛行的对意识形态或对普遍性原则和主义的那些蔑视，是丢掉幻想的社会主义者所具有的典型态度。由于自身意识形态中存在着的内在矛盾，这些社会主义者被迫抛弃了这些原则和主义；可是，他们竟据此得出：所有的意识形态必定是错误的，为了达致理性，在行事时也必须否弃意识形态。他们甚至还认为，在行事时，不仅受有意识的、明确的、特定的目的的指引，而且也能因人们的无力证实而拒绝接受那些价值，可是，这些是不可能做到的。尽管意识形态是难以被证实的东西，可是它却很可能是某种激发人们奋斗的不可或缺的东西。

有种老观点认为，某个人假设不以其所处的系统为参照系就去干预自生自发的秩序，那么就不存在可行的终点；因此，人们必须在可供选择的系统之间进行选择。可是，现代那些所谓的实在论者却无视此观点，而且还得意洋洋地宣称，根据科学的方式行事，能够成功地拼凑出可控的秩序，具体方法就是为每一个特定可控的结果选择某种最适当的手段。

哈耶克毫不客气地批评那些所谓现代实在论者忽视了这样一个事实：他们所主张的东西，正是很多西方国家以往所做的事情，因此这类主张必须对当下的政治状况负责。就现在的情势来看，这类支配政治活动的实在论观点，并没有达到该观点的主张者所设计的预期结果。人们非但没有更好地主宰自身的命运，反而发现自身在事实上不得不时常趋向于那条并非刻意选择的道路，而且还须面对那个采取进一步行动的不可避免的必然性的问题：这些所谓的必然性虽说绝不是人们意图实现的，但却是此前所做所为的结果。

> 政策所具有的大多数所谓的必然性，都是人们自身造成的

人们常论辩说，采取某些政治措施是必然的结果；实际上，这个观点有着非常荒谬的两重性。当发展趋势让论辩的人深感满意时，他们就会马上接受下来，并被用来为他们所采取的行动辩护。可是，当发展趋势发生了不可控的转向时，他们却又会轻蔑地拒绝某种观点，即这类转向并不是人们的控制力量所不及的情势导致的结果，而是此前做出的决策的必然后果。另外，现代人普遍不赞同这样一种观点，即人们没有足

够的自由去选择任何一种特征组合，也没有足够的自由把这些特征拼凑成和谐的整体，也就是说，人们绝不可能像拼图一样建构出可控的社会秩序；还有，某些善意的措施甚至也可能会派生出未预见到的不好的后果。确实，现代人因为所受的教育告诉他们，他们所创造的东西、所能够改变的东西，必定是他们先已创造出的东西，所以他们会反对这类观点。可是，他们却还不知道这样一个道理，即这个幼稚的信念源出于此前讨论的人造的术语所具有的含混性。

确实，那些看似不可避免的情势，实际上经常是人们此前采取的行动以及当下所持有的成见所导致的结果。政策所具有的大多数所谓的必然性，都是人们自身造成的。人们为什么不可能把某些要素拼凑在一起而获致协调的整体，是因为在某个自生自发的秩序的内部，任何一种安排都将取决于除它以外的其他所有安排，而且对此安排所做的具体改动也很少能够告知人们它在某种不同的情势中会发生的运行情况。一项实验能够告知人们的，只是某种创新是否适合于给定的框架。可是，那种指望人们能够通过对某些问题的特定解决所做的随机实验，而又不遵从指导原则就建构出某种和谐的社会秩序，是纯属妄想。确实，经验告诉了人们不同的社会制度和经济制度效率的情况，可是像现代社会的复杂秩序，既没办法作为一个整体加以设计，也不可能以孤立地型构每个部分的方式加以设计，而只能以在整个进化的过程中遵从普遍性原则的方式而加以设计。

这并不意味着这些原则必会采取详细阐明的形式。当原则只是表现为某种理性的定见时，它们常常是更为有效的行动指南；而一旦这些原则得到了明确陈述，大家就会开始琢磨它们的正确有效性了。而假设本能上的确定性丧失了，那么，除了寻求正确的陈述以外，没有其他方法可以重新确立这样的指导了；确实，本能上的确定性为什么丧失，其原因也许就是人们未能成功地把他们在此前以直觉的方式所遵从的原则落实在文字上。

哈耶克认为这是由于自由体制要求坚定不移地否弃那些为了确保特定结果而必须采取的措施，所以维续它是比较困难的。他的理由主要有两个：首先是它们与普遍性规则之间存在着冲突；其次是人们往往并不知道在特定情势下不遵从这类规则会付出什么代价。因此，要成功捍卫自由，必须要以坚守原则为基础，而且绝不向权宜之策做任何让步，就算是在那些除了已知的好的影响而不知有害的结果的情势下，也应当如此。只有当自由被公认为是一项普遍性原则时，它才会占据优势之位。古典自由主义的缺陷并不在坚守原则方面，而在于它缺乏足够明确的原则去提供清晰的指导，而且还在于它常表现为只接受政府的传统职能而反对政府的新职能。每个人都清楚，只有当人们接受了明确的原则时，才有可能保持前后一致。可是令人遗憾的是，19世纪的自由主义者所使用的自由概念极为含混，因而也无法为人们的行动提供明确的指导。

假设人们对明确原则的信奉并不坚定，那么他们一定会对个人的自由施以限制，而这些限制在他们看来是对公认的恶行所做的最为简单直接的纠正。对原则信念的抛弃和对权宜之计的偏好，在某种意义上讲，乃是因为人们已不再有能够以理性方式去捍卫的原则了。曾经为人们所接受的那些经验行事法，并不足以确定在自由体制里什么是被允许的和什么是不被允许的。再者，人们甚至已经找不到一个为人所普遍理解的称谓来指称那些复杂的状态。确实，无论是资本主义还是自由放任，都无法准确地描述此状态；此外，这两个术语在自由体制的敌人那里要比在它的捍卫者那里得到了更多的关注。资本主义这类说法仅对于自由体制在特定的历史阶段来说是恰当的，但它却始终存在着误导的一面，因为它所指的乃是某种主要有助于资本者的体制，而实际上，资本主义是给企业施加戒律的体制：企业的经理人会因此而感到恼火，而且每个人都会试图去规避这类戒律。自由放任向来都只是一种经验行事法。的确，自由放任表达了对政府滥用权力的抗议，但它本身却从没有提出人们能够据此确定政府的恰当职能的标准。在相当大的程度上，自由企业或市场经济这样的提法也无能为力，因为它们难以明确地界定个人的自由领域。在法律之下的自由这个表述，曾经很好地表达了此状态的要点，但后来也因为这个表述中的自由和法律不再具有明确的含义而变得毫无意义了。

恰是由于人们偏离自由主义的理想的程度远远超过了大多数人所能意识到的程度，而且也正是由于这类偏离会因其本身的势头而使自由的社会堕落成权威的社会，所以必须重新对那些指导人们政治行动的普遍性原则进行探讨。如今的人们为什么还是自由的，是因为传统很快就会消失的看法阻碍了权威社会进程的顺利推进，可是由人们推动的内在逻辑却正凭借着这个进程而在一个日益扩大的领域中凸显自身。在当前的思想状况下，权威体制的最后胜利，实际上是那些在智识领域中已占支配地位的观念对于传统主义者的抵制的最终胜利。

哈耶克认为，从方法论来看，在复杂的自生自发秩序的情形中，人们所能确定的永远只是这些秩序运行的基础的普遍性原则，或者说，人们不可能预见这个环境中的任何事件所会引发的特定变化。就政策而言，这个洞见有着非常深远的意义。它意味着：首先，在人们依凭自生自发的有序化力量的情况下，人们往往难以预见到种种特定变化，而正是经过这些变化，人们才可能对已经变化了的外部环境做出必要的调适；再次，人们有时候甚至无法去认识那个业已被打破了的均衡是以什么样的方式得以恢复的。在人们对自生自发秩序的机制在解决这个问题的认识上，假设人们想维续这类整体秩序而不致分崩离析，那么人们就必须解决这个问题，让使用的方法处于无知的状态，可是正是这类无知的缺失常会造成恐慌，并促使人们要求政府为恢复被打破的平衡而采取行动。

还需要指出的是，因为人们对自生自发的整体秩序的特征一知半解，所以会要求采取严格的控制措施。只要贸易平衡在被打破之后又以自生自发的方式调整了自身，那么人们也就不会去追问调整的方式了。可是，若他们意识到不断做出调整的必要性，那么他们就会觉得有必要让人去专门负责落实这些调整的工作。经济学家从关于自生自发秩序的图式性质出发，只能以这类自信的断言来取消人们所具有的忧虑：只要人们不干预自生自发的力量，那么那些新的平衡就一定会以它特有的方式得到确立。可是，由于经济学家普遍都难以精准地预测这类自我调整的发生方式，所以他们的断言也就不怎么能够令人信服。

当人们有可能预见自生自发的力量恢复到那些被打破的方式时，情势就会变得更加糟糕。对不可预见的事件进行调适的必要性，始终意味着某些人要受到伤害、某些人的预期会落空，或者某些人的努力会受挫；而所有这些都会使人们要求以某种刻意的指导方式来实现这类必要的调整，而类似要求在实践中一定意味着由权力机构来决定谁应当受到伤害。况且，这类做法还常会导致这样一种结果，即只要某种必要的调整能被人们预见，那么它们就会受到阻碍。

> 现代社会进行锐意变革的主要工具是立法

哈耶克相信，科学能够为政策指导提供帮助的观点，是对自生自发秩序的普遍性质的合理理解，而不是有关某一具体的特定情势的特定细节的任何知识，因为科学没有也不可能拥有这样的知识。在19世纪，人们熟悉的是有关科学在解决政治任务方面有帮助的正确认识，可是，这类认识在后来却被某种新的趋向遮蔽了。这一趋向的根源在于当下盛行的那些对科学方法性质的误解：科学是经由对那些特定的被观察到的事实而汇集成的；对普遍科学而言，这类认识是错误的，而当人们必须处理的是复杂的自生自发秩序的各组成部分时，这类认识就更加具有误导性了。由于这类秩序中的任何一部分的许多事件都是彼此孤立的，而且这类抽象秩序并不具有能够根据个别属性加以识别的反复出现的具体组成部分，所以试图通过观察而在它的任何组成部分中发现常规性，都是不可能的。在这个问题中，能够宣称自身具有科学地位的理论，是那些关于整体秩序的理论；其次，这类理论也绝不可能通过观察并以归纳的方式建构起来，而只能通过构造心智的模式加以建构。确实，这些心智模式是以那些可观察到的要素作为其内容的。

近视短见的科学观专注于研究特定事实，因为只有特定事实才是可以从经验中观察到的；更为严重的是，这类科学观的鼓吹者还夸耀自身根本不受那些只有通过抽象思辨的方式才能获得的整体秩序观点的指导。无疑，这样一种近视短见的科学观不可能提高人们建构某种可控秩序的能力，反而使人们抛开了能够成功行动所必须凭借的所有有效指导。这类伪实在论自欺欺人地认为它根本不需要任何有关整体秩序性质的观点的指导，而且它只致力于探究那些具体的技术。事实上，这类实在论是非实在的。尤其当这一态度导致了人们根据特定的措施在特定政治舆论氛围中的可行性来判断是否可取的时候，它的作用就只能是把人们推向绝境。无疑，这一绝境一定是那些趋于摧毁整体秩序的措施的最终结果，这些措施的鼓吹者在实施的时候，实际上也是以一种默认的方式承认了这一秩序的存在。

哈耶克肯定，整体秩序的这一指导模式在相当程度上讲是一种乌托邦，因为当时的情势只是对这类秩序的某种趋近，但却依然非常遥远，而且许多学者也认为它是完全不切实际的。可是，只有凭借坚定地信奉这样一种观念，即某种具有内在圆融性的模式能够通过一贯的适用原则而实现，人们才能确立某种有帮助性的自生自发秩序的有效框架结构。亚当·斯密曾经认为，希翼自由贸易会在大不列颠帝国得到完全恢复，就如同期望大洋国或乌托邦会在大不列颠帝国得到实现一样荒唐。可是，在他讲这番话之后仅仅七十年，自由贸易却真的实现了，而且在相当大的程度上来看，恰恰是他的工作所促成的。

乌托邦，在今天乃是贬义的；确实事实也是如此，多数乌托邦的目的都在于要以激进的方式对社会进行重新设计，而且深深陷于那些使它们难以得到实现的内在矛盾的困境中。可是，一幅可能完全无法实现的社会蓝图，或者某种应该予以实现的整体秩序的指导性观念，无论怎样都不是理性政策的先决条件。

哈耶克指出，现代社会进行锐意变革的主要工具是立法。可是，无论人们事前对每一立法法案考虑得有多么周全，都不可能随心所欲地对整个法律系统进行完全的重新设计，或者说，人们不可能按照某个圆融的设计方案对它做改头换面的改造。法律的制定必然是一个持续不断的过程；在此过程中，每个步骤都会对下一步骤产生某些在当时无法预料到的后果。某个法律系统的各组成部分与其说是依照一种整体观而进行协调，倒不如说是通过前后相继地把普遍性原则运用于特定的问题而逐步实现协调的——这里所说的普遍性原则，常常无法以明确的方式为人所知，可能只是隐藏于那些具体措施中。

对于那些认为有可能按照某个圆融一致的计划对开放社会中的具体活动做出有意安排的人来说，下面这个事实确实是一声让其清醒的警钟：即使对于整体秩序中的一部分而言，人们也无力证实他们能够对其做全面的有意识的设计。在相当大的程度上来看，法律演进过程也许是能够清楚地表明支配性观念促成某种变化过程的方式，也就是说，按照这类方式产生的那些措施，确实是大家在一开始都没有去想或没有预见到的措施，而是人们认为不可避免的措施。在此过程中的每一个步骤，都是在人们把此前做的判决所确立的原则运用于他们在当时未曾预料到的情势时所发生的那些问题。这些由法的内在驱动力所引起的种种变化，从整体而言，绝不是人的意志的产物，而关于这一点，实在是没有什么特别神秘之处可言。

在此过程中，单个的法学家，与其说是有意识的开创者，不如说注定只是一个没有意识的工具，因为他只是在整体上意识不到的系列事件中的某个环节。即使他是作为一个法官或者作为一部制定法的起草人，那个普遍观念的框架结构，对他而言都是业已给定的，因而他的任务也就是运用这些法律原则，而不是对其进行质疑。无论他怎样关注他作出的判决或决策对未来的影响，他都只能在人们所公认的，对他来说也是既定的法律原则的框架中对这些预期影响做进一步判断。确实，事情本应如此，因为执法者努力使得整个法律系统保持内在一致性，实在是他进行法律思考和公正判决的实质所在。

人们常认为，执法者的职业爱好是保守的。在某些情势中，当某些基本的法律原则已经被人们接受了很长一段时间时，这些原则的确能够支配整个法律系统、支配该系统的普遍精神，并支配此系统内的每一项法律规则及其运用。在这类情势中，法律系统就会保持相当大的内在稳定性。当某个执法者不得不对一项与法律系统中的某些规则不相符合的地方进行解释或予以运用时，他都必须努力修正该规则，以便使它能够与其他规则协调起来。因此，执法者群体偶尔也可能会在事实上背弃立法者的意图，这并非因为他们不尊重法律，相反，这实在是因为他们掌握的技术导致他们去优先考虑法律系统中具有支配地位的部分，而且还使他们通过把某个异常要素转化为某个与整个法律系统相协调的要素而使其融入该法律系统之中。

可是，当某种与绝大多数现行法律不符的法律哲学在一个世纪之前占据了支配地位以后，情势就完全是另外一种了。一样的执法者，利用同样的习惯或技术，现在却变成了一股巨大的革命的力量：这一力量在彻底变革现行法律方面有巨大的能量，就像他们以往尽全力去维续这些法律一样。由此可见，在某种情势下导致法律成为稳定不变的那些力量，在另一种情势中却使得法律加速变化，直到把整个法律系统改造到任何人都不可能预见或控制的地步。可是值得关注的是，有关这个过程是将导致整个法律系统转向新的均衡还是趋于解体的问题，将取决于新的法律哲学的性质。

> 法律不再是维护正义的力量，而是服从于某种观念和统治的工具

哈耶克认为，人们生活在其中的就是这样一个凭内在力量对法律进行变革的时代，所以人们认为，假设那些现行法律哲学被允许按照

它们自身的逻辑发展下去的话，那么作为个人自由之主要保障的法律就注定会烟消云散。由于执法者是实施他人所提出的法律观念的工具，所以他们在被支配下也就变成了迫使个人服务于统治者的目的的机构的某种工具，而不再是维护正义的工具。有关法律功能的新思想对法律观念的支配已经到了非常严重的地步，而只要这些观点再持续运用下去，那么个人的行为规则的系统就会被改造成某个组织规则系统。

确实，上面所说的种种发展趋势引起了很多依然关注执法规则的职业执法者的担忧。所谓执法者的法律，就是一度被看做是唯一的法律的那些正当行为规则。可是比较遗憾的是，法理学中所说的领导权，却已然从私法的从业者那里旁落到了公法执法者的手里，结果，现在那些支配包括私法在内的所有法律之发展的哲学前设，几乎全是由那些主要关注公法或政府组织规则的人士提出来的。

需要指明的是，哈耶克假设人们因为这个而过多地责备执法者而不去追问经济学家所应承担的责任，将是不公正的。如我们所知，假设从事具体工作的执法者只运用他们通过学习而获得的而且他们有责任运用的那些普遍性法律原则，那么普遍说来，已经是很好地履行了他们的职责了。只是在法律理论中，即在对那些普遍性原则的表述和阐释中，有关普遍性法律原则与某个可行的行动秩序之间的关系这个基本问题才会产生。对于这些表述和阐释来说，假设要在可供选择的原则之间作出某种明智的选择的话，那么对这类行动秩序的理解就会变得至关重要了。可是，在过去的三四百年间，指导法哲学的恰恰不是对这类行动秩序的特征的理解，而是对它的误解。

可以肯定地说，至少在大卫·休谟和亚当·斯密这些法哲学家的时代之后，经济学家对法律规则系统重要意义的认识就再也没有得到进一步的发展，尽管他们的论辩常常会首先预设法律规则系统的存在。他们不仅没有采用某种能够对法理学家有帮助的形式来阐释他们对自生自发秩序的认识，反而很可能与那些法律研究者一样，在自生自发的状态转向组织状态的研究上，做了很多工作。

只要人们对法律的特性在过去某个世纪中经历的巨大变化做一番考察，前面说的道理也就显而易见了。无论是在英国还是在美国的法律文献中，无论是在法国还是在德国的法律文献中，人们都能够发现那些把所谓的经济必然性看做是导致法律特性发生这一变化的原因。对于经济学家而言，了解法律研究者对法律变化的原因所做的解释，多少会令他们伤感，因为他们发现他们的前辈所拥有的所有罪恶也已经降临到了他们自己的头上。对现代法律发展所给出的各种解释，充满了有关不可抗拒的强迫性力量和不可避免的趋势的说法或引用，而这些力量和趋势被认为是对法律进行某些变革的不可回避的要求。所有的现代民主制度采取了这些措施或那些措施的事实，竟也被征引过来作为人们采取这些变革措施的明智性或必要性的证据。

这些解释都一致认定曾经存在过自由的时期，在那个时期中，人们在改进法律结构以便使市场的运行更有益处或对市场的结果予以救济方面，好像根本就没有做过任何努力。此外，这些解释也都几乎毫无例外地把它们的论辩建立在那些认为自由企业的运作向来都不利于蓝领阶层的奇谈怪论的基础之上，而且还声称，正是早期资本主义或自由主义导致了蓝领阶层物质生活水平的下降。这一神话似乎说明，尽管与事实完全不符，但却构成了这个时代的民间传说的一部分。而实际的情况却是，作为自由市场发展的结果，体力劳动的报酬在过去的两个世纪以来已经得到了史无前例的提高。从另外一个角度来看，大多数当代法哲学论著也都充满了陈芝麻烂谷子的论述，它们或者是大肆宣称竞争具有自我毁灭的趋向，或夸夸其谈现代世界日益增进的复杂程度创造了对计划的需求。这些陈词滥调实在是因为一个世纪前迷恋计划的高潮时期的特殊产物，因为在那个时期，计划被人们普遍接受，可是它所具有的权威主义的意蕴却还没有得到明确的认识。

哈耶克确信，就传播这类错误的经济学理论而言，在过去的两个世纪当中，是否还存在比老一代法学家对年轻一代的法学家所给予的那些教导更具效力的方式，确实是非常令人怀疑的。老一代法学家教导他们说，无论做什么，根据都是必然的；或者说，正是那些情势使得采取某些措施是不可避免的。把立法机构对某个问题所做的决策看做这一决策是明智之举，似乎成了法律研究者们的一种思维定势。可是，这意味着，有关他们的努力是好的还是坏的这个问题，将取决于那些指导他们的前例是明智的还是愚蠢的；此外，这也意味着，他们虽有可能使往日的智慧得以延续，但也同样有可能使以前的错误得以继续下去。假设他们把能够观察到的发展趋势变为对他们的命令，那么他们虽然有可能成为某种新秩序的刻意的创造者，但也同时也有可能成为某种纯粹的工具，而那些他们所不理解的变化却正是通过作为这类工具的人而产生出来的。在这类境况下，人们就非常有必要在法学以外的其他学科中寻求判断发展趋势的可控性的标准。

需要注意的问题是，人们的以上说法并不意味着，人们仅仅凭借经济学就能够提供那些应该用来指导立法的原则——尽管经济因素会不可避免地产生某些影响，可是人们也会因此而希望这样的影响是来自于好的经济学，而不是来自于有关经济发展的神话和传说的大杂烩；令人感到遗憾的是，这类神话和传说的大杂烩正在支配着现在的法律思想。人们的论点就自然是这样，那些指导法律发展的原则和预设，就它内在的部分而言，不可避免地源自于法律之外的东西；此外，也只有当这些原则和预设是以这样一种正确的观念为基础时，它们才会是有益的——人们在此所说的正确观念，指的是有关开放社会中的各种活动怎样才能有效地形成秩序这个问题的正确观念。

> 抽象观念被大多数人当成不证自明的、没有疑问的预设真理来接受

法学家在社会进化中的作用以及决定他们怎样行动的那些方式，实是下面这个具有根本重要性的真实情势的最佳例证——不论人们喜欢与否，那些决定社会进化的决定性因素，始终都将是高度抽象的，而且也往往是在人们没有意识到的状态下，具有的有关什么是正当观念而不是有关特定目的或具体诉求的观念。与其说是人们刻意追求的目标，还不如说是他们对可能的方法的意见，决定了他们即将要做的事情，而且也决定了哪些人有权去做这些事情。这就是那些研究社会事务的最伟大的学者们反复重申的但却始终被人们所忽略的重要观点，即尽管人们在很大程度上受利益的支配，可是即使是利益自身，以及所有的人类的各种各样的事务，也完全是由意见支配的。

类似的论点大都不为注重实践的人士所信任，而且在很大程度上也被居于支配地位的政治思想学派所忽视；这正如他们不相信的，那些被他们轻蔑地贬之为意识形态的论点，对于那些自以为不受这类论点束缚的人所具有的支配力量，甚至要比对那些有意识地接受它的人的支配力量更大。可是要强调的是，在那些必定会对

研究社会制度的进化的研究者产生重大影响的因素当中，最具影响的是这样一个事实：决定这些社会制度的关键因素，不是那些有关它们即时性的后果的好或者坏、善或者恶，而是判定特定问题所赖以为基础的那些普遍性预设。

确实，抽象观念能够具有力量，在很大程度上是因为它们并不是纯粹作为理论而为人们去刻意遵从，而是被大多数人当成不证自明的、没有疑问的预设真理来接受的。可是，思想观念所具有的这种支配性力量却很少能够得到人们的承认，这在很大程度上是因为人们在主张这一观点的时候，所采取的方式往往是过于简单的，比如，他们有时会宣称某个伟大的人有权要求以后的人接受某些特定的观念，可是事实上，究竟哪些观念将占据主导的支配地位，这取决于某个人们难以去概括、甚至无力通过回顾而予以重构的缓慢而繁复的过程。当人们不得不承认下述事实时，人们肯定是相当沮丧的，即人们当下的决策乃是由人们在很早以前就提出的某些观念所决定的，而这些观念是人们在某个极为久远而且偏僻的专门研究领域中提出的，它们不仅是普通公众所不知道的，而且那些最早阐发它们的人也不知道它们会导致什么样的后果；特别是当此后影响具体决策的因素不是对新事实的发现，而是一个普遍性的抽象的哲学观念的时候，人们就会感到更加的沮丧了。不仅是普遍的平民大众，而且也包括那些所谓专门领域中的专家，都是在不加反思且笼统的情况下接受这些观点的。他们为什么会如此行事，完全是因为这些观点恰好是现代的观点罢了。

哈耶克强调，人们必须要意识到，这个世界上很多最为恶劣的行动的根源，常常不是那些恶人，而是那些品格高尚的理想主义者；更有甚者，即使是权威主义这类野蛮状态，它们的基础也同样是由那些高尚且具有善意的但却从不承认自身会导致不良后果的学者们奠定的。真实的情况是，尤其是在法律领域，某些具有指导意义的哲学预设已然促成了这样一种局面，在其中，某些具有善意的理论家或法学家竟然构造出了所有有关权威秩序的基本观念；可是，这些理论家直到今天仍在很多国家中受到高度赞扬，即使在自由的国度里也是如此。

可是，人们在此所关注的，与其说是过去，不如说是现在。尽管权威主义的政权在西方世界垮台了，可是它们的基本观念却仍然在理论领域中不断扩大着它们的影响力；这些观念的影响达到了很高的程度，以至于要把法律系统完全改变成一个权威主义的法律系统的话，如今所需要做的就只是把这些已经在理论领域中占据了支配地位的观念落实到具体的实践中去了。

这类局面可以在德国最清楚地看到，因为德国不仅在很大程度上为其他各国提供了那些导致权威主义政权确立的哲学上的观念，而且也是最早屈服并堕落成为理论领域提出的那些观念所促成的权威体制的国家之一。尽管德国的平民百姓很可能通过自身的亲身经历和感受而彻底消灭任何倾向于权威主义的明确的形式上的意识，可是那些基本的抽象的哲学观念却只是退回到了理论领域，并没有被彻底肃清，并且它们依然继续潜伏于那些严肃而且极受尊重的学者的心中——除非他们去质疑并扬弃这些观念，否则它们就会随时卷土重来，再次控制或左右发展的进程。

就有关社会秩序的性质的哲学观念对法律发展产生影响的方式而言，卡尔·施密特的理论可以说是这方面最明显的例证或最明确的陈述。施密特早在希特勒执政之前，就已经把他的令人恐怖的智能全都用到了打击各种形式的自由主义方面，后来他成了希特勒的主要法律辩护者之一，而且他在今天的德国法哲学家和公法学家当中仍然有着巨大的影响力；再者，他所创制的那些术语不仅得到了德国社会主义者毫不犹豫的使用，而且也得到了保守主义哲学家的信奉和采用。卡尔·施密特的核心信念认为，法律通过某个由立法当局的意志来裁定特定问题的决定性阶段，逐渐从自由传统这类规范性思想提升到了某种具体秩序之架构的观念；确实，这个发展过程涉及了对法律的一种再解释，也就是把内部规则的理想重新解释成某种意指具体秩序或共同体的整体性的法律观念。换句话说，法律不再是由那些抽象的规则构成，而是要成为安排或组织行为的工具；就抽象规则而言，它们能够通过对个人行动范围的限定而使个人自由行动对自生自发秩序的建构成为某种可能，而就组织的工具而言，它们的目标是迫使个人服务于具体的目的。因此，在这一思潮中，那些社会力量和法律在构造秩序的机制中所起的作用，已不再为人们所理解；而所有的前述的法律发展的状况，正是这类施密特式的思潮所导致的一个无法避免的结果。

从某种意义上讲，法官只服务于自生自发秩序

现在，必须要努力对那些源出于法官和立法者赞成的正当的行为规则的独特属性做出某种更为详尽的阐释。有学者已经指出，个人自由的理想似乎主要是在法官制定的法律占支配地位的民族中得到了相当程度的实现，并且在很长的一段时间内都是如此。实际上，这可以归因于这么一种情势，即法官制定的法律必然拥有立法者未必拥有的某些特定的属性，而且也只有当立法者以法官制定的法律为其效仿模式时，他所发布的律令才可能拥有这些属性。

哈耶克认为，只要牢记法官的职责是对妨碍或侵扰秩序的行为进行矫正，那么，法官就不得不运用那些详尽阐明的规则所具有的独特属性，才可以得到某种最好的理解。在绝大多数的情况下，当有争议的行动发生时，任何权力机构都不可能立即知道那些相关的个人做了些什么事情，或者他们为什么要这样去行事。正是从这个意义而言，法官只服务于自生自发秩

序。法官始终会发现，这样的某种秩序是作为一个不断展开的过程的某种属性而存在的，在这个过程中，因为个人可以就他人的行动形成某些非常有机会可以得到兑现的希望，所以个人能够成功地实现他们的计划。为了理解这类看法所具有的重大意义，有必要使自身从这样一种错误观念中彻底解放出来，即先有社会，然后社会为自身立法。这个错误的观念是建构论的唯理主义的基础，而正是这类开始于笛卡尔和霍布斯、后来经卢梭和边沁、直到当代法律实证主义的建构论的唯理主义，始终使那些学者无法真正领会到法律和政府之间的实在关系。

由于某些个人遵从一些共同规则，这么一群人才能够在社会的有序关系中相处在一起。所以，假设把法律源出于权力这个似是而非的并且为人们所广泛认可的观念颠倒过来，进而认为所有的权力都源出于法律，那么我们就很可能会更加趋近于真实的情况。据此而言，并非所有的法律都是立法的产物，相反，倒是立法的权力预设了对共同规则的认可。再者，这些构成立法权力的基础规则，还对这类权力构成了某种限制。除非某个群体的成员已经有了某些比较统一的意见，否则这个群体不可能就阐释的规则达成共识。所以，群体意见的统一必定在人们就阐明的规则所形成的明确共识之前达成，尽管这不是人们就某种行动目的所达成的共识。这是因为在价值观上存在分歧的人们，偶尔也可能就实现特定的目的而达成共识，并能够为了实现这些目的而进行有效的合作。可是，对特定的目的所达成的共识，却永远难以形成那些永久性的社会秩序。

假设考察一下那些拥有共同正义观但却没有共同政府的群体间的情况，那么自发形成的法律的特征就跃然纸上了。那些因为遵从共同行为规则而聚在一起，但却没有设立一个为实施规则而建构的组织群体，这种情况确实始终存在。这样的一种事态在人们所认为的国家的层面也许不很普遍，可是，毫无疑问的是，它却常存在像商人群体或因绅士式的友善性而联系在一起的群体中。

哈耶克指出，在群体中经过讨论并惩罚违反规则的行为，并在这一过程中形成意见，这些意见促成了有效实施的规则，人们是不是应该称之为法律，是一个术语问题，因而也是个权宜问题。就现在的讨论来看，人们所关注的是在行动中受尊重的规则，而不是由某个专门组织所实施的规则。正是在事实上对规则的遵守，构成了行动秩序得以建构的条件。而这些规则是不是需要付诸实施，或者怎样实施，不是个重要的问题。人们在事实上对某些规则的遵从，无疑是先于任何有意的行为。因此，绝不能把这些规则产生的原因和那些使规则得以实施的原因混为一谈。

那些有意把它们混淆的人，也许从来没有充分理解这些规则的功能。可是，假设要让社会秩序存在和持续下去，人们就必须发展某些有效传播的方式和实施的方法。可是，这些规则是不是要加以实施，除了要考虑不遵守会导致什么样的后果这个因素外，还取决于另外的一些情况。仅仅只是意识到某种行动可能过于残暴以至于他的同胞会无法容忍，与那些可以在先进的法律体系中发现的通过常规程序来实施规则的做法，具有几乎同样重大的意义。重要的是，正是在人们一直试图确保并改进已经得到遵守的规则系统的努力过程中，那个被大家认为是法律机器的东西得到了发展。

这样的法律也可以通过仲裁者所做的努力而得到逐步阐明；这些人被要求去解决纠纷，但却无权支配他们将要判决的行动。他们所必须判定的问题，不是当事人是否遵守了某人的意志，而是其行动是否符合其他当事人的合理预期；这些人的预期是合理形成的，因为它们符合成员的日常行为惯例。惯例的意义在于，它们产生了那些指导人们行动的预期，因此，那些被认为有约束力的东西乃是惯例。要让这些惯例确保的预期得以兑现，绝不是任何人能够支配的意志的产物，也不取决于人的愿望和身份。假设人们觉得有必要将之诉诸公正的法官，那么也是因为他们期望这样一位法官来判决某个可能发生的案件，进而期望他会以公正的方式审判此案。

即使在法官不得不去发现那些在此前不曾得到表述甚或从未得到遵从的规则的情势下，法官的任务也将完全区别于某个组织的领导所承担的任务，因为这类组织的领导为了达到某种特定结果而不得不对问题进行决策。对于某个组织行动的人来说，假设没有法官做榜样，那么他就很可能不会想要到以某种平等适用于该群体所有成员的规则的方式去发布命令。因此，任何有权发布命令的机构，看来都不可能产生出法官所发展出的法律，因为法官所制定的那些法律是一些适用于任何人的规则。那些认为人的意识应当关注于为未来的事例制定规则的观点，预设了人有意识的抽象能力。抽象规则是独立于任何特定结果的，它是某种必须加以发现的普遍流行的东西，而不是心智能够特意创造的东西。假设说人们在现在因为过于熟悉那些抽象意义的法律观念而认为能够以有意识的方式制定这类法律，那么这也是无数法官尽力用文字去表达规则的结果。另外，在这类历经数代人的不懈努力的过程中，法官还被迫要创造某种能够使这些规则得到合适表达的言语。

法官们所持有的这类态度，根源于一个事实，即他们关注的并不是权力机构要求人们在某种特定情况下所采取的行动，而是私人有合法理由所期望的东西。所谓合法，在这里指的是私人在社会中采取的大多数行动所依据的那些预期。因此，规则的目的就注定是要促进个人期望的协调，因为个人计划的成功，所依据的正是这些预期间的吻合或协调。

维护社会秩序是法律的目的，恰好也是它的唯一目的

哈耶克假设某个统治者派法官去维护社会秩序，那么这样做的目的，通常来讲，并不是让法官去维持他所创造的秩序，也不是让法官去检查其命令是否得到了真正的贯彻，而是让法官去恢复某种甚至于连他也不可能知道其特征的秩序。与监督者或监察者不一样，法官不需要去监察统治者的命令是不是真正得到了贯彻，也不需要去检查每个人是否履行了他们各自被委派的职责。尽管法官有可能是由某个更高的权力机构任命的，可是他的职责却不是落实和实施这个权力机构的意志，而是解决那些可能会破坏现行合理秩序的纠纷；法官所关注的是该机构所不知的特定的事件。

因此，在法律的最初阶段，维护社会秩序属于法律的目的，恰好也是它的唯一目的。法官所维续的规则与某人要求个人所做的事毫无关系，而只与它们禁止人采取的某些种类的行动有关。这些规则所涉及的是某种并非由任何人创造但却确实存在的不断展开的秩序的那些先决的条件。

如前所述，法官所发现的并加以运用的规则的目的，在于维护某种现行的秩序，这一论点意味着人们有可能对这些规则和作为遵从这些规则后的结果的秩序做出区分。规则为什么有发展下去的趋势，乃是因为那些出于偶然原因采纳了有助于形成某种较为有效的行动秩序的规则群体，会比其他没有这类秩序的群体更加成功。确实，能够得到传播的规则，是那些较为强大的惯例或习惯的规则。再者，某些规则也会通过较为成功地指导某些人的预期而占据支配地位。的确，某些规则的优越性会凸显于，它们不仅会在某个群体内部创造有效的秩序，而且也会在不相识的人之间创造出某种有效秩序。因此和命令不同，即使在并不追求共同目的的人群里，这些规则也可创造出某种秩序。所有的人都遵守规则，对于每个人来说都是非常重要的，因为个人要实现目的恰恰依赖于这个，尽管人们各自的目的有可能并不相同。

在哈耶克看来，结论就很明显了，只要每个人都按规则行事，那么就没有必要去明确地意识到这些规则。只要他们知道怎样照章行事就够了，而不必知道这些规则诉诸文字的确切内容。可是要指出的是，在多次重现的情形中，他们知道怎样去行为的认识才能够为他们提供切实可靠的指导，而在比较罕见的情形中，他们对于什么样的预期是合法的问题，就没有上述那些直觉的把握了。

显然，以文字的方式阐明规则的目的，首先就是为了征得人们的认可。就此而论，人们往往不可能对下面两种解释做出区分：首先是对那些作为惯例存在的规则作的阐释，其次是对那些新的能被大多数人看做是合理的而加以接受的规则所做的陈述。可是，无论是在哪一种情况下，法官都难以随心所欲地宣扬他所喜欢的规则。他所要宣告的规则，必须是能够填补规则系统中明显漏洞的规则，而填补方式则必须有益于既有规则，使之成为可能的那些行动秩序。

在某些情形中，某个法官的所作所为不仅是阐明确立的惯例，而且还要在有确切的疑问的场合阐明并运用那些已经确立的惯例。假设对上述情形做认真考虑，那么这些思考对于理解这类规则系统通过司法而得到发展的过程就会具有重大的意义。在已经确立的法律确实有漏洞的情况下，只有相关负有责任的人去发现新的合理的规则的时候，新规则才有可能得以确立。

因此，哈耶克认为，尽管正当行为规则就像行动秩序一样，最初都是自发的产物，可是其不断完善却需要法官做出审慎的努力，因为他们可以通过制定新规则来改进现存规则系统。确实，假设没有法官做出的这些努力，甚至可以说，假设没有立法者不时地做出干预，以把法律从其逐渐进化过程可能走向的死胡同中解救出来，又或者假设没有他们去处理全新的问题，那么法律就绝不可能得到好的充分的发展。可是，规则系统作为一个整体，其结构并非法官或立法者设计的，而是通过习俗的自生自发演进与法官和立法者对系统细节所做的刻意改善始终处于互动之中的进化过程而产生的。需要点明的是，上述两个因素中的任何一个都必须在对方提供的条件下发挥作用，以有助于建构某个事实上的秩序，而这个行动秩序的内容取决于法律规则和各种其他情势。任何一个法律系统从整体而言都不是被设计出来的，即使是人们在法典编纂方面所做的尝试，也只不过是把现存的法律系统化而已，并在这样的过程中，对它的内容加以修改。

因此可以说，法官所要解决的常常是这样一种疑问，即使是对于这类疑问，确实也会存有不止一种解决方案，可是在很多的情况下，即便是要找到一种合适的解决方法，也是非常困难的。因此，法官的使命是具有一种解决问题的智识。法官有着明确的目标，尽管不是特定的具体目标。在努力履行这一使命时，法官必须在某个给定的规则系统内活动，而且还必须把整个规则系统致力于实现的目标所要求的具体规则融入到该系统之中。

法官对某案件的受理，意味着一场纠纷业已发生，而且法官通常也不区分和关注命令与服从的关系，因此，只有那些影响到他人的个人行动，才会引起对法律规则的解释或制定。需要指出的是，那些不属于这类影响他人的行动的行动，绝不可能成为法官所关注的对象。这一点非常重要，因为它回答了一个常使研究此类问题的学者深感困扰的难题：即使是那些普遍且抽象的规则，也仍然可能对个人自由构成严重且不必要的限制。可是事实却是，这类规则并不是限制影响他人的行动的规则，而是界定个人获保障的领域的规则。

可是，哈耶克有了疑问，什么是影响他人的行动呢？而行为规则又能够在多大程度上预防这类冲突呢？显然，法律不可能禁止所有这些行动，而这不仅是因为任何人都不可能预见某一行动的后果，而且也是因为新的情况致使对计划做的修改可能不利于其他人。在一个变化的社会中，法律能够对预订目标所提供的保护，始终只是针对部分而不是全部的保护。其次，故意对他人造成的损害，对于维续自生自发秩序来说，还是必要的。法律并不禁止开办新企业，哪怕在如此做的时候就已料到它会导使其他企业的失败。所以，正当行为规则的任务就只能是告知人们，哪些预期可以依凭，哪些预期难以依凭。

法律的目的是防止对人的伤害，但并不是所有的伤害

在保护预期目的的过程中，人们会发现，并非所有的预期都能够通过普遍规则而得到保护，只有在部分预期蒙受挫败的情况下，才有可能增进更多的预期得到满足的机会。此外，这意味着，要防止和阻止所有损害他人的行动不仅是不可能的，而且也是不可控的。即是说，只有部分实现上述目的的可能性。停止帮助并使那些不合理的预期落空，被认为是合法的。因此，法律的目的在于防止人对人所施的那些伤害，但并不是所有的伤害，而只是那些使得法律规定为合法的预期落空的伤害。只有通过这一方式，才能使不得伤害他人成为一项对人具有实质意义的规则。因此，能够为每个人所提供的保障，并不是使他在追求目标的过程中不受他人的干涉，而只是确保他在此过程中不受其他人运用某些特定手段施以的那些干涉。

在某个变化且使某些人能够发现新事实的外部环境中，假设人们希望他们能够运用这些新获得的知识，那么要保护所有的预期就显然不可能了。假设个人被禁止

调整自身的行动计划以适应这些事实，那么这只会降低而不是提高确定性。事实上，许多预期为什么能够得到实现，完全是不断调整计划的结果。假设对特定人的所有预期都实施保护，那么所有这类调整就会受到阻碍，可是在变化的情势中，正是这类新调整，才能使某人提供人们所期望的东西。因此，究竟哪些预期应受保护，取决于人们怎样才使预期的实现在整体上实现最大化。

需要注意的问题是，这类以某些预期为基础的行动秩序，在人们努力确使它们得到实现以前，就始终是作为某个事实而存在的。现存秩序首先是人们所依凭或信赖的事实，只是在人们发现必须依凭这类秩序才能顺利实现自身的目标时，该秩序才会成为一个他们迫切要维护的价值。

可是，哈耶克认为，尽管有人认为秩序的存在在于人们对它的服从，而且事实也确实如此——对规则的遵从是确保秩序的条件——可是也可以看到，并非所有规则都能确保这类秩序。已经确立的规则是不是会在特定情势中推动整体秩序的建构，更主要的是取决于它的特定内容。而对不确当规则的遵从，完全可能成为失序的原因；此外，某些个人行为规则也会对秩序的建构产生影响。

正当的行为规则致力于服务的那些价值，并非人们希望的现存的事实性秩序所包含的细节，而是它所具有的抽象特征，因为人们发现，正是这些特征是人们有效实现目的的条件。正当行为规则的目的在于确保社会中整体秩序所具有的某些抽象特征，因为人们希望社会中的这个秩序能够在较高程度上保有这些特征。人们维续这一秩序的方式，是对最初发现的那些规则加以改进。换句话说，这些规则首先是某种事实性属性，由于这类属性并非人为创造的产物，所以就无目的可言，可是，人们在开始理解这些规则的重要性以后，就会努力去改进它们。

尽管规范确实不可能从那些前提中推导出来，可是这并不意味着，接受某些规范后，就不会在另一些特定事实情势中要求人们接受其他规范，这是因为在这些情势中，那些已经接受的规范致力于实现的目的，只有在某些其他规范同时得到遵守时，才能够获得正当的论证。

> 法律并不是实现任何特定的目的的手段，而是成功追求实现大多数目的的条件

人们很难理解行为规则会对增进预期的确定性有帮助，这是因为这些行为规则在发挥作用时所采取的方法，并非是对某种特定具体事态加以确定，而只是对抽象秩序进行确定。这就是行为规则所能实现的所有目的。在这个世界上，有些事实是以某种不为人所预见的方式发生变化的，而且秩序的实现也是通过调整自身行动的人来完成的。这样的整体秩序会不断地做出自我调适，以适应外部变化，并为人们的预测提供依据。可是，在此整体秩

序中所能保持不变的只能是抽象关系系统，而非该系统的特定要素。这意味着，每种变化都必定会使得某些预期落空，可是，这类变化本身又会造成另一种情势，即形成正确预期的机会的可能性变得越来越大。

显然，人们只有通过保护部分而不是全部预期才能够达到这样一种状态，因此，核心问题在于，为了使预期在总体上实现的可能性达到最大，就必须确保那些预期。这意味着要在对法律所必须保护的和使它们落空的那些预期之间做出明确的区分。可是，在界定应受法律保护的预期并因而减少人们的行动对彼此意图的干扰方面，迄今为止，人类只有一种方法，即通过确定特定个人可获准处置的方法为每个个人界分出所允许的行动范围。只有当平等适用于所有人的规则可以支配特定物品时，这些规则才能确定每个人的行动范围。换言之，这里需要的是划定边界，并能够对你的和我的做出区分的规则。

人们关于有好篱笆就有好邻居的认识，是说只有在明确划定了人们各自的自由行动边界的基础上，才能够在互不冲突的情况下用自身的知识去追求目标。这类认识，是所有文明赖以发展的基础。财产权是人类在面对实现个人自由的同时又不致互相冲突上，至今所发现的唯一一种解决方法。法律、自由和财产权，是密不可分的三位一体，这是因为任何普遍规则意义上的法律，都是通过划定范围来确定自由领域的边界的。

所以，哈耶克得出结论，只有通过对每个人的合理领域加以界定的方式，法律才能够确定它所要调整的影响他人的行动，而且法律对损害他人行动所设定的普遍禁令也才能够获得某种确切含义。只有在每个人都可以运用他们关于变化的情势的知识去修正或调适他们的目的的社会中，预期的最大确定性才可能达到；可是，预期所具有的这一最大程度的确定性为什么能够被规则予以保障，是因为它们告知每个人，在某种情势中，哪些是其他人难以加以改变的，哪些是他本人必须去改变的。

首先，正当行为规则的重要性是根据这样的事实，即对这些价值的遵从会形成某些事实性结构；其次，重要的事实是以某些价值的普遍盛行为条件的，人们为什么信奉它们，并不是因为大家意识到了这样行事会产生的事实性后果。

人们经常忽略的是，从某些为人们所信奉的价值中产生的事实，并非指导某些行动的价值所依附的那些事实，而是涵括了许多个人行动的模式。可是，维续这类因为信奉价值而形成的秩序或模式，反过来也会被认为是一种价值。人们对这类秩序的界定，所依据的是遵从规则所会产生的预期之间的吻合。可是，假设这一事实性状态最终被人们认为是一种价值，那么这意味着，只有当人们在其行动中还受着其他的价值指导时，上述那些价值才能实现；确实，这里所说的其他的价值，必定表现为终极性价值。可以这样认为，由此而形成的秩序是某种价值，而它是遵从其他价值所导致的某种非故意的未知的结果。

假设这样的话，那么被人们普遍遵从的不同价值有时就会发生冲突，或者，某种为人们所接受的价值也许会要求人们去接受另一种价值，这并不是因为它们之间存在什么逻辑关系，而是通过某些事实而实现的。据此，人们常常会发现很多不同的价值会通过由它们所产生的结果相互依赖。因此，文明取决于这样一种事实性情势，即不同个人的行动计划因彼此间的协调而使它们能够在大多数情况下得到实现；可是反过来，只有当个人把私有财产权当做价值来接受时，这类情况才能实现。

哈耶克指出，人们对价值的作用的认识，常因人们用习惯与惯例这样的术语替代价值而受到妨碍。可是，在解释某种整体秩序的形成的过程中，却根本难以用一种对个人行为的常规性陈述去替代某种指导个人行动的价值的认识，因为人们事实上没有能力把指导行动的价值化约成可观察到的行动。由某个价值所指导的行为为什么能够得到大家的承认，只是因为人们认识到了这个价值。例如，尊重他人财产权的习惯，只有在大家知道了财产权规则的时候才能够为人们所遵从；此外，虽说人们可以从观察到的行为出发去重构财产权规则，可是这类重构所包含的始终不会只是单纯对特定行为的描述。

法律有助于自生自发的行动秩序的形成，或者说法律是这类秩序形成的必要条件。有关法律旨在实现一种事实的观点，早就有论者做出过类似表述。这类观点在根本上所主张的是这样一种信念，即法律是一门经验的或实验的科学。可是，任何人都难以预见到抽象秩序的具体表现形式，而且也不可能准确地界定出构成该抽象秩序的决定因素的特性；因此，这类把抽象秩序看做某个目标的观点，就会与那些被大多数人看做是理性行动的确定目标的东西大大不同。维续坚持某个恒久的抽象系统，或者说维续某种内容不断发生变化的内部秩序，实在是与人们通常赞同的有意识的行动的目的、目标或旨向所理解的那些东西不一样。

就通常意义上的目的而言，法律确实不服务于特定的某个目的，而只服务于不同的人的无数的不同的目的，法律只为众多的不同目的提供手段。因此，就目的的普遍意义而言，法律并不是实现任何特定的目的的手段，而是成功追求实现大多数目的的条件。在所有服务于多重目的的工具当中，法律很可能是继语言之后又一个有助于人类实现众多目的的工具。法律肯定不是为了实现某个已知目的而被创制出来的，也可以说，是因为它能够使那些依它而行事的人更为有效地去追求和实现他们各自的目的而逐渐发展起来的。

尽管人们普遍都能够意识到，法律规则在某种意义上是维护秩序的必要条件，可是他们却把秩序与服从规则看做是一样的，而没有认识到规则是以某种与它不同的方式服务于秩序的，也就是那些使不同人的行动达成一种相应的和谐的关系的方式。

依据情境逻辑推演的判决符合抽象秩序原则

显然，哈耶克认为，只有当人们明确地认识到秩序是区别于事实性事态时，人们才能够理解这样一种抽象秩序为什么能够成为行为规则的目的的缘由。对这类关系的理解，是理解法律的一项必要条件。可是，解释这一因果关系的使命，却在现代交给了一门与法律研究完全相脱离，并且普遍研究法律的人根本不知道的学科去承担。而且它所研究的法律也与经济理论研究者研究的法律不尽相同。经济学者关于市场产生了某种自生自发秩序的论辩，过去遭到了大多数的研究法律的人的质疑，甚或被他们看做是神话。尽管这类自生自发秩序的存在，在今天已被社会主义经济学家以及其他的经济学家所承认，可是大多数建构论的唯理主义者却拒绝承认存在着这类秩序；唯理主义者的这类做法使大多数非职业经济学者都无法认识到这个观点，而这类观点却是人们理解法律与人的行动秩序之间关系的根本所在。假设没有这样一种被嘲讽者嘲笑为看不见的手的见解，那么正当的行为规则的功能就的确无从理解。

幸运的是，这类见解并不是研究法律的人从事日常工作时所必需的。只是在法哲学领域，对法律的功能缺乏这样一种认识就显得非常重要了。由于缺乏上述见解，所以人们往往会认为法律是为了实现特定目的的某种组织工具；确实，这类解释对于公法来说确实是有道理的，可是它却完全不适用于内部规则或法律人的法律。再者，这类解释的流行，还构成了使得自由社会的自生自发秩序逐渐向权威性组织秩序转化的某个主要原因。

法官应当加以维续的那些抽象秩序，并非某种特定事态，而是某种过程的常规性。确实，它是以受保护而不受干涉的行动者的某些预期为基础的。法官应当以某种与公正的标准相符合的方式进行审判，可是，法官有时却又不得不把某种看似公正的东西判定为不公正。在审判过程中，法官不得不去推论，但却不是仅从明确的前提中去推论，而是从某种情境逻辑中去推论。确实，这类逻辑是以现存行动秩序的要求为基础的。虽然法官的出发点是那些已经确立的规则为基础的预期，但他还是常常不得不做出裁定，以确定究竟什么应被视为是合法的预期。经验常常表明，在新情势中，那些被人们所接受的规则会使人们产生冲突。尽管法官在类似情势中不可能从他所已知的规则中得到指导，可是他依然难以随心所欲地进行审判。假设判决难以以形式逻辑的方式从既有的规则中推导出来，那么它仍必须与现行规则保持一致，亦即是说，它所服务的行动秩序必须是这些现行规则所服务的那个秩序。

哈耶克假设法官在某种情势中因规定而只能够做出那些可以按逻辑方式推演的判决，那么他就往往无力以某种与整个规则系统的功能相符合的方式对某个案件做出判决。因为它使某个讨论以无结论的问题凸显出来：人们普遍认为，在所有的法律规则都以成文的方式或法典的方式加以确立，而且法官也只限于运用已成为成文法的那些系统中，法律会具有更大的确定性。除此之外，整个法典化运动也始终都是受这样一种信念所指导，即把法律编纂成法典可以增进司法判决的可预见性。可是，假设法官也受人们普遍持有的公正观点的约束，那么，即使在司法判决得不到法律条文支持的情形中，这些司法判决也要比法官所推导出的判决更具预见性。

可是，哈耶克认为，不论人们怎样看待刑事领域要求法官只限于使用成文法的可控性问题，在刑事领域中，这样做的目的主要在于保护被告，而且宁肯让有罪者逃脱惩罚，也不让无辜的人蒙遭冤案，特别是在法官必须对诉讼当事人进行公平裁决的场合，人们是没有理由去限制法官的做法的。这是因为在这类必须公平对待不同当事人的情形中，要求法官必须仅从成文法中推论出他的判决，而且至多只允许法官用不成文的原则去填补明显的漏洞，那么，这只会使法律的确定性降低而非提高。那些司法判决震惊公共舆论并与普遍性预期相背离的大多数情况，都是因为法官认为他不得不墨守成文法且不敢背离法学三段论推论的结果所导致的。

从数量有限的明确前提中做逻辑演绎，始终意味着在恪守法律的字面形式而不是对法律的精神本质的服从。今天，人们普遍承认，所有的法典都是有漏洞的。从这类见解所能推出的结论，似乎不只是法官必须通过诉诸未经阐明的原则来填补这些漏洞，而且也包括，即使是在那些看起来有了明确无误的答案的情形下，只要它们与普遍的正义感相冲突，那么法官就应当可以去自由地修正他的结论，前提是，这类不成文规则不仅要能够为修正提供正当理由，而且一经解释就很可能会得到人们的普遍认可。

人们在法律这个领域中所取得的进步，是通过对既有的思想系统中的活动的审查，并努力进行逐步的、细微的修正或内在批评，以使整个行为规则系统在内部趋于一致，而且也与这些规则所适用的那些事实更相符合而完成的。这些内在批评是思想进化的主要手段，而对这一过程进行理解，则是那些区别于建构论的唯理主义的进化论理性主义的特有目标。

法官的判决根据应合乎现实的动态秩序发展进程

换句话说，哈耶克认为，法官的目的是在服务或努力维护并改进某种并非随意设计的不断展开的秩序；这类秩序是在权力机构并不知道并往往与其意志相悖的情形下自我形成的；它的扩展会超出以刻意方式加以组织的范围；它不是以服务于任何人的意志为基础的，而是以这些个人彼此协调的预期为根据的。法官进行干预，是因为那些合理的规则并不总是能够得到大家的遵守，甚或在得到遵守的情形下，也会因为其内容的含混而发生冲突。就像前面所说的，在新情况下，已经确立的规则是不充分的；由于这类新情势会不断发生，所以通过恰当地去区分所许可的行动范围来减少或取消冲突，并进一步增进行动间的相容性，必定是一项永远的使命。而要完成这一使命，就不仅需要运用已经确立的规则，而且还需要对该行动的秩序所需的新规则做出解释。可是，在法官运用他们的原则来应对新问题的过程中，无论是法官还是有关当事人，除了知道这些规则的作用在于帮助个人成功地形成预期以外，无须知道整体秩序的性质是什么，或者说，无须知道它们所服务的社会利益究竟是什么。

因此，法官的工作是在社会对自生自发秩序不断进行调适的过程中展开的，换句话说，法官的工作是这个进程中的一部分，他们参与这个进程的方式，是坚决采纳那些合理的规则，他们正是通过这类方式而变成了这个秩序的一部分。可是要指出的是，即使法官在履行这一职能而创造新规则时，他也不是新秩序的创造者。除此以外，法官通过努力所找到的结果，也是那些人的行动而非人为设计的产物中的典型事例，其中，经过无数代人的实验而获得的经验，包含了比任何个人所能掌握的更多的知识。

法官也许会犯错，也许会在寻求现行秩序的基础所要求的规则时失败，也许会因为他对所受理的案件结果的偏好而受误导，哈耶克指出，所有的这些都无法改变这么一个事实，即法官所要面对的是在大多数情况下只有一种正确解决方法的情况。就此而言，这是他的意志或情绪性反应无法立足其间的任务。即使法官常常依凭直觉而非三段论推理采取正确的解决方法，但这并不意味着，在确定结果的过程中，决定的因素是情感而不是理性的因素。这类情况与科学家的工作非常类似，因为科学家通常也是先凭直觉提出假说，而且也是在提出这些假说后尝试检验这些假说的。与多数智识工作一样，法官的工作也不是从有限的前提中作逻辑推演，而是对他通过意识到的步骤而达到的假说进行检验。需要强调的是，尽管法官可以不知道是什么东西促使他想到某种判决是正确的，可是只有当他以理性方式做的判决能经受住他人的各种反对意见时，他才能做出或坚定他的这个判决。

可是，即使法官的职能是在于维续并改进行动秩序，而且还必须在其中寻求行事的标准，那也并非意味着他的目标是要维持特定的人之间的那些现状。相反，他服务的行动秩序的基本特性在于，只有通过对细节的改变，这类秩序才能得到维续，因此，法官所关注的只是那些必须在细节不断变化的情形下加以维护的抽象关系。这类抽象关系系统，并不是某个联系单个要素的确定网络，而是某个不断变化的有特定内容的网络。虽然对法官而言，某种现存的状况常常可以提供正确的推断，可是，他的任务是既要维护现状，也要有助于新的变化。法官所关注的是一种通过不断改变状况的方式才能得到维护的动态的秩序。

4. 多数意见与当代民主

> 民主保卫人民的权利，反对限制自由的强制

哈耶克假设目前的政府当局行为导致任何人都难以想象和不可预期的现实结果，民众普遍都将这个情形看做民主政治必备的、不可或缺的特征之一。可是，不管怎样人们都难以传递这样的信息，这个发展情势就某一意义而言，同任何可以辨别的群体的欲望都难以契合。所以，人们通过个体选择而接受的被利用来推动人们的公众意志的特殊过程所出现的那些结果，实际上同任何可以被称之为普遍意志的东西并没有什么特别的关联。

人民普遍都持有这样的认识，那类被称呼为民主的体制，也仅仅是指涉目前西方所有国家内普遍流行的一套特殊的体制，其中，代议机关内的多数力量具备颁行法律并引导和安排政府当局事务的权力；实际上，这个思考模式已经变成人们习惯的思维模式之一。因此人们就很自然地视这类制度性安排是唯一行得通的民主政治安排。显然，这个思维模式导致人们于根源上忽略了这个事实，也就是民主政治安排不但导致相当多的人都不愿意接受的结果，即便在民主政治安排大致上能良好运

行的国家内，人们也对这样的政治安排保持怀疑，并且在那些缺乏深厚传统（也就是相信代议机制应执行合适任务的那些传统）约束的国家内，被证实是完全行不通的。同时，还需要说明的问题是，因为人们具有合理的理由信仰民主这一核心理想，因此，人们也就一直有保卫民主思想展现的特殊制度安排的责任；道理相同，人们也必然存在相当的顾虑去批判那些特殊的民主体制，因为人们普遍担忧这个做法或许会贬损人们所期望捍卫的民主政治。

哈耶克认为，就目前而言，人们已无法忽略这一事实：近代以来，某些特别具有思想的人们已越发地对民主政治引发的大量后果感到吃惊和焦虑，不管人们对这些危险是否采用语言敷衍着，甚而或许还希望不断地推进这个体制。确实，这些吃惊和焦虑的情绪，并未在任何人身上体现为现实主义式的愤世嫉俗；实质上，现实主义式愤世嫉俗的态度仅仅代表某些研究政治学的专业人士所持有的特别的态度，由于就这些人而言，民主体制仅仅属于另外的难以回避的斗争方式，并且人们还必须利用这样的斗争方式来确定那些人在什么时候，采用什么方式取得那些东西。无法否认的情形是，民主政治所催生的发展形式，差不多是所有人都难以认同的，这一事实的确难以回避。约瑟夫·熊彼特在多年之前就提出的这样一个影响巨大的论辩被证实了：虽然，某种采用自由贸易市场体制为前提的制度于多数人而言确属较为合理的安排，可是，它注定是难以达到的理想；反之，虽然社会主义体制难以兑现承诺，可是却必然会变成现实。

哈耶克指出，民主政治的演化普遍体现在这样的发展过程内，第一阶段尤其辉煌，在这个阶段内，民主普遍被看做是保卫自由人身的体制，并且还确切地发挥着如此的效用，由于民主政治体制在那个时候承认了更高级的内部规则对其作出的各类限制措施。可是，在这一阶段之后，民主体制逐步开始要求这些权利，也就是采用多数赞同的任何形式来处理任何问题的那些权利。这就是公元 5 世纪末期雅典民主政治所遭遇的情势，也就不奇怪为什么到公元 6 世纪，德摩斯梯尼同另外一些辩论家必然有相似的抱怨。那一时代的法律仅仅是政策和律令的堆砌而已。人们还将发现，更为严重的情形是，那些颁行政策和律令时必须服从的法律规范，必将是在这些政策和律令发布之后才颁行。

> 宪政的核心问题就是利用永恒的政治组织规范来制约所有权力

直到今天，同以上描述相似的发展过程开始于英国议会寻求至高权力或是无限权力的时刻，或许也可以认为，这一过程开始于 1766 年的英国议会会议，会议否决了那类相信其颁行特别决定必须严格遵从那些并非是由它颁定的普遍性规范的立场。虽然强力的法治传统曾经阻止英国议会滥用其曾经践踏并控制的那些权力，可是从长期来看，现实民主政治的发展历程必然演变为灾难性的后果。

也许所有人都明白，在立宪君主制的发展过程中，人们试图通过艰难的奋斗为至上的权力设定各类限制措施，可是，代议制政府确立之后，所有限制性措施被看做是缺乏必要性的东西而逐步被抛弃了。这一情形也就意味着抛弃宪政传统。由于人们都明白，宪政的核心问题就是利用永恒的政治组织规范来制约所有权力。就这点上来看，实质上亚里士多德很早就有所察觉，和他所一再强调的情形一样，在那些法律缺乏至上性地位的地方，因为并非以个体立场而是采用集体立场具有至上性权威，因此民主政治体制根本就没有办法被称为宪政；晚近时期，一位持现代论立场的人士指出，如果宪政过分民主，从严格的意义上来看，就难以被称为宪政。确实，现实中确实有这样一批人抱有同样的认识。现代民主政治属于政体组织方式的一种，其中，在现代民主政治组织内，统治机关并不受到任何制约。还有，与人们所看见的一样，一些人甚至这样认为，宪政仅仅是那些历史遗留的苟活的古董，所以现实的政治理念内根本无须安排宪政的位置。

认为仅仅采取民主模式，人们就能够取缔以前对统治权力预先设置的各类制约措施，确实是某一不切实际的幻想。情况不光如此，这一幻想也导致人们坚持制约权力的信仰，也就是人们采取民主选举的立法机关制约政府当局，于是制约政府当局的各类传统方式也就被抛弃了。可是，事实恰恰与这一情形是相反的，由于人们明白，假设为了支持那些有助于推动特别利益集团的特定行为原则，人们就必须组成多数集团。这样人们就必然接受这一观点，组成多数集团的必要性必然导入引发专制和偏见的新的根源，甚而还会出现一些同多数人认同的道德准则难以契合的结果。一如人们所发现的情形一样，代议机关由于拥有无限权力而具备以上所描述的体征性的结论，基本上就没有办法推动代议机关一贯地坚持和实施公众所认同的普遍性规范，因为在这类制度体系内，代议机关内的多数成员为达到继续成为多数派的目标，就必然竭尽全力给予差异性的利益集团特别的优惠，以便交换这些人的支持。

所以，哈耶克认为，显而易见的情形是，英国在为世界奉献了作用显著的代议制政府体制的时候，也附带产生了可怕的议会至上原则。依据议会至上原则，代议机构不但控制了最高权力，并且是不受制约的最高权力机关。缺乏制约的权力机关，某些时候被看做是最高权力机关的逻辑上的必然结果，可是，事实却并非是这样，最高权力机关的权限是能够被施加限制的，可并非受到另外的更高级的意志的制约，而是人民的认同的制约，所有权力和国家的统一化都必须坚持这个基本原则。假设人们的认同仅仅是允诺设置并执行普遍正义的行为准则，还假设除开执行这些正义行为准则之外（或者说是除开某类灾异事变引发社会秩序遭遇到严重打击的偶然性情况之外），任何人都不可拥有执行强制的权力，于是即便是最高权力机关也必然受到制约。

事实上，议会所主张的主权开始时刻仅仅意味着拒绝认同任何其他力量能凌驾于它之上；只是当社会发展到后来，这类主张的意义才逐步地出现变化，并指涉议会能实施其偏好的任何事情。同时还须强调的问题是，关于议会能实施其所偏好的任何事情的想法，明显并不是议会最初时刻所主张的主权的结果。人们都知道，国家统一化和国家任何机关的权力根源是人民的认同，这仅仅是为了对权力施加必要的制约，并不会赋予这些机关绝对性的行为权力。正如人们所了解的情形，恰恰是人们的忠诚与服从才使权力的实现成为可能，所以，由此方式设置的权力的运用范围，只是以人民认同的那个范围为界限。可是由于人们忘却了这个立场，导致法律至上演变为议会至上相类似的情形。虽然法治（或者说法律的治理、至上的法律或至高的法律）的认识前设了这样的立场，也就是人们应依据规范的特点而不是其根源来确定法律，可是如今的情形正好是相反的，也就是立法机构不是因为其颁行法律而被看做是立法机构，反而是由于法律产生于立法机构而被称为法律，也不管立法机构的决定的内容或形式是怎么样的。

哈耶克假设，人们可以这样合乎情理地论证，目前的制度体系引发的后果确实是多数人期望或赞同的结果，于是，那些信仰民主政治这一核心准则的人们就必然接受由此产生的所有结果。可是，人们却具有充足的理由相信，被利用来确定人民意愿的东西恰恰不是某个个体或某些人所设定的特殊体制引发的意外后果。从这个立场来看，不管在怎样的情形下，或在怎样的环境内，要是民主体制不受到法治的制约，这不但会导致极权，并且会在未来的某一天导致某种平民决策独裁。这些描述应该促使人们了解这一道理：确实珍贵的东西并非那些死板的特殊制度安排，而是属于那些不容易被察觉的历史传统，特殊制度安排的演变也许是它的根本逻辑原则难于附属于社会普遍流传的正义立场。某些争论者确切地道明，信仰民主前设了信仰某种凌驾于民主之上的东西，可是，事实难道不是这样的吗？就那些希望维持民主体制的人们而言，是否只有赋予那些被选举出来的代表无限权力这一条道路可走（可是，人们应该清楚，被选择的代表的决定必将受到相互争论、相互妥协的过程内达成的那些急切的社会需求的支配，由于人们在这个过程内必将会选到足够数量的票源赞同自身所属于的社会组织，同时打败任何其他组织），除此之外真的就没有别的办法了吗？

民主并不代表自由，但民主却是捍卫自由最核心的方式之一

哈耶克认为，某些人一直对民主政治与民主政治的发展能带来的好处给予了众多却不实际、并且毫不着边的赞誉，可是，人们还是对那些迅速消退的民主政治信仰的热情表现出深深的忧虑。正如人们所

了解的，某些极端批判人士以往曾对民主政治怀抱着深切的热忱，可是，他们的热忱却在急剧地降低；这一现象必然提高人们的警觉，即便是对那些决不会在民主政治的鼓励下出现盲目乐观并缺乏批判精神的人们也是这样。因为人们都明白，恰恰是人们对民主政治体现的狂热曾导致他们之中的多数人采纳民主这一词汇来指涉政治体系内所有美好的事物。与体现某类政治梦想的多数词汇所遭遇的命运一致，民主这一词汇也就始终被人们习惯性地利用来指涉各类同该词汇毫无关联的东西，现在还经常被利用来指涉那些事实上是平等的情况。谨慎地讲，民主所指称确属决定政府当局决策的某一方式或某一程序，所以，其一方面并不指涉实在性的善或当局的某一目标（譬如某类实在性的平等政治），另一方面也难以被确切地运用于非政府组织形式（譬如教育机关、医疗机关、军事机关和商业机关）。明显，恰恰是人们在以上的两个方面没有合理地采纳民主这一词汇，导致该词汇失去了本来所代表的确切内涵。

某种严肃的但并非出于个体情绪的观念，必将把民主看做促使平稳政权变成可能的契约性安排，正是这类观念使人们明白，民主确实是人们值得全力争取的个人理想，因为这是人们反抗专制暴政的唯一保障（就眼下的民主社会安排而言，还算不上确切可靠的保障）。即便说民主并不代表自由（除意味着那些难以确定的群体自由，也就是人民大众内多数的自由之外），可是，民主却是捍卫自由的最核心的方式之一。这也是人类社会发展到今天发现的唯一可以平稳地实现政府交替的方式，民主确切地讲是重要的消极价值，这类价值的应用能与防止瘟疫的安全措施相比较，虽然这类措施的作用人们很难确切地明白，可是，假设缺乏这类措施却必然导致严重的社会后果。

哈耶克相信，仅仅在确保人们服从群体或者至少某一定量的多数认同的正义行为准则的时刻，才可允许执行强制；这个准则或许是去除专制权力并保护自由的根本前提。正是由于这一准则的执行，才促使人们在社会内和睦相处，并且也促使人们能够采用平稳的方式替换目前控制权力的人。确实，不管何时要采取协调行动，必然会接受多数立场的引导。还有，除非引导强制的准则被多数人接受，否则任何的强制权力的执行都是违法的。还需要关注的问题是，以上描述的两类情形并非意味着多数的权限必然属于无限的，甚至也不意味着必定出现某种行得通的方式，促使人们在能想象到的问题上都可以辨别多数立场就这个问题能够做出的具体措施。可是，人们却在自身毫不知情的情形下创设了这一体制，促使人们也许让那些实际上并不被多数意志赞同，也不被多数人希望的措施，甚而被看做是某个让多数人认同的措施；同时，这一体制还引发了一连串非所有人都希望防止，并且也不被任何理性思考的人们认同的措施，这仅仅是由于这类措施内部实际上一直处于冲突之中。

假设所有强制权必然以接受多数立场为前提，那么，强制权的运用领域就应该在多数立场确认的范围内。可是，这也不是意味着，当局所执行的每个措施必然取得多数人的确切认同。毫无疑问，在极端复杂的当代社会内，要促使多数人认同当局所执行的具体行为的每一细节，绝对是难以做到的，这是由于当局行为细节必然还包含当局就怎样运用被其控制的资源做出决定这类经常的事务。可是，需要特别强调的问题是，这确实意味着，首先，个体应该具有遵从那些必然能从多数认同的普遍准则衍生出来的命令；其次，多数的代表人物所具备的权限只在控制和分配那些被控制的资源时才可以免除制约。

人们为什么赋予当局执行强制的权力，哈耶克认为，确实是以基本的合理性作为前提的，也就是这类权力就维持某种可行的社会秩序而言确实是无法缺少的，所以，这类权力的出现同所有人的利益相互契合。可是，这个合适的理由由于以相互关联的必要性为界限，因此任何人（甚至是某一多数）都不可（实质上也不必要）采用权力来支派人们在现实社会内的所有具体行为，或者制约社会内出现的每一具体事件。从开始同意只是多数人认同的规范才可制约所有人，直到认同多数人赞同的所有规范对所有人的制约力，这两类观念存在的差别是非常细微的，可是，实质上却体现了此一政治理念向彼一政治理念的转换，也就是当局在推动自生自发的社会秩序的建构上担负着确切但并非无限的必然义务的理念，同时转换为当局权限不受制约的理念。也许还可以认为，从人们通过公认的决定程序确定怎样处理公众事务的体制转变为另外的体制，其中，某一群体能宣称所偏爱的任何事物属于人类共同关心的事物，以此为依据置所谓的共同问题在那些公众认同的程序范围之内来加以确定。前者涉及怎样维持和平与秩序社会所必需的公共政策；后者则允诺某些组织派别控制所有事务，所以相当容易变成施加强制措施的理由。

事实上，人们并没有任何合适的理由确定，由于多数人谋求某一特别的事物，因此这个多数的欲望就是正义性的某种体现；同时人们也缺乏正当的理由相信，假设某个个体谋求某一特别的事物，于是，它的欲望也就是正义性的某种体现。就后者而言，人们也许特别熟悉：个体的正义性经常将伴随自身关于特别事物的欲望的变迁而发生变化。可是，就个体而言，人们普遍都会被通知需要限制内心所出现的不合法的愿望，某些时刻还必须接受权力机关的制约。人类的文明在相当程度上是以这样的事实为前提的，也就是个体通过学习明白必须制约自身对某些特别事物的欲望，同时，还需要遵从那些被人们所公认的正义行为规范。

假设人们确实相信对某一特殊行为的愿望可证实这个特别行动是合理的，人们还有什么其他理由不努力实现该行为目标呢？相同的道理，假设人们被其他人劝服并认同多数人因某一特别措施获得好处，只要所有人能就这一点取得共识，就可证实该措施是处于正义范围之内的，人们同样需要竭尽全力执行该项措施。显然，一旦人们被通知需要认同的东西必然属于正义的范围时，人们也就绝对不再追问该问题是否是真实的问题。还需说明的问题是，过去几代人以来，那些宣布多数人可以取得共识的所有东西的依据都是正义的观念，这一观念一直影响着普通大众的认识。在人们坚信多数决定是正义的观念的影响下，目前的代议机关甚而就这一观念在具体现实内是否是真实的也忽略不计了。

多数人在某项特别规定是否是正义的问题上所取得的共识，的确是判断该规定正义与否的良好标准，虽然并非某项绝对靠得住的标准。可是，假设人们由于赞同这一立场而把多数人认同的任何特别措施都确定为正义的措施，就将导致人类的正义理念完全丧失合理性，并且把多数人认同的任何特别措施看做正义的认识依据的理由仅仅是实证主义者所相信的那些教条式的规范，这就导致正义的客观标准完全不存在（更明确地说来，不正义的客观标准也完全不存在）。多数就某一特别问题或许会作出的决策同多数就解决某一特别问题时也许自愿同意与该问题密切相关的普遍性原则之间，似乎存在相当大的差异，正如个体遭遇这类情形必将出现的差异那样。所以，假设多数认同所确定的决策在正义范围内，人们就绝对有必要强求多数人于此问题作出合理解释，而解释的方式也就是多数必然将其在特殊情形下的行为所依据的那些规范普遍推广开来。还有，多数人具有的强制权仅应适用于那些答应遵从规范的人们。

> 在相当程度上代议机关不会受到普遍规范的制约

假设人们认为多数人就特别问题的处理上的倾向确定了什么是正义的，并推动人们创造出如今被普遍看做无须证实的观念，这样多数人的意志也就不能专断了。这种情况只在人们依据关于民主的阐释的主流意见（和此类阐释的前提的实证主义式的法理学）而确定正义的标准是任意决定的根源，而非这一决定是否与人们认同的某一规范相互契合的时候，也只有在专断这一词汇被泛滥地定义为并非依据民主决策程序确定的时候，以上所描述的多数人难以专断的论证也许才属于必要的结论。可是，关于专断，真实的意图是指涉那些脱离普遍性规范制约的某一特别意愿所确定的行为，并不管该特别意愿是否属于某个个体的意愿还是属于多数人的意愿。所以，既非多数关于某个特殊行为所形成的共识，也非这类共识与宪法立场的契合，只是代议机关努力确定某一特别行为的规范并赋予普遍适用性的时刻，才可被看做是证实社会成员承认自身的决定是正义的证据。可是，如今已经没有多少人询问是否看某一特别决定为正义决定这类问题了。即便是多数成员内的个别成员也难以确定，在某一特别决定内采用的某一原则，是否在所有类似情况下都被合理运用。因为代议机关的决定难以制约人们关于未来的决策，因此在相当程度上代议机关不会受到普遍规范的制约。

关键的问题是，对那些被运用于所有人的规范作出表决，以及对那些只对某些个体造成直接影响的决定作出表决，可被认为是完全不同的两类事情。就那些指涉所有人的问题做出表决（譬如关于行为正当的规范作出表决），却以是坚持某一持续并且强劲的认识为前提的，也就为那些难以确定的个体利益来表决（经常也是为出卖这些人的利益），这与就特别问题表决的情形存在相当大的差异。在后一种情况下，参与投票的人原则上都明白，这类利益不管怎样都能利用公共基金来加以分配，并且每一个体能做的事情就只是依据个体偏爱来确定支出的确切用途。不管这类制度怎样安排地方性事务，在地方性事务内，所有人都非常熟悉其必然遭遇的问题，这是非常容易的事情，并且在整个社会环境内必然会引发极端相悖的结论。正如人们所了解的情形，整个社会的行政事务是非常复杂的，其复杂程度高得令人难以置信，即便是那些控制了相对多的信息的投票者或代表人士也毫无办法。

哈耶克评价了代议制政府理论，他指出，代议制政府这个古典政治理论一向都认为，一旦代表人士能确定的仅仅是他本身和其后代也必然同等地遵从的法律体系的时候，一旦代表人士能给予的仅仅是他本身也必然担负的各自应该担负的财富份额的时候，一旦代表人士损害他人权益并被施以相同的刑罚的时候，那些被代表的人们才会指望处于善良法律的治理之下，才能指望受到更少的伤害，才可指望保持必需的节俭美德。

可是，因为立法当局的立法人士关注的核心问题是怎样利用为特殊社会群体谋得权益的方法来保证并保持特定群体能支持的选票数量，因此票选这类立法代表的民众就必然很少关心别人可能取得的权益，只会思考他自身在社会争论和妥协的交易过程内将取得的权益。因此，参与选举的民众普遍只会赞同把某些权益赋予并不非常了解的人（并且还经常因为这个原因必然出卖第三方群体的权益），这样做的目的仅仅是为了满足自身权益愿望的代价，可是，这些民众绝对不会思考那些多样化的社会要求是否正义。普遍来说，每一群体都必然赞同利用公共基金来确保满足第三方群体的权益，即便属于不正当的权益。这一交易的完成，必然同任何人的正当理念都难以契合，并且也难以与任何原则相契合，因为这一结果并非依据个体功过作为判断基础，相反恰恰依据的是政治上的权宜。它的目标肯定将逐步地产生变化，同时以瓜分那些少数群体被勒索的财物作为行为的根本目标。这确实是不受制约的立法机关执行行动的必然后果。

事实上，代议民主体制的前期理论研究者很早就预见到这个问题。即便到了现在，还有什么人会刻意地宣传，民主政治下的立法机关为什么可以给予相当多的个别利益群体各类特别补贴、特殊权利和另外的权益，这是由于立法机关赞同这些要求的正义性吗？保障A群体免除低价进口产品的不公正竞争，保障B群体免于受到那些未经严格训练的企业主利用极端的让利方式造成的损害，保障C方薪水的正常水平，保障D方免于事业的威胁，这些问题都并非出于社会普遍性权益的思考，不管这些保障措施的宣传者们怎样刻意地宣传说这样做就是为了实现普遍性的社会权益。还有，民众为什么支持这些代表，根本原因不是由于民众认为这样的方式合乎普遍利益，而仅仅是由于代表期望取得那些敢于表达自身愿望的民众的支持。事关社会正义的问题，在相当程度上属于特别的民主体制的结果，这是由于这类民主体制促使代表们必然要为特定的权益群体赋予好处，因而杜撰出某个道德上能取得支持的合适的理由。

> 只要政府当局拥有满足特别集团的需求的权力，就必然演变为利益集团的奴隶

正如人们所了解的，每个期望取得多数赞同的党派都会由于某些特殊群体控制着改变均势选票形势而承诺赋予这类群体（农业主、农民或者是工会）特定的权益。所以，假设多数必然满足特别群体的权益，人们就越发相信，这个方式在这一意义上是完全正义的，就像这一方式确实同正义（或者任何的道德规范）存在必然的关联一样。必须引起关注的是，在目前的制度安排内，每一小利益

集团都能实现其所倡导的要求，可是它依据的标准却非劝服多数人并促使多数人确信它所倡导的要求是公平或正义的，恰恰是威胁希望取得人们多数赞同的核心社会群体，假设不满足要求，就拒绝在关键时刻给予那些试图成为多数的群体必要的赞同。依据这一情形，人们可以认为，那些自大地把自身看做代表民主的立法机关，确实由于兼顾相当多的特别群体，并保证他们在现实社会中享受特别补贴、特殊权利以及其他权益是正义的行为，于是就采取这一措施，这确实属于滑稽的行为。虽然高明的宣传也许偶然引诱某些代表特别权益群体的良善的人们，虽然立法人士宣称自身始终是依据正义而行为的口号将会蒙骗部分人，可是，那些被人们称呼为多数意愿的票决机器所出现的结果，必定是与多数人所坚持的任何正义理念难以契合的。

拥有给予特别群体权益的议会，必然将演变为这样的一类机关，其中，产生决定性作用的却是多数群体之内通过讨价还价而达成的交易，而非关于差异性观念的对错取得确切的共识。从这类交易过程内衍生出来多数意志，仅仅是以出卖他人权益的方式来推动达成支持人士之间的一致。确切地讲，因为人们认识到政策于相当程度上决定于制定政策的人同特别权益群体之间所展开的系列交易这样的情形，导致政治在普遍民众的眼里变得一文不值。

哈耶克认为，某些品德高尚的人相信，政治人物应全力关注公共事业的发展。所以，在这些人看来，那些逐步给予特别群体恩惠或赠送厚礼的方式，都属于彻头彻尾的腐败行为。他们所认同的腐败行为之一应包括如下的情形：多数人所组成的政府当局能够给予的并非多数人希望的东西，恰恰是由多数人组成的每个群体为谋取别的群体的支援必然同意提供给这些群体特别的权益，并借此取得自身期望的东西。为什么是这样，确实是由于这一行为在如今被人们看做是日常生活内必然的情形所导致的结果。某些理想主义人士就以上所描述的腐败行为做了激烈的批评，同时还认为要是人们稍微再诚恳一些，以上所描述的腐败行为就绝对可以消失，可是那些资深的政客对这一理想毫不关心，仅仅是可怜这些人，这是由于在那些政客的心里，这些人太过幼稚可笑了。在此必须强调的是，就目前的政治制度来看，人们所坚持的以上观点同政客所坚持的立场毫无疑问都是确切的，仅在人们把以上所描述的腐败行为看做是所有代议制政府或民主政权具备的不可回避的特性的时刻，也就把它看做是一种即便是最道德最体面的人也难以拒绝的腐化的时候，人们所坚持的以上的观点或政客所坚持的立场才属于错误的行为。

可是，特别需要强调的是，以上描述的腐败行为并非所有代议制政府与民主政权的必然特性，仅仅属于依从于众多群体赞同的全能政府或无限政府的必然结果。为什么只有有限政府形式才属于公正的政府，这只是由于被利用来分配特殊权益的普遍德行规范实际上是不存在的，也难以存在，就像康德描述的情形那样，根本原因就是福利分配过程毫无原则，它仅仅决定于自由意志的根本内涵，因此也就不可能体现为一项普遍规则。依据这样的观点，人们可以认为，并非民主政治或代议制政府自身，恰好相反，是由于人们所挑选的那一全能的立法机构的特别制度安排，才促使该制度必然走向腐败。

哈耶克指出，腐化的政府必定属于弱意义上的政府，因为执政的多数派难以抵挡来自于内部形成的利益团体的压力，因此必然竭尽所能地满足这些利益集团的期望来获得它们的支持，并不管这一措施会对别人造成怎样的危害，只要这一方式不容易被人发现就行了，或者只要那些由此遭受到损害的利益集团产生的影响并不很大就可以了。虽然政府当局在控制某些少数派必然采取的反抗行动上显得非常强大，可是，当局本质上难以遵从某条一贯的行为方针，仅仅像一个喝醉了酒驾驶压路机的人那样颠来倒去。假设任何更高级的司法机关都难以防止立法机构赋予特别集团特殊权利，政府必然遭遇到无限制的勒索。这仅仅意味着，只要政府当局拥有满足特别集团的需求的权力，就必然演变为利益集团的奴隶。这恰好如英国出现的情形一样，特殊利益集团有能力使任何可能拯救英国走出经济衰败的政策不能成为现实。假设要促使政府当局变得足够强大，并可以维护正义和秩序，人们就必然剪掉政客的丰饶角，正是由于政客具有丰饶角，使人们无法期望政客袪除所有产生不满的根源。令人遗憾的是，人们对政客的要求使得他们懒得理睬社会变化。

正如前面所描述的那样，政府当局赋予特殊集团以特殊权益的方式，并未受到人们普遍认可的正义理念的赞同，恰恰是政治形式发展的必然结果。这一情势必将引发令人难以想象的后果，因为它极容易使人们产生某些错误的信念：假设某一特殊集团由于可以影响票源的平衡，因而必然始终受到特殊关注，于是，它就将创设出某种迷思，似乎人们普遍认同这一利益集团应该取得好处。可是，假设人们由农场主、小产业主以及都市产业工人的需求始终得到满足而得出结论，相信它所期望的需求必然属于正义范围，这明显属于荒谬的结论。实质上，这类利益集团的需求为什么总可以被满足，只是由于缺乏这些利益集团内多数人的支持，任何政府当局都难以构成多数。

人们需要关注的问题是，现实的情形正好与民主政治原则设想的情形相反：多数人并没有受到人们普遍认同的正义理念左右，相反是通过执行他们相信的多数意见，借此来证实自身的公正性。如今，人们也许还相信，多数人的赞同的确证实某一措施的正当性，虽然多数内的多数就某一措施的赞同经常只是由于它为满足自身的那些需求而支付的代价。比如某些事情为什么被看做是为实现社会正义原则的，只是由于它经常被这样看而已，并不是由于受益者之外的任何其他人通过辨别这一情形的对错而相信它是正义的。可是，反复地满足小集团利益，必然出现一系列毫无道理的德行准则，并且还经常使人们认为那些受到关注的社会集团确实有权接受某些特别关照。某些时候，人们也必然发现这样的论证，即所有现实民主政治都相信需要上述行为，这似乎可被利用来证实某些措施的意义，并阐明它并非某一特殊机制的毫无目的的行为的结果。

收益的分配决定于政治博弈

哈耶克认为，目前的机器性的无限政府，必然产生全面的、新的伪善的民主道德规范；换句话说，这类伪善的德行规范确实属于机器性的产物——这一机器使人们把民主政治习惯做的事情或特殊集团能通过幕后控制该机器并从民主政府取得的东西看做是正义社会的产物。如今，正如人们所了解到的，越发多的人们都认识到这样的问题，也就是政府行为所确定的各类收益的范围逐步地膨胀。可是，这些信息只会使那些生活情势必须由市场行为确定的集团模仿那些接受政府特别关照的集团的范型而衍生出各类新的要求，并要求政府当局必须向自身作出同等的保证，确保取得自身相信必须取得的东西。某一集团的收益由于政府当局的行为而每取得一定量的增长，都会为其他集团赋予了谋求同等权益的合适的理由。立法当局给予某些集团特别恩惠的方式，使很多利益集团都期望取得相同的待遇，这也正是这类预期形成了人们所认同的多数情形下的社会正义需求的根基。

于是，人们对目前流行的民主政治趋向的审查仅涉及到一个方面，即利用承诺特殊权益来贿赂个别选民，并没有考虑到另外增强的特殊利益团体的影响——利用组织和协作方式变成有调节压力的集团力量。确实，正是这一因素促使特定的政治派别必须联合，可是，这些党派之间联合并非以任何正义原则为前提，只是作为利益同盟或者组织性的利益群体而协调合作。在这样的同盟或组织性的利益集团内，那部分能有效组织起来的压力集团关心的问题，明确地说，在相当程度上控制了那些由于各类理由而难以达成有效组织的集团的思考方向。这类有组织的集团通过它获得的那些逐步扩展的势力，深入地歪曲或搅乱利益分配格局，它不但使利益分配过程逐步忽视效率，并且还使利益分配越发与任何明显的公平准则形成对抗。这一情形必将导致如此结果，也就是收益的分配决定于政治博弈。实质上，论证该问题的人们所吹嘘的能击败通货膨胀的那些收益方针，在相当程度上却是被这个荒谬的认识所激发的，也就是所有的物质收益都必须由那些控制政治权力的人们来确定。

显然，目前的民主政治的发展倾向出现这样一种情形，也就是它于 19 世纪的发展过程内产生了某种行会、工会以及专业组织构建的机构庞大并且非常奢靡的准政府组织。所有这些机关的目的都是为实现如下目的，即怎样让政府当局可以给予的惠民措施尽最大可能被各集团成员装入自己的钱包里。这类准政府组织曾被人们看做绝对必要并且难以消灭的，可是，需要引起关注的问题是，实际上是为适应这样的变化（或许在某种程度上促使这一变化过程内不会出现伤害的情形），也就是某个全能的多数派政府为了维持政府当局的多数派倾向，才逐步依靠贿赂特别的小集团，借此取得足够的支持，从而维持政府当局的多数倾向才确立的。

哈耶克指出，在这样的情形下，政治派别实质上已演变为组织性极强的权益集团的同盟，这类同盟的行为由它们各自体制的内部逻辑来确定，并非由人们所同意的任何普遍性原理或理念来确定。在如今的西方社会内，确实也存在一些受到意识形态思想控制的政治派别反对各自国内的主流制度安排，并且还一心期望利用幻想中的乌托邦理想取代它。可是，除了这类政治派别之外，人们非常难以从别的大的政治派别的奋斗纲领内，甚而更难以从它们的行为过程内，辨别出某种一贯的社会正义秩序安排（也就是被理论追随者赞同的那些社会秩序思想）。这些大的政治党派在各类情境的推动下，利用它们拥有的权力强加某一特殊的社会结构给社会（虽然这一做法或许并非它们赞同的社会目标），而并不想去创设那些能够促使社会逐步改善的各类条件。

只要对那些可以采取联合行动，同时也能支配目前的政策的多数派是怎样组成的历史进行探索，人们就能够清楚地发现，在某个立法权无限的体制内，以上所描述的那些发展趋势必然难以避免。最初的民主政治理想，确属利用多数关于什么是正当的所具有的一致性的认识作为前提。可是，在基本的核心价值上取得一致性的认识，难以为目前的政府当局的行为确立某项具化的行动纲领。团结那些支持政府当局的人，或团结某个支持政府当局的政治派别，必须以差异性利益集团之间某种形势的联合作为根本的前提，并且这一联合只有经过争论和妥协的过程才可实现；还有，因为这类具化的行动纲领，并非差异性的集团就应该实现的特别结果所拥有的同样的期望的体现；还有，因为这类具化的纲领关心的是怎样利用政府当局控制的现实资源来实现特殊的目标，因此，就普遍的意义而言，它是利用差异性集团就以下问题取得的一致作为行动前提的，也就是某些社会集团赞同给予多数派别内的某些集团特别的服务，期望通过这样的方式促使每个赞同联合的集团都能获得回报。

人们只有就普遍性规范达成共识，才能避免社会冲突

根据组织多数派的方法把差异性利益集团在民主体制内确定的行动纲领说成多数人的共识，这是一种十足的欺世盗名之举。实质上，任何人都难以期望甚至同意这类行动纲领内所设定的所有内容，由于这类纲领所设定的内容经常是相互矛盾的，这使所有睿

智之士都无法根据纲领内容而赞同这类纲领。就人们对这一共同纲领达成共识的过程而言，假设这一过程的结果并非很多不同的个体和集团依据相互对立并且很难协调一致的意愿形成的复杂体系的话，这就令人很难想象了。就纲领内包含的多数内容而言，由于人们对纲领内容所涉及各种情形很陌生，多数选民（或者说是议会内的多数议员）原则上无法说清差异性的立场；而且这些人还对纲领内涵的相关内容表现茫然，甚至还会产生差异性见解。可是，这些人却随时准备接受纲领的规范，并借此作为实现自身期望付出的代价。所以，就多数个体而言，在各类政治党派的纲领之间作出选择，核心是选择某种危害更小的方式，也就是牺牲自身利益作为对别人提供的各种利益选择的回报。

如果人们思考政治党派面临的具体问题，事关政府当局行动原则具备的那些纯粹是附加的性质就会极端明显地显现出来。正如人们所了解的，党派领袖也许有、也许没有其本人所极端关心的某一核心目标。还需要强调的是，不管政治领袖的最终目的是怎样的，要是他希望实现这一目的，他就必然利用权力来帮助实现目标。为攫取并控制权力，政治领袖必然希望多数派的赞同，可是，假设他希望获得多数支持，他就只能够拉拢那些并不关注他行为目的的人们。所以，为使人们支持他的政治纲领，政治领袖就必须给予利益集团各种足够的有效的权益份额，并把这些人组织起来变成多数，以支持他的所有政治纲领。

就政府当局的行动纲领之根基所达成的那些协议和共识而言，确实与人们在过去期望能变成民主体制内的中坚力量的多数所持有的一致意见有相当大的差异。还有，这些争论与妥协式的交易，不能被看做是人们之间出现分歧就必须选择某一无法完全满足各方面利益的中间路线，并达成协议时必然出现的那些妥协。在一系列争论和妥协的交易过程内，某一集团的意愿之所以能够被满足，这是由于它满足了其他集团的意愿（并且经常牺牲未参与讨论的第三方集团的利益）。这一交易也许能确定某个同盟准备执行的共同行动的目的，可是，无法证实这一同盟内的人们将一致同意会出现的全部后果。另外，这些后果也许会与多数利益集团内不同成员或许会同意的那些准则南辕北辙。

哈耶克指出，当利益集团被组织起来组成的同盟支配政府当局时，经常被旁观者看做是滥用权力的行为，甚至是腐化行为（一旦人们最开始讨论这类组织起来的利益集团所组成的同盟的时候，人们经常称呼它们为罪恶的利益集团）。可是，它却必然是民主制度安排的后果：在这一制度内，政府当局能利用它所具有的无限权力执行任何必要措施来满足它需要获得支持的集团的愿望。具有这一无限权力的当局无法在多数利益集团反对执行这一权力的时候，依然维持多数的支持。确实，人们无权责备政客做那些他在人们为其设定的职位上必然要做的事情，这是人们愿意接受的，所以，控制无限权力的当局假设想要维护自身的执政，唯一需要的方法也就是满足相当数量的压力集团的要求，从而确保自身可以获得多数人的赞同。

狭隘意义上的政府（也就是满足人们的一致需求来管理和支配那些专门分配事先安排的资源的当局），在某一程度上说，一直具备以上所描述的特性。这类政府的计划就是给予差异性的集团特殊利益，可是，这个任务却与严肃意义上的立法责任存在相当的差异。还需强调的是，尽管这一缺陷就相对立场而言并无伤害，只要当局就确定怎样利用被它控制的某一定量的资源时遵从它不容改变的规范。可是，要是当局的治理与制定规范被混为一谈，当控制和支配当局的资源同时也可以确定当局应该管理什么数量的资源，那么，这一缺陷必将演变为某种使人恐惧的邪恶力量。那些界定什么是正当的人被置身于一种只有满足支持者的需求才能握有权力的情境内，这类似于置所有社会资源在他们的控制范围，同时任由这些人实现他们相信有助于巩固执政必需的任何目标。

要是控制某一定量社会资源的政治管理当局被选举出来，并受到不可更改的法令制约，在这种情况下，虽然这些被选举出来的人仍然必须利用社会资源来满足赞同他们的立场的人们的需求，可是，这些人无法在存在压力的情形下去做那些干预个体自由的事情。假如政治管理者同时也是制定行为规范的人，情况就出现了逆转，因为在这一情形下，这些人不但在压力的推动下利用权力协调或者调用直属于当局的资源来满足支持自己的选民所希望实现的各类要求，甚至还将在压力下利用权力调用所有社会资源（其中包括个体资源）来满足支持人士的特别需求。

假设人们希望阻止当局给予特殊利益集团特别服务，那么，人们就只有一条路可走，那就是剥夺当局于在这些方面的强制权，这也意味着，人们只有限制当局权力，才可控制组织化的利益集团的权力。假设某一制度体系内的政客相信他有责任也能够根绝所有不满，那么，这一体制必然推动政客全面控制与操纵各类社会事务。还有假设这些权力缺乏有效制约，权力将必然将被利用来服务于特定的利益集团。同时，这一情势也将引诱所有可以被组织起来的利益集团联合向当局施加影响。依据这一情况，人们认为，政治领袖抵制这些压力的唯一方式就是求助于那种不但能防止他屈服于压力并且他本人也难以篡改的确已存在的准则。换句话说，假设在某一制度体制的安排内，控制政府资源的人们不受那些难以更改的规范的制约，这类制度安排必然蜕化为组织化的利益集团的工具性力量。

人们反复强调说，在庞大的社会内，任何人都无法了解或清晰地了解所有可演变为当局决策对象的特殊事实。在庞大的社会内，任何成员都能够明白的是，自身只属于全社会的庞大社会关系网内的某一相当小的部分，所以，个人对私有范围执行调整的意愿，也就必然将与其他人的意愿产生矛盾。

哈耶克认为，人们可以相信，既然所有人都不能变得全知全能，那么差异性的个体所拥有的差异性的需求就经常在结果上产生矛盾。所以，假设这些个体希望达成共识，那么这些人就必然协调他们的愿望。民主政治的治理或民主政治的立法展现的是这样的追求，也就是个体赞同的领域必然远超个体所能认识的特定现实的领域；而且，仅当个体逐步认同那些可引导所有特殊措施同时被多数人遵从的普遍性规范时，这些人才能够容忍自身的意愿被忽略的事实。可是，目前的人们却好像在相当程度上遗忘了这一事实，也就是在以上描述的情形内，人们只有就普遍性规范达成共识，才能避免社会冲突。相反，假设人们只要求在很多特殊措施上取得一致，那么各类社会冲突就变得难以调和。

人们之间的共识通常以普遍性规范为界限

永恒的普遍性共识，甚至多数人之间达成的共识，在复杂的社会内部，经常是以某一普遍性规范为界限的。另外，也只有在特殊措施能被多数社会成员确切认识的时候，人们才能取得普遍性的协议和共识。更为核心的问题是，假设社会整体希望形成某种极高的凝聚力和内部和睦的整体社会秩序，它就必然在作出特殊决策的过程中遵从普遍性规范，即便多数派也不能摧毁这些规范，除非多数派做好准备接受某一新的规范，并且此后会一如既往地采纳这项新的规范。

以上的描述已经说明，即便某一个体致力于使秩序安排纳入自身难以预先详细了解的一系列复杂行动中，遵从规范就这一意义上讲仍然是非常重要的。在差异性的集团对整体社会秩序内的差异部分先后作出决策的过程中，遵从规范就显得尤其必要。这是由于在以上的情形中，人们对特殊问题所执行的一系列投票行为，无法实现某种所有人都将认同的整体结果，除非投票人都同时接受同样的普遍性规范的约束。

正因为人们意识到确定的民主决策过程必将产生的那些无法令人完全信任的结论，因此人们才力图制定一种全面性的计划。可是，全面性计划难以真正提供一种解决特别棘手且非常重要的问题的方法。至少人们可以看到的是，与人们经常能预料的情形一样，这一全面性计划依然是人们解决具体问题时作出的一系列决策的结果，这是因为这一计划做出的决策依然将出现类似的问题。还有，利用全面性计划的方式经常导致这样的结果，也就是这一计划将会取代原先的真实标准而演变为评断它所阐述的各类措施是否可行的确切标准。

哈耶克指出，就这一情况来看，具备确定性意义的情形符合以下的描述：在庞大的社会内，人们只能够就普遍性规范达成某种真正的多数观念，并且仅当多数人被限制于确立普遍性规范并且不干预特殊的事件（即便确切的结论同自身意愿相互冲突）的时刻，多数派才能就市场行为产生的结论施加一些制约。坦白地说，以下描述的情形是难以避免的：人们为实现某些目标而被迫采用某种措施在部分范围内所形成的影响经常同人们的意愿相互背离，所以，在人们期望大家都遵从的普遍性规范同人们所期望的特殊结果之间经常出现冲突。

这类冲突行为必然将会在集体行动过程中表现得过分突出。作为个体，人们普遍遵从规范并且保持一贯的行为，可是，作为某个依照多数票来决策的机关内的成员，人们却难以确定将来的多数是否依然遵从那些也许会制止人们为自身所偏爱的特殊结果投赞成票的规范，但人们明白，必须赞同那些特殊的后果，而要实现这些目标，人们只能以违反某一确定的规范为代价。虽然作为个体而言，人们已经通过学习认同了这样的事实，也就是人们在寻求自身的目标实现时，必然受到既往的正当行为的规范的制约，可是，一旦人们作为有权改善这类规范的机关内的成员时，人们就经常不会认同自身必须接受这类正当行为规范的制约。就后一情形而言，多数人确实为自身谋得利益并且明白给予他人的那些利益是合乎情理的行为，这是由于这些人确切地了解到这类利益是难以给予所有个体的，也是因为这个理由，这些人甚而也许还会赞同不允许任何别的人获得这类利益的做法。所以，在就具体问题做特殊处理的过程中，投票的人还有他们的代表经常在某些特殊因素的推动下，支持某些同他们事实上期望人们共同遵从的那些原则相互冲突的方式。假设缺乏规范去制约那些接受特殊方式决策的个体，多数派就必然同意某些极端不可欲求的方式，即在投票人依据要求并合乎规范地进行决策的情况下，也许将会一直阻止人们实施那些措施。

人们普遍认为，人们在普遍性规范上取得共识经常比他们在某一特别问题取得一致更为容易；这个立场，假若不细加分析，也许同人们惯常的经历不一致。由于人们的日常行为经常体现出这样的倾向，人们在特殊问题上比在某项普遍性原则上更容易取得一致。可是，这造成了错觉，造成这个错觉的理由是基于这样的事实，也就是人们经常都无法准确了解（并且从来没用文字阐述过），并且不完全清楚应当怎样行为，以及经常促使差异性的个体在判断上取得共识的一致性规范。正如人们所了解的情形，要确切地阐明这类共同规范或把这些规范变成文字形式，经常是件非常困难的事情。可是，人们就自身依据的行为的那些规范没有准确的认识，这是很难否认的事实。人们为什么一直能就特殊的德行问题取得一致，这是由于人们已经就那些适合运用于某些德行难题的规范取得了一致。可是，只有经过考察人们在其中取得一致的各类特殊情形，并对取得一致的各个核心观念进行合理的、系统的分析，人们才能逐步掌握表述这些共同规范的技巧。

结论在哈耶克而言就很明显了，他认为，人们都明白，人类最初明白某一有争议问题的背景时，普遍都可以就这类争议性问题的对错做合乎情理的判断；而这一情形恰恰意味着，这类争议实质上接受了类似的规范的指导，不管人们是否明白这点；反过来说，如果人们难以就该问题的对错取得一致，那就说明，现实缺乏相似的共同规范。假设人们就这类论证的特征做全面的考察，以上所描述的结论就必然取得更为有力的支持。这些论证一直充斥着对普遍性规范的追求，至少将一直引证着那些只依据某一普遍性规范才具备相似性的事实。所以，那些被看做具备相似性的东西，绝非某些具化的事件本身，而这类具化事件恰恰是某类事例的明证，或许还可以认为这类事例依据某一特殊规范而能被划归某类事例的某种必须具备的特性。这样，人们才可以发现并获得一致性的规范，这是人们关于某一特别问题取得共识的前提。

5. 民主理想的破灭

颓废的民主吞噬人们的政治热情

显然，越发睿智并且相当善良的人们正逐步丧失对民主政治的信心，而正是民主曾经一度使人们满怀激情。人们绝不可对这种情况掉以轻心。

哈耶克认为，需要引起人们关注的问题是，以上所描述的现象不但出现于民主政治运用范围逐步扩大的过程之内，并且还事关民主政治的运用范围逐步扩大所产生的必然的结果。可是，人们逐步加深的疑惑，却明显不仅仅针对这类公开滥用某一政治理想的行为，因为人们还关心民主政治的核心内涵方面的问题。确实，相当多的人都难以继续信仰长期以来始终指导个体怎样行为的民主政治理想。那些曾经被民主政治引导过的人们逐步失去了信心，这使很多人感到忧虑，因而他们明智地沉默了。可是，这一情形却迫使那些有志之士必须伸张正义。

就个体而言，众多人士所经历的思想幻灭难以归罪于民主政治理想本身的颓废，相反，恰恰应该归罪于人们执行这一规则时所采用的错误行为方式。就此，还必须着重强调这样一个问题：恰好是因为个体急于拯救那些真正的民主政治理想，使其从遭遇到的疑惑中摆脱出来，因此，个人才努力发掘同时指明人们所犯下的罪行，这样才可以尽全力揭开并阐释人们可以依凭来防止人们所遵从的民主程序方式不断产生罪恶的后果。

哈耶克相信，为避免愿望难以实现所产生的失望情绪，人们就必然在寻求任何理想形式时保持某种严肃并且确切的精神。就民主政治的情况来看，人们必须牢牢记住的是，民主这个词汇所指涉的只是某种特殊的管理方式。最开始的时候，民主只是指涉某种组成当局决策的特殊程序方式，并没有指涉相关的政府目标应该是怎样的问题。可是，直到今天，作为人们所找到的唯一能改变政府组织方式的和平形式，民主理想不管怎样都非常可贵，确实值得人们努力奋斗。

人们首先需要明白的问题是，如今流行的民主理想衍生的后果，为何必然严重挫败那些深信当局应该接受多数派意见并引导该原则的人士，同时使这些人逐步失去信任和希望？确实，要明白和确定这一问题，实际上并没有什么难度。

虽然有争论者说，就当前的情形而言，当局实质上遵从的就是关于当局应接受多数派意见引导的原则，可是，这类陈述恰恰与现实情形完全不一致，所以也就难以欺骗那些睿智的人士。确实，在人类历史的旋涡中，的确还没有出现过哪些形式的政府像当前（即 20 世纪 60 年代）的政府那样无奈，当前的政府必须去满足无限数量的特殊利益集团的特殊意愿。批评当前的民主政治的论争者偏好于把民主看做是众人的民主。可是，需要说明的问题是，假设民主政治理想真正的服从于大众所取得的共识，这一政府也就没有什么值得反对的东西了。人们为什么埋怨这类政府，并非是由于这类政府服从于公众所达成的某类多数见解，而是由于这类政府必然需要为无限数量的社会群体所组成的某类联盟形式提供各类利益服务。人们至少可以设想某个独裁政府必然可以自我制约——虽然这是绝对不可能发生的事情。可是，一旦人们面对某一全能的民主政治理想的形式时，就是这样的想象也变得不可能了。要是这一民主政府的权限是不受任何制约的，那么它绝对难以自我制约，难以使自身为选民多数认同的见解给予特别的服务。显然，在这个制度下，当局将被迫设法拼凑并维护某个多数。为实现这一目标，政府就只有一个办法可想，那就是尽所有办法满足大多数特别利益集团的愿望。在这一过程内，就像人们知道的那样，每一特别利益集团仅仅会在自身的特别利益受到同等关注的情形下，才会赞同把特别利益给予别的社会群体。所以，这些争论和民主政治的妥协，是与那些被人们利用来证实民主规范的正当性的认识完全没有关联的。

哈耶克指出，一旦人们借此论证限制民主当局的必然性，更简单地说也就是有限民主的必要性的时刻，人们的意思并非是认为，只在采取民主形式控制政府当局时才应受到限制，而是说所有政府部门（或者所有政府的管理），特别是采用民主形式管理的政府机关，都应该受到合理约束。为什么在此强调这一问题，根本原因在于民主政治（假设是名义上全能）将由于具有无限权力而演变为一个极其软弱的政府，也就是变成所有彼此对立的利益集团控制的玩物，这是由于这一政府为确保自身可以取得多数的赞同，就必然满足所有这个范围内的彼此对立的利益集团的愿望。

人们需要询问的是，为什么事情演变为这个样子？

自从君主专断体制结束并发展到无限民主政治，大约经历了两个世纪的时间。在这两个世纪内，宪政的宏伟目标一直是制约当局的所有权力。具体来讲，为防止当局专制地执行权力，人们逐步建立起一系列核心原则，这之中包含分立权力原则、法治和法律至高地位原则、法律控制下的政府管理原则、区分公法同私法的准则以及程序司法规范等。所有这些准则的用途都是确定并限定某些条件，而恰恰只有在合乎这些条件的基础上，才能够强制个体。在这个时候，人们就认为，只有在为实现普遍权益的时刻，强制才可获得正当性支持；其次，只有依据“平等适宜于所有人”的统一规范所执行的那些强制，才合乎普遍权益的需求。

可是，哈耶克认为，一旦人们最后认定民主形式在控制政府方面足以导致别的预防专断权力的方式都变为多余的东西时，所有以上描述的伟大的自由准则也必然处于次要地位了，某些准则甚至还被人们所遗忘了。更确切地讲来，与其认为这些固有的准则是被淡忘了，还不如认为它们的传统陈述方式由于其中所利用的某些关键词汇的日益转变而丧失了其固有的内涵。正如人们所确知的情况，古典宪政自由的内涵依据的最为关键的词汇就是法律，可是，伴随着法律这个词汇的内涵逐步地发生变化，所有以上描述的固有规范也必然丧失其固有的非常意义。

> 保护个体自由只是意味着利用法律来特约政府当局

哈耶克指出，就创设宪政的人而言，法律这一词汇具有一个相当准确的内涵，即保护个体自由只是意味着利用法律来制约政府当局。之后，19 世纪研究法律哲学的专家最后定义法律为协调人们关涉他者时的行为规范，这不但可被使用于数不清的未来情形，并且还包含相当多可被利用来界定（确实并非是确切指定）任何人和任何组织所享受的受到捍卫的范围的禁令。经过长期的争论，尤其需引起人们关注的是那些德国法学家就这些法律的诠释，由于这些人最后定义法律为他们称呼的实质意义法律，依据这些法律专家的定义，宪法的规范也不属于实质含义上的法律。可是，在这场争议之后，以上所描述的法律定义最终还是被某些争论者决然地否决了，而这些人否决该定义的原因，在目前看来，确实可以认为是相当可笑的。

毫无疑问，宪法内的规范确实不能成为行为规范，而是事关政府怎样组织的规范，并且宪法也和别的公法相似，很容易不断被更改，相反私法（其中包含刑法）却能较长期地存在下去。

就过去的情形而言，法律的目标确实是防止非正义的行为方式。而正义所关涉的情势则是平等地适宜于所有人的准则，进一步同所有指涉特别的个体或组织集团的具体命令与特权形式形成鲜明的比照。可是，如今还有哪些人像两百多年之前的詹姆斯·麦迪逊一样坚信，众议院不能颁定只适宜于广泛范围内的社会成员，却难以完全适宜于众议员本身以及议员的朋友的法律设想呢？

可是，在民主政治理想获得形式上成功的时刻，制定法律的权限同颁行某项指令的当局权限却同时被同一机关所控制。一个机关控制两种权力，必然引发这样的结果，也就是最高当局随意地或及时地颁行最能帮助实现特殊目标的法律。可是，还需要说明的问题是，这必定意味着法律之下的政府形式的彻底完蛋。虽然那些要求严肃含义上的立法和政府执政措施都必须经过民主程序的确认是非常合乎情理的，可是，集中两类权力于某个机关（或者是某些机关）的方式，实质上也意味着回归无限政府。

另外，被同一机关控制两类权力的方式，还颠覆了人们原先坚持的这样的信念，即某种民主政治由于必然遵从多数人而做那些合乎普遍利益的事务。就某个只能颁行普遍性法律或真实意义上就普遍利益做出决定的机关而言，这类信念是非常有道理的。可是，就某个具有无限权力并且还必然将利用这类权力来收买特别范围内的利益集团的选票（包含某类小集团的选票甚至是那些势力强的个体的选票）的机关而言，以上所描述的信念不但根本没有用武之地，并且也是绝对难以实现的。众人都明白，这样的机关为什么不断给予差异性集团特别的优惠以回报这些集团对该机关的赞同，真正的原因是这类机关并非是通过遵从普遍性规范来确保民众承认决策的公正并借此获得权力或权威。现实的民主政治内的这类政治操作的必然性，确切地讲并非是被多数人要求的。

以上所描述的政治发展形势不但导致政府当局脱离法律的约束，并且还导致法律概念本身失去了意义。约翰·洛克就曾以为，立法机关的任务应被限制于颁定普遍性法律，可是，目前社会内的那些立法机关已经早就不遵从约翰·洛克坚信的那样仅仅颁定普遍规范意义上的那些律法了。正如人们所了解到的情况，人们甚而还把立法机关议决的所有东西都叫做法律。另外，立法机关为什么在现今社会内被称呼为立法机关，也不单是由于该机关是颁行法律的机关，相反是由于法律演变为指向所有来自立法机关的东西的统称。恰好是经过如此的过程，法律这一神圣的词汇已经完全失去了其原先的含义，并且还演变为创设宪政的人士眼中的专制政府的表现，或者说成为专制政府所颁行的指令的统称。政府管理成为立法机关的主要任务，相反立法则演变为立法机关的附带任务。

哈耶克断言，实际上，即便是专制这一术语，也难以维持古典的内涵。过去，该术语所指涉的是缺乏规范的或者缺乏约束的，或者经由某一特别意志而非依据公众认同的规范来进行决策。考察这一术语所牵涉的以上描述的含义而言，甚而某个专制独裁者的决定都是合法的，相反某一民主政治内的多数决策完全可能是专断的。毫无疑问，卢梭必然要承担人们在政治上利用意志这一不幸的理念的主要责任。可是，即便是卢梭，最少也能偶然了解到这层含义，也就是把实现意志变成正义的目标，这一意志必然在目标上或意图上是具有普遍意义的。可是，明显的问题是，当前（20世纪60年代）的立法机关作出的多数决定不是都内涵该属性。由于人们明白，要是某一决策能使赞同政府当局管制措施的票源增加，立法机关就必然通过该立法的提议。

假设某一全能并且至上的议会的功能不单限制于颁行普遍性规范，这类议会的出现本身就意味着人们生存于其中的是专制政府。更为严重的情况是，这样的政府，即便它期望，也难以遵从任何规范，这主要是因为它必然给予特别集团特别的权益来维持自身的支配地位。简单地讲，这一政府必然以执行差别待遇的方式来取得自身的权力和权威。令人非常遗憾的是，曾形成多数代议制度的榜样的英国议会，竟然也采纳了议会主权立场，也就是议会拥有全权的立场。可是还需进一步申明的是，至上的法律与议会主权的无限权力难以契合。可是就在半个多世纪之前，在伊诺克·鲍韦尔①宣称权利法案同本国的宪法难以融合的时刻，加拉格尔②急切地表明自身完全了解这个意义，并且绝对赞同鲍韦尔的立场。

事实恰好证实，美国两百多年的立场是没有问题的，相反，那种主张议会的无限权力的立场也只是意味着个

① 鲍韦尔（1912—1998），英国政治家、语言学家、作家、诗人，1950年到1974年间任英国下院议员。——译注

② 加拉格尔（1922—2001），生于靠近克鲁湾的卡雷，《爱尔兰时报》的资深政治评论家，曾两次出任爱尔兰语区公共事务大臣。——译注

体自由的丧失。换句话来说，自由宪法在这里已难以继续坚持个体自由立场，相反恰恰是保护议会内多数暴虐专断、肆意妄为的许可证。毫无疑问，缺乏约束的议会难以同自由人民相互融合，自由个体追求的所有权力必然受到大众赞同的长期原则的制约。

无限制的民主出现的那些罪恶的结果，恰是经过长期的变化才被人们逐步认识。

哈耶克认为，宪政自由约束政治权力延伸的时期，曾产生了一些相当重要的权力制约传统。不管世界上哪个地域模仿或培植这样的民主政治制度，要是那里并不存在相似的传统来支持，那么这类引入的民主政治制度必然无一例外的迅速陷落。正如人们所了解的情况，在那些具有长时期代议制政府经历的国度里，在以上所描述的传统形成了各类屏障之后，民主政治制度也逐步被颠覆。还需说明的是，一旦这类传统屏障最开始时遭遇到破坏，人们凭借的只是那些绝对善良和慈善的动机。在那个时候，人们为支持和帮助那些处境最不利者而实施的差别性方式，并没有被看做是差别待遇形式（在半个世纪多之前的时期，为掩盖这一问题，人们就杜撰了譬如少权无势这类可笑的词汇）。所有人都明白，人们在日常生活范围内获得成功的各类条件是存在相当大的差别的，所以，为把人们都置于某种相对平等的现实地位上，政府当局必然在人群内部执行差别待遇。

哈耶克认为，为实现慈善和善意的目标而破坏法律范围内的人人平等原则，不可避免地必然开启独断之门。为掩饰这点，人们竟然求助于社会正义这一借口。实质上，从来没人确切地明白这一点的准确内涵，可是，正是由于这一点，社会正义这一词汇被目前的人们看做是点石成金的魔杖，被利用来毁灭所有防止差异形式的屏障。利用牺牲某类难以被及时区别出来的人的利益方式提供给他人某些恩惠，逐步地变成贿赂多数派最为有效的手段。可是，某个已演变为慈善机关的议会或者政府，却将遭受到各类难以拒绝的勒索。还有，这类议会或者政府将迅速抛弃功过衡准并用政治的必然取代它，并依据这些情形来确定哪些集团应获得怎样的优惠，也就是在牺牲普遍利益的情境下能获得哪些优惠。

这一合法化的腐化形式，实质上并非政客的过错。由于人们都明白，要是政客希望取得大有作为的社会地位，这些人就难以在腐化的制度体系内出淤泥而不染，拒绝腐败。假设在某一制度体系内，多数派的赞同有权执行任何缓解特殊范围的怨恨的特别措施，那么，以上所描述的合法化的腐化就必将演变为这类体制的本质特征。人们都相信，建设某个立法机关只是颁行普遍性规范，某个政府只是执行那些它难以变更的普遍性规范才采取强制，那么，这类立法机关与政府机关就可以抗拒上述的那些压力。可是，某一全能的机关是难以实现这个目标的。虽然某个被夺取所有自由裁量之强制权的政府，依然有机会在提供社会服务时执行差别待遇方式，但它的危害程度必然小得多，并且也很容易控制。确实，要是中央当局不具有任何采取歧视的强制权，大多数社会服务的供给就可以并且相当可能需由地方性或区域性的公司组织去完成，并且让它们利用竞争的办法（也就是采用低成本供给良好服务的办法）来推动本地人接受它们的服务。

显然，哈耶克认为，某个名义上无限的（或者至上的）代议机关必然在各类力量的推动下逐步并持续地扩大管理权。同样明显的问题是，为防止这类趋向，人们唯一的办法就是分化最高权力给两个差别性选举议会，也就是在最高权力范围内采用分立权力的原则。

假设主持立法的机关应反映公民关于怎样的政府行为属于公正或缺乏公正的情绪，同时主持政府管理的机关应在以上的立法机关颁行的规范范围内执行特别措施并接受公意的控制，那么，这两个不同管理权限的独立机关就必然依照差别性的方式组建。正如人们所了解的情况，议会的现实活动同组织形式被认为绝对适宜于担负以上描述的第二项任务，实质上始终是目前的议会核心关注的问题；尤其是当人们思考到议会依据政党纲领而被组建的时候，人们就更加相信议会绝对可以担负这一任务，因为就政府管理的过程来看，政党形式的组织的确是不可缺少的。

可是，需要说明的问题是，18 世纪的那些著名的政治理论家们都对立法机关内出现党争的事实深表忧虑，而这一忧虑也并非完全没道理。同时，哈耶克认为，人们也必然承认，当前的议会在相当程度上并不适宜于准确立法，这是由于它们一方面没有时间去做，另一方面也没有良好的思维习惯来较好地实现这个目标。

四、自由秩序原理：自由主义的宣言

在哈耶克看来，自由是专属于个人的自由，应该被理解为“独立于他人的专断意志”，“允许个人为了自己的目的而使用自己的知识的状态”，这意味着私人具有绝对的自立、自决、自强的权利，并合乎规范地追求属于自己的目标，这一过程绝不受到任何外在力量或者说某种共同体善目标的制约、束缚。自由一词带有这样的目的：赋予个人以机会和动力，促使一切个体在特定的范围最大限度地运用自身所具有的知识能力。要实现这一目标，就必须为私人权利和权力确定明确的范围。这一目标要实现必须依赖于法律的规范作用，自由必须以法律作为存在的根本条件。“法律、自由和财产是不可分割的三位一体”，而法律特指来源于“开放社会”的自发原则。

《自由秩序原理》一书是哈耶克论证自由实现理论的一部非常重要的著述，在此书中，哈耶克延续他得自于反驳建构社会秩序的自发秩序理论，并说明实现自由的必要法律变迁过程。他认为，自由的保证是具有良好的普遍约束力的法律体制，法律的产生和演进是自发过程，并非理性设计的结果。法律演变的唯一方式是渐进试错，哈耶克的法律演变思想实际上是自发秩序延伸到社会领域的结果。为了说明该问题，哈耶克把社会秩序分成两类：生成的或建构的。前者是指“自发秩序”，后者则是“人造的秩序”。哈耶克批判了后者，并通过论述自由、竞争与一般性规则之间的关系来说明其“自发秩序”，借此为资本主义的合理性进行辩护。

1. 沉思自由

> 自由所指向的实际上是处于社会生活范围内的人

需要讨论的是，部分人对另一部分人所施加的强制，怎样才能在现实社会内被降至最不具有危害的程度。在此，人们会将这类条件称为自由实现之条件。因为这一术语在历史上曾经一直被应用于概括人类现实生活内的多种其他的善良事物，所以，一开始就寻觅这一术语的真实含义，明显没有什么意义。如果我们逐步说明使用这一术语必然指称的状态，其后再颇为准确地限定所使用的术语的真实意义，也许这样处理更为恰当。

某个人脱离其他人借用个人专断意志对自身的强制，这一情形常常被看做是个体自由或个人自由的状态。可是需要提醒读者的是，假设在这一含义上使用自由，也就可以直接表述个体自由或个人自由的形式。某些时候，公民自由这样的说法常被用来表述相同的情形，但这一方式容易与政治自由相混淆。这两种表述方式为什么容易混淆，真实的原因是公民与政治监管一个源自于拉丁语，另一个源自于希腊语，实际上两个词汇所表述的含义是相似的。

对自由的内涵的并不细致的定义，已经说明了自由所指向的实际上是处于社会生活范围的人，也许他们都渴望努力接近明显难于绝对实现的情形，所以事关自由怎样实现的相关政策的目的，必然是限制强制与恶劣的后果到最不可能出现的程度，即便难以完全消灭它。

这里所使用的自由的内涵，与这个词汇的原初意义是相似的。那些人，至少生活在欧洲的人们，一旦进入历史生存现状中，就必然被划分为自由或缺乏自由的类别。虽然人门之间的自由也许存在相当的差异，可是这类情形只是说明了人们在关于自身事务方面的独立处理程度存在差别，相反那些奴隶却完全缺乏自由。自由一词始终意味着有那么一个人可以依据自身的决定和规划行为的可能。这个状态与某人必须屈服于他人的专断意志恰好形成对比。那些用以陈述自由条件的经典用语，同时也说明了脱离他人的专断意志控制的条件。

哈耶克认为，自由一词最原初的内涵，某些时候被人描述为它所包含的浅显和平常的含义。可是，一旦把哲学家们企图精深和改进它的含义而做的努力所引发的混乱考虑起来时，人们或许还是应借用自由最原初的含义作为最合适的选择。更重要的问题是，这类解释不仅属于自由的最原初的定义，并且具备确切的性质。自由描述的是某种状态，或者只描述某种状态，并说明这一情势为什么值得追求，以及它与人们所渴望的其他被定义为自由的情形的差异。只要稍微有常识的人就明白，从更为严苛的含义上而言，那些含义不同的自由并不是同一种自由形式的变体，它们原来就是出于不同立场而产生的认识，并且经常产生对抗，所以必须区别对待这些认识。也许就其他情形而言，人们或许也有充足的理由认为自由确实存在不同种类，譬如免于什么的自由与做什么的自由，可是我们在此讨论的自由只有形式的差异，或者说不是关于种类而是关于程度的差异。

哈耶克认为，假设从这个含义出发，自由就仅仅涉及个体与他人之间的关联，也就是说对自由的侵略也只是来自于他人的强制。这一情形也就意味着，人们在规定时间范围内能选择的各种现实可能性与自由本身并不存在必然的关联。就像身限绝境的攀山者，尽管说仅仅只存在单一的方式可以挽救自身的生命，但可以肯定的是他是自由的，尽管人们不认为他还有其他选择。而且，假设人们发现攀山者坠入深渊并且毫无摆脱困境的办法，也就说人们尽管能把这一情形比喻为缺乏自由，实际大多数人却在相当的程度上认同该情形内包含着自由的最原初的内涵；认为他的自由被剥夺了或丧失了自由，这些含义与这种情况适宜的社会关联的含义是有相当差别的。

能有多少行动方式供个体选择的问题，虽然非常重要，可是，这一情形与如下要说明的问题实际上性质是不同的：个体能在怎样的程度上依据自身的规划和意图行为，他的行为方式在怎样的程度上是自身的设想，也就是他一直奋斗寻觅的目标，而不是别人迫使人们做他想做的事情而设立的环境条件。个体自由与否，绝不取决于个体能选择的范围，而是决定于个体是否渴望依现实的意愿构建自身的行动方式，或者说决定于别的人是否具有操纵各种现实的权力并迫使行为者依据他人意志行为而非本人的意志行为。所以，自由这个词汇已经预设了个体被社会所保障的私人领域，或预先设定了个体生活所有的过程是别人难以插手的。

个体要想变成自由人，并非必须以享有集体性自由为基础

哈耶克指出，为了准确地定义自由的概念，人们还须审查与此相关的强制的含义。首先要深入探究自由问题为什么这样重要，其次，要对强制问题做全面系统的考证。可是，即便在审查自由的意义前，也需要首先对自由与强制相对的意义与其他情形的含义进行比较探讨，这仅是人们能借此更为准确地搞清自由的特征。自由的原始含义与其他形式的意义，只具备一项共同的属性，也就是个人所欲的范围都被看做是可以欲求的范围。也许，不同意义之间还存在某种形式的关联，这仅仅说明人们为什么采用这个词汇的原因。可是，人们迫切面临的任务是需要区别自由的原初意义与其他形式的含义的差异。

首要的问题，必须同人们所认可的自由含义相比照，这是一种获得普遍性认同的具备特殊含义的自由，也就是人们常说的政治自由。关于政治自由，这是说人们可选择管理自身的政府、参与立法进程和行政管理。这是一些自由论者根据自由的最初含义怎样适用于整体社会形成的认识，于此给予人群集体性的自由。可是，在这一意义上使用自由的民族，未必就必须由自由的人们组成。另外，个体要想变成自由人，也并非必须以享有集体性自由为基础。人们绝不可能认为，生活在哥伦比亚特区的公民、在国外的外侨，或者那些缺乏投票权的青年人，因没有享受到政治自由的待遇，也就必然无法享有绝对的人身自由。

哈耶克认为，也许有人提出这样的论证，那些具备行为能力的青年，仅仅因他认可处身其中的社会安排，因而他们是自由的。这类观点确实是很荒唐的，因为这些人也许根本不了解可代替该社会安排的另外的社会秩序。也可以说，这些人除了这一社会安排形式外毫无选择，甚而是那些同父母思考的内容完全不同的人群，也只是在成年之后才能改变这样的社会安排形式。可是需要说明的是，这样的情况绝不会，也没有必要使他们变得缺乏自由。人们经常企图发现政治社会的安排与个体自由存在的某种关联，可是这些努力恰好是混淆自由含义的理由之一。可以肯定的是，所有人都可把自由看做积极地参与实现公共权力或制定公共法律的过程。还需要说明的是，假设有人对自由作这样的定义，就与我们在这儿描述的情形不在同一个层次，同时也不意味着它们能够相互替代。

混淆这类情势的直接的危险是极可能抹杀这样一个事实，即个体可能利用投票或签订契约而自愿做奴隶，或者说个体可能同意出卖自身原初意义的自由。就这一点而言，人们是很难赞同如下两种认识的：第一种立场认为，虽然个体自愿但难以反悔地长期出卖自身的劳务给那种近似于外国雇佣军事组织的组织，可他依然享有人们所称呼的自由；另一种立场则认为，虽然某个教会牧师按照创建生活秩序者的理想要求，把自身看做机械地执行指示的行尸走肉，可是依然享有人们所认同的自由。现实的情形是，人们也许常常发现千百万人利用参与投票的机会而置身于绝对暴政的统治中，也许这个事实使人们清楚地意识到，政府的选择未必就能够带来个体自由的生活。而且，假设人们普遍赞同的当局是保护自由的政权，那么争论自由的意义也就没什么必要了。

哈耶克相信，一旦人们宣称某一民族期待从外族的压迫下摆脱出来并能自我决定命运，就是将自由观念应用于整个社会群体而不是个体的必然结果，在此情形下，人们是在整体民族意义上排除了强制而采用自由的。普遍的情况是，个体自由的赞同者们都同意民族解放运动的请求，也许正是人们的同情，促使 19 世纪世界内的自由主义运动和民族解放运动相互达成一致性联合，尽管某些时候这类联合看起来非常不情愿。可是需要人们关注的是，虽然民族自由类似于个体自由，但却不是完全相同的概念，这只是因为追求民族自由并非绝对可以增进个体自由。追求民族自由，某些时候甚至将导致人们对选择某个属于他本民族的专断统治者具有偏好，从而否决外族居于多数的政府构成，并且还经常利用这一立场为压迫少数种群的成员的个体自由辩护。虽然人们期待实现个体自由和个体所依存的种群的自由，而这时他们根据的个人情感和情绪经常具有致命的相似性，可人们依然须严格区分这两种不同意义的概念。

相异于自由的最原初含义的另一类含义，是指内在的自由或精神上的自由（某些时候也称为主体性的自由）。这个意义上的自由也许同个体自由有更密切的关系，也更容易被混淆。内在自由关联的是这样一种情形：个体的行动，受到自身深思熟虑的毅力、理性或永恒的信念的引导，并非是瞬间的非理性冲动和倾向的诱惑。可是，内在自由的对立面，不是他人的强制，而是瞬间情绪和道德恐慌以及浅显认识的引诱。根据这一自由形式的情况，假设个体难以实现他深思熟虑的目标，假设他在急切的情势下失去了斗志和欲望，也就难以完成他期待实现的目标，于是人们就可认为他是缺乏自由的，他就变为情绪的奴隶。一旦某人由于无知及迷信而不愿意做他已经获得较好信息的情况下一定会做的事情，人们也会认为他是缺乏自由的。所以，人们都赞同知识推进了人的自由的观点。

哈耶克认为，个体能否理性地在不同方案之间作出合理的选择，或能否理性地坚持完成某项他早已确定的处理困难的规划，这同他人的意志是否强加给个体属于完全不同性质的两个问题。但这两个问题并不是完全没有关联，由于某些情形尽管相似，可对一些人而言也许就是强制，而对其他人则只是那些需要解决的普遍性困难，所以这一问题须根据个体意志来确定。在如上的情形中，内在自由同强制不在场的自由，会联合决定个体能多大程度利用知识把握各种机会。可人们依然必须辨别这两个概念。这一辨别为什么重要，根本原因是，内在自由与精神上的意志自由这样含混的观念存在相当紧密的联系。危害自由理想最大的敌人，无出错误观念之右者，也就是科学决定论已毁灭了个体责任的理论根据。

在前面我们论证了运用同一词汇（自由）表述意义差异的观念并引发个人自由观念的混乱的情形，可是比较起那两种混淆，个体自由同自由存在的第三种形式的意义混淆显得更具有威胁。那些第三种意义的自由，前文已经做了表述，也就是认为自由指完成我们希望做的事的现实能力、满足人们希望的能力，或者是面临的各类可替换方案的选择的能力。也许这一自由形式出现在很多人的理想之中，并表现为幻想：人可翱翔在天空、能远离地心引力，也能像鸟儿那样自由地飞向向往的地方，或有力量依据偏好改变生存环境。

这个术语的比喻使用方式，尽管被大众接受，可是直到现在才出现某些人将免于某种阻碍的自由看做是万能的自由的观点，并与任何社会都能给予保护的个体自由混为一谈。需要说明的是，只有那些持社会主义立场的人才故意将这类混淆作为论据之一而加以深入发展之后，这类混淆才对现实产生了威胁。那些把自由看做是能力和力量的认识，一旦被广为宣传，就导致荒诞的社会认识，促使一部分人借用自由的魅力，赞同摧毁个体自由的任何举措。另外，这些观念一旦被认同，诡计将成为主流认识，某些人甚至可凭借自由的名义劝导人们放弃他的真正的自由。正是这样的混淆，掌控整体环境的集体力量立场将取代个体自由立场，并且在集权国家内，凭借自由的名义压迫自由。

自由须以有约束力的力量或机构为条件

哈耶克指出，那些借用约束概念定义自由的哲学习惯，导致个体自由观念向力量或能力的体现方向转化。约束一词，在特殊意义上讲，指自由须以某一有约束的能力或机关为条件。从某些方面来看，约束也许是更为恰当的语言。这个意义的约束直接警示人们：假设某人阻碍他人行为，也就意味着他的行为已极大地侵犯了个体的自由。而从另外的方面来看，强制认同的是人们被迫做规定范围的事。这两方面是同样重要的，要让自由观念更为准确，人们就可能应将自由定义为约束或强制的不在场。可是，令人忧虑的是，约束或强制两个词经常被用来说明那些没有受到他人行动干涉的情形。这样的事实为那些别有用心的人提供了方便，这只是因为这些人可以轻易地转换约束不在场的自由观念为实现个体欲望的阻碍不在场。这个定义也就是将自由理解为可做人们想做的任何事情的力量。

在某些国家里，人们尽管相当地支持个体自由，可是部分论述者对自由的错误解读深入地渗透到国家的具体行为之中，这实在是不好的做法，因为在这一信念支持下的行为，毫无疑问将逐步地损害个体自由。在美国，这个认识已经被逐步接受，甚至成为所谓自由人士的支配性政治学说的基础，包括 J·R· 康芒斯和约翰·杜威一类被视为进步党人的知识精英，就一直在宣传这样的意识形态，一方面认同自由即力量，或那些完成特殊事情的力量，并且认为自由是诉求力量，另一方面却认为，强制的不在场仅是自由的消极表现，而且只应被看做是实现自由的工具。

哈耶克批判道，那些将作为某种力量和能力的自由同最原初意义上的自由互相混淆的方式，必然走向视自由为财富的认识。同时，它还能迫使人们借用自由这个概念所拥有的所有魅力，支持重新分配社会财富的诉求。需要说明的是，虽然自由与财富都属于多数人渴求的好东西，可是两者依然存在差异，很难以混淆。也就相当于我能否成为自身的主人并依据我自身的选择，与我必然对某些情形做出选择的可能性的大小，确实属于完全不同的两个问题。某个享受奢侈生活但必须接受君王的所有命令的大臣，也许相比于贫穷的农民与工场工人更缺乏自由，更缺少依据自身的生活选择对自身有助益的机会的能力。同样的情形，某位统领军队的将军与指挥大工程的责任人，也许在某些方面拥有无限的控制权力，可比较起农民和牧民而言，将军与指挥者的自由却少得多，更容易接受上级的安排而改变自身坚持的观点和规划，更不具有改善自身的生活和确定什么对自身最为重要的能力。

哈耶克认为，假设想对自由做更为确切而严苛的论证，那么对自由的定义就不需取决于个体都把自由看做导向善的力量。也许某些人不重视人们所关心的自由，也绝不认为能从自由中获得相当的补益，甚而还将为取得其他选择随时抛弃这类自由。某些人也许更为极端，甚至把依据自身规划和决定行为的需要说成是一种福利。在此，人们必须思考两个重要问题：其一，多数人从自由中获取的补益能否决定于他们借用自由创造的各类机遇，其二，自由主张能否以多数人为自身谋取自由作为理论基础。人们从所有人的自由中获取的补益，也许并非是从多数人认同的自由产生的效果中取得的。更为严重的是，自由不是借用人们给予的相当的并显然的机会来产生助益的，也不是借用人们所预设的某种清规戒律来产生作用的。

哈耶克认为，人们还须意识到，人们也许是自由的，可同时却是生活凄惨的。自由绝不意味着指向所有善的东西，甚至根本就不意味着缺陷和恶性是不在场的。关于自由，也可指称贫穷的自由，也可指犯错的自由，亦或指生命存在威胁的自由。在我们所借用的最原初意义的自由概念上，某个缺衣少食的流浪者，即便勉强过着艰难的生活，可确实比那些过着较为舒服的生活的士兵更自由一些。可是，需要说明的是，假设自由因此被看做比起其他善更不可取的东西的话，人们就可以认为，这个特别的善的确需特别的称呼。就这个问题而言，虽然政治自由与内在自由作为自由的经常替代用语，却依然存在相当多的问题，只要人们在使用这些观念上稍微谨慎一些，就不会引发混乱。可是，能力与力量意义上的自由立场能否获得认同，确实是问题的根本。

哈耶克断言，人们必须反对这样一种观点，即因为人们采用同样的用语指称各类自由形式，所以它依然属于同样情形的变异。这确实是产生谬误的起源，甚至将引发最荒诞的结论的语义困境。正如以上情形所描述的那样，力量与能力定义范畴的自由、政治自由与内在自由三者，实际上同个体自由的现状是不同的，这是因为人们根本不能极少地牺牲其中某一状态的自由就更多地达到另一状态的自由，并取得自由的某些共同品质。确实，人们或许可借用交换的形式实现善的东西之间的相互替代。可是，某些人却相信各类自由内确实具有共同的元素，从这类共同元素出发，就可对交换对于自由的影响进行讨论。这个认识确实是很不明智的，最多不过是愚蠢的现实主义哲学的论调，这类论调认为，因人们须以同一用语来称谓这些自由状态，因此这些状态内必然具有共同的品质。可是实际的情形是，人们对各类自由的追求，根据的理由是相当不同的，并且这类状态存不存在也将导致完全差异性的结论。假设人们须于这些状态内选择，那么这些选择也就难以借用追问自由事关整体而言是否以改进的方式来实现，于是只能借用确定这类状态内哪些人可获得更高级的评估的形式而实现。

哈耶克说，经常有一些人反对我们的立场，认为我们对自由的概括纯粹属于否定性的。实际上，和平这样的观念也属于否定性的，安全、稳定以及某些特殊阻隔和邪恶的不在场等情形，也都属于否定性的观念，自由也属于这类观念，这仅是因其描述特定的阻碍，别人施加的强制不在场。自由观念是否存在肯定性，决定于人们怎样使用和辨别。它难以保证人们必然获得某些特殊的机遇，可却允诺人们自我决定怎样处理和利用身处其中的各类情形。

哈耶克指出，需要特别说明的是，虽然自由的使用存在多样化的趋势并难以等同，可自由却只存在单一的情形。我们需要强调指出的是，尽管自由的用法多样且不尽相同，然而自由却只有一种。只有当自由缺失时，自由选项才体现为主流，因为自由选项意指某类社会群体或个体在其他社会群体内或多或少缺乏自由的时刻依然能获得现实的特殊权利和豁免权。从历史发展过程来看，人们恰恰是利用了自由选项的实现而逐步地扩展认识并走上自由道路的。可是，个体在被允诺可做具体事情的时候，并不体现个体的自由，虽然这可被看做是自由权之一的实现方式。更为突出的是，即便认为自由与反对实现具体事情的情形相互包容，可是假设某人能做的多数事情必须预先获得批准，自由就绝不可能出现。自由同自由选项之间存在的区别是：自由确指这样的情形，那就是除去规则体系所严格禁止的情形，所有情形都被视为自然认可；而后者则确指这样的情形，除开普遍性规范明确赞同的情形，所有其他选择都被严格限制和禁止。

> 强制是某种可以帮助个人实现自身追求目标的工具

哈耶克认为，假设人们再次仔细区分自由与奴役的本质差别，便可以清晰地发现，自由几乎不因它的否定性品质而损害其具有的价值。上面的论述中已经说明，我们是在该用语最原初的含义上使用它的。所以假设人们关注自由民与奴隶在社会地位上差别，就能帮助人们更深入地确证自由的意义。即便是那些最古老的自由社会体的情形，人们对自由民和奴隶之间社会地位的差别已经了解得很多了。人类曾经无数次的发布奴隶的解放法令，并且这些法令展现了一幅清晰地事关自由基本要素的蓝图。就怎样获得自由而言，普遍情形指被授予四项权利，这些是解放法令给予被解放的奴隶们的个体权利：首先，给予他们社会群体内被保护的社会成员的法律地位；其次，给予他们免于随意拘押的豁免权；再次，给予他们依据个体意愿选择任何工作的权利；最后，给予他们依据个人选择迁徙居住场地的权利。

哈耶克认为，这些被罗列出来的权利，实际上已经完全囊括了 18 世纪与 19 世纪被认同的自由的基本要素的绝大部分内涵。奴隶解放法令并未授予财产权，这只是因为那时候的奴隶也是自然的享有该权利。上述的四项权利加上财产权，就包含了保护个体免于强制必要的所有基本的要素。可是，这一情形根本就没有关涉其他含义的各项自由选项，更没有涉及到近代被利用来取代最原初意义自由的新自由。假设奴隶只拥有参与投票权，显然不表明他已经获得自由了。另外，任何程度的内在自由都难以改变被奴役的现状。而且，任何程度的奢靡和安稳的生活，或奴隶对他人以及自然资源的支配能力，也难以改变奴隶对主人的独断意志的依附。可是，假设他同所有公民一样，仅仅受到平等法律的制约，假设他能免于随意拘押并能自由选择职业，而且假设他能获得并占有财富，于是任何他人或社会群体都无法强制他依据他人的意愿行为。

人们对自由的认识，决定于对强制的内涵的理解，并且仅仅在严格地定义强制之后，人们才可准确确定自由的内涵。实际上，人们还需要对同自由密切相关的某些观念，特别是独断、普遍性法则与普遍法下相对准确的定义。从理论上来看，人们现在就应着力对这些观念进行同样程度的详细的辨别，并且没有人可以忽视这一情形。可是，在我们一起探讨这些用语的准确内涵之前，人们应首先确定为什么自由那么重要，并必须首先作出说明。所以，哈耶克在文章中辨别了相关用语，并重点考察了自由社会内法律的诸种形式。在此，暂时先说明强制被系统论证后所产生的几个结论，这是因为这样做足够使我们对原初意义的自由的重要现实意义展开相关论证。可以确定的是，对强制这个复杂观念做概要的考证，确实有点教条并很乏味，不过，我们会在之后的文字中做更为细致的推证。

哈耶克认为，强制通常指某人的生活环境和情势被别人所控制，所以为免于更大的损害，被迫不依据个人惯常的规划行为，仅只能服从于强制者的目标。而且在必须选择别人预先为他设定的危害很小的情势之外，他难以运用自身的知识，也难以依据自身的目标和信念来行为。强制之所以被认为是某种形式的恶，主要是因为它依据这一原则把别人看做无法思考和缺乏估计能力的人，实际是人彻底堕落为实现别人的目的的工具性力量。至于行动自由，确指某人根据自身的知识能使用的手段，并在这一前提下去追寻属于自身的目标，所以，行动自由必须仰赖那些作为基础的各种基本数据，这是不能依照别人的意志来构造的。行动自由还预设了众多人都熟悉的领域，在该领域内，别人难以安排个体生存于其中的情境，也难以强迫行动者依据他人意志所规范的选择而行为。

可是，强制的情形是无法绝对根除的，因为阻绝强制的方式只有凭借采用强制这样唯一的方法。自由的社会内处理这个问题，也是将垄断强制的权力赋予国家这个机构，同时努力将国家的强制权限制在如下情形内：国家被要求限制私人运用强制的情形。假设要完成这样的任务，就必须仰赖于国家对大家都熟悉的个体私域的切实保护并免于他人的干涉，也仰赖于国家不通过切实的授权而是通过创设条件来确定私域的范围，在这样的情形下，个体能借助已确定的规范体系来确定行为范围，这是因为这些规范确切地规定了当局在各种完全差异化的情形内如何行为。

哈耶克得出结论，某个政府为实现以上的目标而必须采用的强制形式，须被降到最小的范围之内，并且须利用世人皆知的普遍性规范予以限制，以尽力降低强制所可能产生的危险。于是在大多数情形下，个体难以被强制，除非个体自愿把自身置身于自身知道将会遭到强制的情形中。甚至在必须强制的情形下，也必须将强制限制于有限并可控制的范围之内，或者强使强制同个体专断意志隔离开来，使其本身具有的最大危害的情形不被激发出来。因政府的强制行为并不受个体专断意志的支配，而且它的行为是依据普遍性的抽象法则（它们在人们制定规则之前还难以预料)，因此强制行为也就形成了个体创设和执行计划所仰赖的各种基本依据。强制以熟悉的规范为基本依据，因而强制也就成为某种可以帮助个人实现自身追求目标的工具，而不是被利用来实现他人目标的手段。

2. 自由的责任

否认个体责任，经常是害怕责任的结果，而害怕必定会演变为害怕自由

哈耶克指出，自由这一概念不仅意味着个体拥有选择的机遇并必须承担个体选择过程伴随的责任，并且还意味着个体必须接受其行为的后果，以及这些后果产生的褒扬和贬抑。自由实际上与责任一词难以分离。假设某个身在自由社会内的个人不认为个体所处境遇是来自个体的正当行动，也不接受这个境遇是个体行为的结果，自由社会就难以发挥调节社会成员冲突的作用，并难以维持自身的发展。虽然自由能向所有个体提供各种的机遇，个体努力奋斗的后果还须决定于无数的偶然情形的作用，可是，它依然能够强力地把行为者的关注目标集中于其可控制的范围之内。个体被给予只有自身才明白的境遇，在普遍情况下，任何别的个体都难以准确判断个体是否最有效地运用了这些境遇，因此必然的前设是，假设没有反例出现的话，个体行为结果取决于个体行为。

哈耶克认为，个体自由的时期，也一直是实践个体诚信责任的时期。令人忧虑的是，那些个体责任信念以及对自由的崇拜，在现实中显然衰退了。责任已演变为不被欢迎的观念，也是某个拥有丰富实践经验和自我创作者回避使用的词汇，这一情形出现的根本原因在于那些反道德泛化的人们非常厌倦和极力反对接受该词汇。事关责任的信仰还经常引发另外一些人们的仇恨，根本原因在于这类人一直被传授的是，人们的各种境遇确定了他们的生活现状，甚而还确定了他们的行为方式，而实际上这根本就没有办法控制他们的生活环境。可是，否认个体责任，经常是害怕责任的结果，而害怕必定会演变为害怕自由。毫无疑问，正是因为创造个体生活的机遇还意味着这是相当困难以及无限的使命（人们若想实现个体目的，也就必然将创造个体生活的机遇看做是戒律附加于个体身上），因此使得相当多人感到恐惧。

尊重个体自由与个体责任为什么同时被贬抑，很大一部分原因是源于对科学的错误解释。哈耶克指出，原来相信自由的各类认识，都同信仰意志自由存在密切的关联，可是意志自由从来都缺乏确切的定义，并且在半个多世纪之前，似乎它的理论根基遭到现代科学成就的摧毁。之后，人们也就越发相信，所有自然现象都毫无例外取决于之前存在的事件亦或受到人们所熟悉各种清规戒律的制约，并且人自身也应被看做是自然的必要部分。这类认识必然引出了这样的结论，也就是人们必须赞同，个人的行为和智识的运用，必然受到各类外部境况的制约。19世纪决定科学发展的宇宙论立场，借用上述论证媒介被运用到人的行为世界中，正是这样的认识，或许从根本上否认了个体行为的自生自发原则。可以确定的是，个体行为必须受到自然规律制约，以及人们事实上难以确定个体行为是怎样被特殊环境所制约的认识（也许会出现例外，可这仅仅出现在相当少见的情况下），都是普遍性的设想。可是，认同人的理智的作用必须（至少原则上必须确认）屈服于同一性的规律的论调，事实上则意味着根本否定个体人格的运用，而且，个体人格的运用对于自由和责任概念来说是非常必要的概念。

20世纪中期数代人的认识发展历史，已向人们展现了相当多的例证，并说明了决定论立场的世界蓝图是怎样损害了自由道德观念与自由政治信念的根基。现时有相当多的接受了科学化教育的人们也许将认同某些科学研究者的立场，这些研究者在撰写普通大众可阅读的文章时承认，自由对科学研究者的论证而言，是相当麻烦的观念，其根本原因在于它难以让这些研究者确信现实世界内的确有自由这样的东西存在。事实上，在更近些的时期，物理学者以颇为讲究的方式主动抛弃了宇宙决定论立场。可是，关于世界只具有统计学意义这个较晚出现的命题而言，究竟应采用怎样的形式证实意志自由的问题已被消除，依然是一个非常严重的难题。这是因为，在人们的认识中，所有人在控制自愿行为与责任上存在的一系列的困难时，完全不是因人们的行为取决于因果律而产生的必然后果，这仅仅是人的认识的不清晰所引发的严重后果，也是他们的结论并没有确立在前提条件上所引发的必然后果。

在此哈耶克认为，宣传意志自由的论调，同否定意志自由的观念一样，是那么无聊、毫无价值。因为问题本身就属于虚假命题，也或者仅仅是语辞争论而已，在这一争论过程中，辩论各方甚至根本难以确定肯定答案或者否定答案的实际意义。人们可以依据自身的意志而不是别人的意志行为，假设那些反对意志自由的人不希望陷入毫无价值的争吵中，就应给予自由另一种定义，但必须说明的是，这些人从来没有下过这样的定义。而且，那些认为拥有相关价值和实际价值的自由似乎全然否定了行为必然为某些因素决定的观念，也可根据细致的考证证实其并不存在可靠的基础。

哈耶克断言，假设人们考察争议各方依据自身的立场所得到的结论，对此类问题的混乱认识就必然显现出来。那些决定论立场普遍都相信，因为个体的行为全然决定于自然因素，因而相信人们负有褒贬他人行为的责任是完全缺乏依据的。同时，意志主义则相信，因人具备置身于因果关系之外的某种能力，因而这类力量也自然被赋予承担责任的义务，也就属于褒贬的可靠对象。事实上，不存在争议的问题是，前述的各方的结论实质上都远离了自身所支持的基础。因为人们常常这样认为，责任实质上是以某种决定论立场为出发点，因而决定论除此之外并没有合适的道路可走，仅有利用创设某一精神上的自由观念方能确证个体为何无须承担责任是正当的个人选择，这是因为精神上的自我一直置身于因果关系之外，因而也可被认为是跳出了褒贬影响的范围。

自大的决定论理想强迫个体意志放弃选择

哈耶克认为，人们要说明所谓的决定论观念，实际上可通过创设某个自生的怪胎来实现，因为它将始终如一地用某种可预见的形式回应其所置身的环境产生的各类事件。可是，如此解释可能将与那些极为教条地反抗意志自由论者所持的立场完全对立起来。这些持极端立场的人们认为，个体在任何时刻能采取的行动，也是他对任何外部环境能做的反应，将被他的天赋的素质与常年积累的个人的全部经验（包含所有个体依据先前的经历而予以解释的新生经验——这属于经验积累的历程，这个历程在任何情形下都将形成唯一的、特有品质的人格）共同承担决定的责任。这一人格的作用，也就如某种过滤器一样，外在事件利用过滤器而行为，可在普遍的情况下，个人难以准确预测这个行为将导致什么样的行动。可是，决定论立场却认为，天赋素质以及过往的经验所积累的东西，将构建个体的全部人格，并且此外再不存在那些情绪倾向，也不存在不受到外部因素影响或物质因素影响的自我。这也就意味着，虽然否认意志自由的人们某些时候也否认譬如逻辑推论、论辩、劝解、严苛的评价以及对褒贬的预期因素的现实影响范围，可是，人们难以始终如一地坚持如此否定的态度。所以可以认为，这些因素确实属于确定人格倾向并确定个体特殊行为的最核心的因素。由于实质上并不存在置身于因果关系外的独立自我，因而也就必然存在人们可利用奖罚来施加合理影响力的自我形式。

实际的情形是，人们经常借用教育、榜样示范、理智地劝解、赞同与抵制的方式来左右别人的行为，关于这个问题也许确实没有人始终如一地反对过。所以，就人们的知识范围而言，人们所采取的某项行动将会导致其周边的人们更崇拜或更贬抑他们，并且对人们所采取的某项行动提前作出奖罚的设想，因而人们有充足的理由发现的问题就是这些，即置身于特殊环境的个体，也许在某种程度上受到以上所陈述的知识以及预想的左右而走向渴求的行动方向。

相信人为什么是人，并非错误的看法，经常是人们所认同的。可是就严格意义而言，这一观点确实非常荒谬，这是因为赋予个体责任的目的是让个体能把现在的个体与可能的个体相互区别开来。假设人们认为个体赋有某项行动结果的责任，这个观点就不是在陈述某项事实，甚至也不属于某种因果关系的结论。可以确定的是，假设个体可能的行为和不行为都无法改变其行为结果，于是以上的陈述就难以证实。可是，在人们对这类情形的评价借用诸如也许或者可能一类词汇的时候，人们并非认为，他们身上存在着某种完全不同于特殊因果关系的东西，并且是与这种东西的绝对影响相反的东西在产生效用。反过来讲，关于某人对所有行为负有责任的认识，实际上是确保他的行为同其怀疑该陈述为真的情形的行为互相区别开来。人们赋予他人责任，并非是证实原来的他就必须采取差异性的行为，仅仅是让个体发生变化。假设个体由于疏漏造成了伤害他人的结果，疏漏在特殊场合内是个体难以改变的，这就难以使个体免除承担该后果必然的责任，并且还应推动个体有更深刻的认识，也就是个体必须牢记产生这些后果的可能情形。

哈耶克指出，人们在此就只能这样发问，即由于其特殊行为或行为后果而赋予其责任的某个人，是否属于可产生正常范围的动因的那些人（也就是其是否是具有实践责任的人）？同时在这一情形内，这一类人可否期待受到人们希望他牢记的观念和信念的左右？和大多数这类情况一样，实际上由于人们经常对特定场合处于茫然的状态中，所以人们就知道那些关于人们被赋予责任的期待，这些期待可能在全面的意义上左右人们在特殊场合的行为，并且迫使人们走向某一可欲的未来。所以问题就是，并非某类精神元素是否作用于某些特殊场景，相反是怎样迫使那些理智的思考被尽量纳入到能有效地引导个体行为的方面。这就要求人们对个体适当褒贬，而不看奖罚的期望是否在事实上左右此人的行为。至于相关责任的预测或认识对特殊情形的影响，人们也许难以准确判断。可是人们却坚信，从普遍意义上讲，关于某人具有实现自身责任的知识，这将会影响他的行为，并且使其迈向可欲求的未来。就这层含义而言，赋予个体责任并非断定某一事实，也许是具备惯例的特征，也就是那些促使人们屈从某类规范的惯例的特征。这些特殊惯例是否是有效的，就人们的认识能力而言，属于个人认识经验所需展现给我们的东西。

哈耶克相信，责任观念逐步地演变为法律概念，或许说是某一主要的法律概念，这个问题的根本理由是某个人的行为是否演变为某项法律义务或是否迫使他接受相应的惩罚，法律必须具备准确地判定个体的行为对错的最佳方式。可是需要说明的是，责任必然属于道德范畴，这个概念形成人们判别他人完成道德义务的基础。实际的情形是，就涉及的范围而言，责任观念远远超出了人们惯常规范的道德范围。人们对整个社会秩序的态度，也就是人们对这个社会秩序在衡量个体的相对社会地位的时候的赞同与反对，这与人们所赞同的责任的意义是密切相关的。所以，这个概念的意义远不是强制所能囊括的，并且它所具备的相当重要的含义，也许在于它可以引领人们自由决策。自由社会也许比其他形式的社会都更强烈地需要做到如下两点：首先，个体的行为应被责任所牵引，并且责任的范围大于法律创设的义务范围；其次，普遍舆情应赞同并张扬责任观念，也就是个体应对自身努力的结果负有责任。一旦人们依据所允诺自身合适的方式行为时，就被认为对奋斗的结果负有责任。

赋予个体责任的合理的理由，是以这一假想为前提的，也就是如此行为将对人们未来的行为产生影响；这就告诉人们在之后的相似情形下行为时必须考察的各类因素。在普遍意义上而言，仅在行为者能最精确地了解行为环境时，他才应自我决策。情况虽然是这样，人们还必须思考这样一些问题，也就是被创设的各类前提必须能使人们最有效地借用自身的知识。假定每个人拥有理性并被授予自由权，于是人们就必须相信他必须对行为后果负责，这样才是理性的行为。这类情形并不意味着人们会认为个体是自身利益永远的最佳判断者，而只意味着人们难以确定哪个人比自己更明白他的利益，也许还意味着人们期望所有人都可以展现自身的能力（也就是能促使生存环境更佳地为人们的各类目标服务，并分别作出贡献）。

哈耶克认为，赋予个体责任，也就预先承认了人具有理性行为的能力，赋予个体责任的目的是防止人们的行为出现不负责任的情况。同时，赋予个体责任还预先承认每个人都有某些最低程度的学习和预测能力，也就是人们将被行为的各种后果的认识所左右。人们也许还可以这样认为，因为赋予个体责任的目标是促使人有限的理性被最大限度地发挥，因此理性在确定个体行为上仅仅能产生很微弱的作用。就这样的情形来看，符合个体理性也仅仅意味着两个方面：首先是某个人的行为必然具备某一限度的连续性和统一性；其次，个人知识与见识具备某一连贯的影响力，实际上某些人是具备这样的知识和见识的，这种情况将在之后或其他不同地方影响个体所采取的行动。

个体的责任以现实产生的效果和影响为基础

哈耶克断言，自由与个体责任的关系向来是互补的，这意味着自由认识只适宜于那些被相信具备承担责任能力的人，即并不适宜于那些没有成年的人和患有精神病的人。哈耶克还假设个体可以从经验中获得知识和见识，并能利用这些知识指导个体行为。所以对于自由的认识，对那些没有从实践活动内取得足够的知识以及缺乏正常能力获得知识的人们，实际上是很困难的。假设个体的行为全部取决于各种难以改变的本能冲动（虽然个人预料到其行为后果出于难以有效控制的那些冲动），或全部取决于显见的人格分裂（或精神疾病），于是，个体在这种情况下很难被正常地看做是具备行使个人责任能力的人，这是由于他必须完成责任的认识难以改善其行为。另外，某些确实无法控制个体欲望引诱的人，也一样被看做缺乏行使责任能力的人，由于现实的经验证实这类人无法对正常的动因作出合理的反应。要是人们有证据确定个体的责任何时将会左右其行为，人们就必须将其看做具备责任能力的人，并忽略特殊情况下认定个体责任是否引发可欲的后果。所以赋予个体责任，并非以特殊情形下被人们所了解的真的知识为基础，而是以人们确信它会产生的效果或影响为基础，也就是那些刺激人们在深思熟虑的情形中理性行为的效果和影响。这也是社会为应付个体难以确证他人心灵状况而选择并逐步发展的手段之一，也是人类在不求助于强制就引导社会秩序进入人们的生活而逐步发展的手段之一。

哈耶克认为，那些被认为具备行使责任能力的人，对自由的不适宜的认识不能绝对适用于他的同一阵营的人提倡的特别问题，明显不是人们在此必须讨论的问题。问题的关键是，作为社会成员而言，一方面享受自由，另一方面必须承担相应的责任，这是由于他既被赋予特权，同时还须承担权利所产生的责任的现实。如果人们想达到自由的目标，在这种特殊情况下，人们是无法依据某人随心的裁决而随便赋予他权力，相反，他们应该自发地从属于那些合乎客观标准（譬如年龄）的人们，只要关于这些人必备的最小能力的假设还没有被确证不能成立。从人身关系来看，人从被监护的情形完全转化为具备责任能力的人，这一情势也许是逐步发展的，而且并不具备清晰的线索，而存在于个体之内的只是国家难以插手的微弱的强制，也能依据个体拥有的各类程度的责任适当协调。可是，就法律和政治而言，假设人们期望自由是可靠的，那么责任的类别和限度也就必须确定下来，并且也必须依据普遍性的和非人格意志化的规范来确定。

在人们关于个人是否应变成自身的主人，或应屈从于他人意志之类问题做判断时，就必须看他是富有责任的人，还是不负责的人，或者他能依据自身的方式行为——也许这些方式难以被他人认同、预测和鼓励，或者要么就根本不存在这项权利。并不是所有人都能获得绝对的自由，也不是说所有人都是自由的，事实是所有人都必须接受依据具体情形而协调的限制规范。那些未成年人在法院和精神医院被区别对待，这种情况的标志是监护，也是不自由的。虽然人们在私人生活过程的亲密中，也许将依据对方的情形而调整个人的行为，可在公共生活范围内，自由要求人们依据责任能力的类别与缺乏责任能力的类别区别对待他人，也就是把人看做是类，而非看做是难以记数的独立个体，并且根据这样的假设来区分人，即左右人的行为的正常的刺激因素和胁迫因素处于有效运作的过程中，而并不看这一特殊情况的真假。

20 世纪前半期，就是否应允诺个体追寻属于自身的目标产生了极大的争议，并导致了相当程度的混淆，这是因为某些人认为，假设给予个体某一方面的自由，他就必然以其自私的目的为基础。可是还需要说明的是，追求个体目的的自由，不单单对利己主义者相当重要，对持利他主义立场的人也非常必要，这仅仅是因为在利他者的价值评价系列内，别人需要的满足也占有相当重要的地位。人们把他人的福利的实现作为自身行为的根本目的，这是人的本性的表现，是人幸福的必要条件。以他人幸福为主要目的，这是人们合理性选择的一部分，并且常常也是人们渴望他人作出的选择。就这个含义来看，人们应将家庭成员的幸福作为自身行为的主要目标。可是，人们也经常借助于与他人成为朋友，把朋友的目的作为自身的目的，借此表达对他人的赞赏和认同。视某些人（即需要被我们作为关注对象的人）为自身的协作者或知己，这是自由实现的核心要素，也是自由社会内道德观的核心要素。

但是，哈耶克认为，普遍的利他主义立场是毫无价值的认识，这是因为所有人都难以以这样空洞的形式去关心他人。人们必须接受的责任，应该始终在具体形式的监督下，而人们的责任也只能指向那些人们确知具体情形的人或那些同人们所具有的选择范围以及特殊情势相互关联起来的人。某一个体自我确定怎样的要求以及对其他人的要求，这是极其重要的，这是作为自由人拥有的基本权利与义务之一。

认同个体具备人们所应尊崇的自身的价值系列（虽然人们可以不赞同该系列），这是对个体人格价值给予认同的一部分。所以，人们评价他人，根据的就是他的价值系列。换句话来讲，信仰自由意味着人们决不可视自身为裁决别人价值的最高审判者，人们也不可认同自身拥有权利和资格妨碍他人追寻人们不认同的目标，只要别人的行为并未侵害自身所拥有的受同样保护的行为范围。

哈耶克指出，假设某一社会不赞同个体具备占有财富的资格和自我遵守的价值体系，就无法做到尊重个体的尊严，也难以明白自由的含义。可是，以下情势在自由社会内的确是真实的，那就是人们将根据某一个体的自由行为方式来判断该个体。在缺乏自由的情形下，道德评估是没有价值的。假设某个成年人的行为（先不管善恶）是服从于命令的诱惑以及强制的压迫，美德难道就不会变成一个空洞的概念吗？那些被颂扬的人难道不是在诱惑和压迫下墨守成规吗？而严苛、真实、公正与节制，难道还有价值吗？自由确系行善的机遇，可是仅在它解决不良善和错误行为时，自由作为善才是有真实意义的。仅在个体在某一程度内被某些共同价值所引诱时，自由社会才可成功地产生效用，这个事实也许就是为何某些哲学家定义自由为同道德规范相一致的行为的根本原因。可是还需强调的是，自由的这个定义，事实上否定了人们所关心那些自由。作为道德品质的条件的自由行为，其中也包含了自由的错误行为。只有在某一个体具有选择的机会时，或仅在个体遵守规范不是由于强制而是志愿行为的时候，人们才可加以褒贬。

人们指出个体自由的范围同时也是个体责任的范围时，并非意味着人们对任何特定范围的人们都必须承担澄清人们行为的责任。确实，人们所以必须面对他人的非难，是由于人们的行为激怒了他人。可是，人们所以被认为必须承担自我决定的全部责任，根本原因是它导致人们的注意完全集中于自身的行为可实现多种目标。信仰个体责任的主要功用是促使人们在实现自身的过程中充分利用自身的知识和能力。

> 自由的根本目标是给予个体机遇和动机，促使个体的才智被最大化地运用

自由这个概念设想的选择必须承认的责任，也就是自由社会赋予个体决定自身命运的职责，在当代世界的情形内，逐步地演变为遭人异议的根源。个体的成功，在现实情形中将比从前更决定于他怎样恰当利用自身所具备的特殊能力，而并不决定于他在理论上具有怎样的特殊能力。在过去那些专业生产程度低、生产组织结构简单的时代里，也就是差不多所有人都明白存在相当多的机会的时期，人们能相对容易地找到完全发挥自身的特殊才能和智慧的机会。可是伴随着社会进步以及社会组织越发复杂，个体所能期望取得的收益，越发仰赖于其恰当运用自身的技能，而非仰赖于其所具备的能力。所以要找到个体运用能力最合适的机会，也就变得越发困难了。具有一般技能与具有特别能力的人，其所取得的报酬，差距也被逐步拉大。

哈耶克批评到，时下最使人不满的情形，也许都没有如下问题更能引发人们的不解，即个体怎样才能帮助

同胞，以及个体的才能与智慧怎样才可避免浪费。在自由社会内，任何人都没有被强制运用才能和智慧帮助别人找到恰当的机会，任何人都没有特殊权利强制他人运用特别才能和智慧，只有他自身才有权利自动发现运用的机会。假设不这样做，这些才智就极可能被浪费。这些陈述也许是自由体系限制个人社会责任的一方面，也许是自由体系引发社会不满的主要根源。人们对自身的潜能的认识，相应地将引出这样的要求，也就是别人被赋予促使自身所有的才智被正确地运用的义务。

人们需要自我发现某类可展现才智的合适工作，毫无疑问，这是自由社会附加于人们最严肃的也是最残忍的要求。可是，这类要求却与自由联系密切，难以割舍。这只是由于除非某一个体拥有强制他人运用才智的权力，否则，任何人都难以保证他的才智被恰当运用。仅有借助于剥夺他人选择谁将为自己服务的权利，并消除他选择利用哪些人的才智以及哪些产品的权利，人们才可保证每个个体的才智都被充分地合理地运用。可是，自由社会的本质是，个体的价值与收益并非决定于他所占有的想象力，而决定于个体是否可成功地把想象力具体服务于那些有力量回报社会和他人的个体。自由的根本目标是给予个体机遇和动机，促使个体的才智被最大化地运用。可是，促使个体在这些方面产生特殊作用的，并非他具备的普遍性知识，而是特别知识，也就是他对特殊情势和前提进行判断的知识。

哈耶克认为，人们必须承认，自由社会在这个问题上会促发多种情势，并常与之前的社会形态流传下来的道德认识相冲突。不可怀疑的是，就社会的立场而言，善于运用个体的能力，也就是发掘个体才智的最佳途径，也许也是最能给予他人帮助的方式。可是，个体假设拥有过多资源，将常常促发人们的妒忌。并且，虽然某些人的普遍性能力是相似的，可是其中的部分人员由于相对成功地运用现实环境，并由此取得了相对于他人的比较优势的利益，这一情形经常被看做缺乏公正。在多数社会内，因贵族思维传统相信，才智最终被他人发现才是高贵的行为，因而仅有那些为取得合适的社会地位进行艰难的斗争的宗教团体和少数族群才培养成了合理运用该资源的能力（也许见风使舵最能描述该现象）。正因如此，人们常对这些人倾诉自身的反对。在那个等级森严的社会内，各个等级都被分别赋予了相应的责任，也就导致行为的前提存在差别，这也是贵族传统形成的渊源，该传统经常是被那些由于享受特权而认为没有为他人服务的必要性的人所支持的。

可是，毫无疑问的是，相应于贵族思维传统，个体能发现自然资源的合理用途和自身能力的合理用途，这是当今社会内能为他人福利做出的最大的贡献。更有甚者，自由社会所以可发展得比其他社会更加繁荣，也是由于它为人们的奉献赋予了最大范围的机会。也许这类企业家形式的能力（因于在寻觅能力的最合理用途的过程中，所有人都是企业家）的成功运用，在自由社会内是最高的回报行为，并且无论谁，要是把发现运用能力的某种有效方式交付给别人，这个人就必须满足于相应较少的回报收益。

人们必须清楚这一问题，也就是假设人们培训的只是那些被期待使用的专业人士，这些人依靠自身难以找到合适的职业，甚而把最大限度的展现其能力或技艺视为别人的任务，于是人们就没有为自由社会教育和培育人才。不管个体在特定范围内拥有多大能力，假设他没有让那些能从其能力的展现过程获取最大收益的人发现该能力，那么他给予自由社会的服务的收益就必然相当低。虽然两个人经过相同的努力取得了相似的技艺与认识，可其中一个人可能取得成功，另一个则可能失败，这个情形也许使人们感到缺乏公正。可是人们必须意识到，在自由社会内，正是运用竞争机会决定了人们对社会是否有用，而且，人们还须相应地调整教育和精神导向，以适应自由社会。在自由社会内，人们所以获得酬劳，并非因为拥有技术，恰是由于人们能合理地运用该技术。要是人们能自由选择职业，而非被强制从事某一职业，那么人们合理地运用技术必定就是取得酬劳的基础。人们也许决不会断言在某人取得的某一成就内，哪部分是由于相对出色的认识、能力以及个人奋斗，哪部分是由于个人偶然的幸运，可是，这一情形无法否认如下方式的重要程度，也就是促使个体做合理的选择是相当有意义的事情。

哈耶克批评到，持社会主义立场与其他某些立场的人的主张说明，他们根本没有明白以上的基本问题，因这些人相信，每个儿童，如成年人那样，具有天赋权利，这些权利包括生命、自由以及求幸福的权利，并且还应包含个人才智可使他在社会秩序内获得一定地位的权利。在自由社会内，个体才智并没有促使其占据特定地位的权利和资格。假设对该问题做肯定的回答，也就意味着某些组织有权依据判断给予人们各种不同的地位。自由社会给予人们的，仅仅是追求合适地位的机会，可还需强调的问题是，在此过程中，风险与不可靠性同该机会同生共存。要是人们为实现才智寻求市场的帮助，必然将面对这样的风险和不可靠性。不可否认的是，就这个情形而言，自由社会把多数人都限于某种压力之下，并且该压力经常导致人们的抵制。但是，认为个体在其他形态的社会内不存在该压力的论调，仅仅是个别人的幻想。这是因为假设希望取代对命运负责产生的压力，那么能选择的就只剩下人们绝对服从他人命令产生的使人厌恶的压力。

也许人们经常强调，那些相信个体须负责自身命运的想法，只是成功人士所具有的想法。可是，该论调本身的前设（也是由于人们成功了才坚持的认识）是难以成立的。就个体而言，成功同该信念之间的关系被无情地颠倒了，事实的情形正是因人们事先有这样的想法，才常常能取得成功。虽然那些相信个体取得的成功绝对归于自身努力、技艺和才智的认识，也许在相当程度上是不准确的，可这类认识能相当影响他的奋斗和慎重的选择。假设成功者自视清高的优越感经常使其他人难以忍受和厌倦，那么认为成功绝对决定于成功者自身的看法，就实用主义立场而言，也许将是促使其取得成功的最有效的激发。个体越发习惯地把失败归于别人和环境，也就越发容易不满，其工作也就做得越发糟糕。

人们可能由于熟悉感而逐渐变得陌生

哈耶克强调，现实社会内，个体责任感的重要性被降低，一方面由于个体责任范围过分延伸，另一方面由于个体无须负责行为的现实后果。假设人们是为左右个体行为而赋予个体责任，那该责任必须涉及两种情形：其一，个体预测到被赋予的责任对行为的影响，从人的才智而言或许是成立的；其二，人们可理性地期待把这类影响纳入日常生活的范围之内。要使个体责任产生具体的效果，责任必须确切且合乎限度，并且不管从个体情感还是从才智看，也必须同人的能力范围相适应。不管宣传某人负责所有事情的后果，还是宣传某人不对任何事情承担责任，都将侵害个体的责任感。自由所要求的是：其一，个体责任范围仅是他可判断的范围；其二，个体行动须考虑到他的预测能力可达到的范围产生的责任对行为的影响；其三，特别重要的是，个体应对个人行为后果负责（或者对其负责管理的人的行为后果负责)，而不应负责那些同样自由的人的行为后果。

要使责任有效，责任还须是个体的责任。在自由社会内，并不存在任何被同一群体成员共同承担的责任，除非群体确定每个人各自负担的责任。人们有时候可给予个体连带责任与被区分的责任，可这须是同相关人士讨论的结果，并且它的目的是对置身其中的个体予以适当限制。假设由于创设共同体事业而赋予多数人责任，但却不要求这些人承担共同行动的义务，于是常常将导致这样的结果，即任何人都难以确实地担当责任。正像关于财产的问题，假设所有人都具有所有权，于是事实也就相当于所有人都缺乏所有权，所以，所有人具有责任，也就意味着任何人都没有责任。

现实社会的一系列发展，特别是大城市的发展，毁灭了很多地方组织的责任感，但正是这类责任在以前曾经激发了相当多极其具有帮助的自生自发的共同行为。在以往的情况内，关于责任的基本前提，实际指个体能自我判断情势，并无须思考就能提出自身想象的问题，甚而具备充足的理由依据自身的情形而不是别人的情形思考怎样处理这些问题。可是，这个条件已经难以适用工业都市的具体情况，这是由于在都市社会内，人们相互之间实际上已经成为陌生人。从普遍情况来看，个体并不是某一小社会群体的成员，可是在小社会群体范围内，个体将经常取得感人的关怀并与他人关系密切。尽管工业社会导致个体的独立被某种程度地加强，但也导致个体失去了安全感，而这类安全感正是前工业社会人们之间的关系以及邻居朋友之间的亲密关怀所能给予的。所以，在现实社会内，人们越发向往从国家冷漠的权力中取得保护。确实，毋须怀疑的是，这类要求在相当程度上是如下情形产生的结果：其一是利益攸关的小型社区的消除，其二是个体逐步上升的孤立感，也就是个体难以期望从地方社会的其他成员那里获得各类帮助和关怀。

哈耶克认为，那些利益攸关的紧密的小社区的消失，并被各种有限的、非人格化的以及暂时关系建构的关系网络取代，人们对此也许有一丝不安。可是，人们期待看到熟悉的人之间的责任感。人们也可能由于熟悉感而逐渐变得陌生，并被理论上认识的人们之间的责任感代替。相对于人们所熟悉的邻居朋友的命运，人们能获得真诚的关心，并且在他们需获帮助的时候，人们经常也明白将怎样给予这些人帮助。并且，对于那些知道他生存于现世并对具体情形毫无所知的千万不幸的人而言，人们明显无法用相同的方式看待他们。不管人们的痛苦和失落是怎样打动人心，人们毕竟难以只依据受苦的人们的抽象想象而引导个体的日常行为。假设人们希望自己的行为有益和有效，人们的目的就必须被限定在自己的才智与同情所能涉及的人身上。这些反复提请人们对自我生活的社会群体、国家以及世界内所有渴望帮助和痛苦的人具有社会责任的认识，必将导致如此的后果，即它将不断削弱人们的责任感，甚至人们根本难以区分哪些需要人们行动的责任和哪些不需要人们行动的责任的内在差异。所以，要使责任变得有效，就必须给予责任严苛的规定，促使个体能将自身的道德法则运用于他所知的情况，同时也能帮助其他人自愿努力消除各种社会弊端。

3. 没有雇佣的独立

> 自由并不意味着人们能获得欲望中的每样的东西

哈耶克认为，前述的各类理想与原则，都是原始社会发展起来的，并且这一社会在某些相当重要的方面实际已绝对相异于当下的社会。在这一社会内，相当多的人（绝大多数于形成多数意见有相当的作用）在保持个体生活的活动上都属于独立的运营者。可是，人们需要问的是，一旦多数人被作为各大社会组织的雇佣成员，同时个体利用的也不是自身所拥有的资源，并在相当的程度上是依据他人的命令行为时，那些在原始社会内取得有效性并被服从的规范，在如今的社会内还将在怎样的程度上有效呢？特别需要注意的问题是，假设独立行为者现时仅仅构成社会成员内相当小的部分并产生微弱的影响，于是人们的贡献是否将因此而无关紧要呢？或者说，人们是否依然属于自由社会兴旺发达的必须的元素呢？

哈耶克认为，在人们开始讨论该问题之前，需首先破除关于雇佣阶层的神话。虽然只有马克思主义彻底地相信这句话，可是这一神话产生的普遍影响已发展到混淆视听的地步。这个神话认为，无产阶级历史性的出现，只是由于剥削社会发展的后果，正是在剥削的过程中，普遍的民众被剥除了过去使自身能安身立命的物质财富。可是，事实并非是这样。在当代资本主义社会形态之前，多数人建构家庭甚至是抚育小孩是仰赖于继承了房产、土地资源以及必需的生产工具。之后，那些难以继承父母的土地资产或生产工具的人们为何能存活并延续下去，只是由于这样的事实，即富有阶层通过扩大雇佣规模的方式来利用资本，不单对富有者是行得通的，同时也可为他赚取大量的利益。假设真是资本主义创造了无产阶级，实际上也是通过让多数人可生存并延续的形式实现的。在如今的西方社会，这个过程的效用确实不再扩大传统意义上的无产者的人数，相反是推动雇佣群体往多数发展。可是需要注意的问题是，从各种立场来看，雇佣群体的扩大，不但难以推动自由社会发展，并且常常同这些力量相对抗。

最近的两百多年内，人口数量的增长体现为都市化和产业雇佣工人数量的增长。技术革新激发了规模化企业的产生，进一步激发了新的规模巨大的职业阶层的产生。确切地讲，技术变革肯定推动了雇佣人数的增长，可是还须强调的是，那些依靠供给服务而存活的无产者数量的增长，也许将反过来推动组织发展的规模化。

在此，哈耶克指出，这类发展趋势的政治含义，由于如下的事实而被加强了：无法独立生存的人们以及无产者数量发展得最快的时期，也就是这些人被给予选举权的时候，在此之前，这些人中的多数并不具有这项权利。发展的结果就是，差不多所有西方国家内，多数选民的认识逐步取决于如下事实，该事实是指这些人都处于受到雇佣的社会地位。因为现在这些人的意见在相当程度上左右着国家政策，因此，就这一方面来讲，导致雇佣地位具有相当的吸引力；从另一方面来说，则导致独立生存方式越发缺乏诱惑，于是受到雇佣的人就能依据地位放心地运用政治影响力来左右政府决策。确实，这一情形是相当自然的。根据这样的情况，社会逐步沦落为庞大的等级雇佣社会，可是在此就需要问，这样的社会是否合乎被雇佣者的长远利益呢？坦白地讲，假设被雇佣者多数难以认识到，保证足够多数的独立人员的生存也牵涉到这些人的利益，那么社会逐步地演变为庞大的等级雇佣社会就难以避免。

在多数运用自由的情形中，雇佣者并不存在什么直接的收益，并且被雇佣者也经常难以明白自身的自由实际是仰赖于他人可决策的情形，虽然从表象上看决策与被雇佣者的生活并不存在直接关系。因被雇佣者无须这类决策生活（确实他们必须接受这样的情形），因而人们也就难以认同自我决策的必要，同时因被雇佣者生活差不多不存在决策的机会，因而他们也经常蔑视这类机会的重要性。独立的人们产生影响所必然运用的自由，却被受雇佣者看做毫无必要。人们对奖惩和合理酬劳的评估，也与独立生存者差异巨大。所以在现实世界里，受雇佣者多数把个人生活准则和认识强加于他人的认识方向，于是就严重威胁到自由的形成。确实，为了实现受雇佣者社会内的普遍利益，也是为这些人的长远利益打算，他们应坚持某些条件使少数独立者能取得多数难以取得和相信不值得努力并冒险的社会地位。可是人们必须承认，企图劝服受雇佣者并促使他们认识到这个问题，是相当困难的事情。

哈耶克认为，即便某些运用自由的情形与受雇佣者的现实生活不存在多少相关性，这也不意味着这些人是不自由的。个体就自身的生活以及谋生方式做的任何选择，从结果上看，本身就意味着这些人不愿意做某些事情。相当多的人选择被雇佣，这与独立者的社会地位相比较，受雇佣将赋予这些人更良善的生活。确实，某些人不是非常重视被雇佣的社会地位能给予自身的相对安全以及微小的冒险和社会责任。可是，这些人最终还是选择了被雇佣；值得人们关注的是，促使这些人选择的决定因素，经常不是这些人无力达到独立，而是受雇佣比较起做独立商人来讲，能向这些人提供更满意的活动形式，并取得更多的收益。

自由并不意味着人们能获得欲望中的每样的东西。

哈耶克指出，在选择自我生活方式时，人们始终需在复杂的利弊关系中权衡，并且一旦决策确定，就须为取得利润而面对那些不利于自身的处境。所有企图利用出售个人劳务取得稳定收益的人，须利用工作时间完成他人所做的工作安排和决策。服从他人要求的行为，就受雇佣者而言，是实现目的的前提。可是，尽管受雇佣者某些时候会对现实不满，可是在普遍的情况下，因这些人并不处于受到强制缺乏自由的情形，因此这些人常常不会过分寻究其根底。还有，即便受雇佣者某些时候相当不喜欢所从事的工作，可他们明白，假设放弃工作，就必然须冒相当的风险或牺牲，因此这些人普遍情形下都会安守本分地工作。可是，这一情形也一样适宜于人们所参与的差不多所有职业，必然也包含独立者所奋斗的事业。

在某一竞争社会内，除非出现大量社会失业，在受雇佣者都没有受到固定雇主的支配下，这个事实确实相当重要。必须明白，就这一情形而言，法律规范就很合理，它否认永远出卖劳力的合约，甚至根本不强制具体劳务的合约。不管是哪个人，都不可强制他人为固定的企业主工作，虽然这个人与企业主有相关的合约规范。另外，在正常的竞争社会内，人们明显可变换工作或找到其他就业机会，虽然这类职业或许酬劳很少。

哈耶克认为，受雇佣者的自由还须仰赖为数众多并且存在行业差异的雇主的存在，这个问题是很显然的。

如果社会始终运用社会主义原则，将必然导致唯一雇佣者的情形，不管它怎样把雇佣权赋予名义独立的共同事业以及类似组织的方式掩盖本质。不管这些雇佣者采用直接形式，还是采用间接方式行为，都难以改变这样的事实，即社会实际上拥有强制个体行为的无限权力。

所以，受雇佣者的自由仰赖于区别于受雇佣者的那些人的存在。可是，在由受雇佣者形成多数的民主政治内，确实是受雇佣者的生活理念确定了这些人的存在。这一社会内，处于支配地位的信念是多数人的信念，也就是各个雇佣组织内的成员的信念，可是，这些人在相当程度上决定了他们各自分工的组织之间的关联及立场。确实，受雇佣这个被多数认同的标准，也可促使人们变成主宰社会的成员，但是，假设这一社会想延续自由社会理想，由多数受雇佣者达成的一致标准就无法适用于该社会。

哈耶克断言，受雇佣者的评价和收益，绝对与那些承担分配资源的风险和责任的人们的评价和收益大不相同。某个希望确定工资并依据指示参与工作的人，也许同某个持续在差异性的方案内作选择的人相似，都是一样的踏实、勤恳与智慧。可是，受雇佣者却难以如后者那样具备相当的创造能力和实际运作能力，这是由于受雇佣者工作过程内选择范围非常有限。并且，就普遍情形而言，人们决不期望受雇佣者实行难以规范与违背惯例的行为，这也就意味着人们只可做被分配的工作，其余的工作都无须参与——即便他有能力参与完成更多的工作，也不存在例外。被分配给受雇佣者的任务，必定是有限的任务，这些任务被限制在某一特殊范围内，并以过去安排的分工形式作为前提。

> 市场体制是保证提供可标明价格的社会服务的最合理的方式

受雇佣的现实，不单将左右个体的创造能力和主观精神，并且还会在如下的情形中影响受雇佣者：这些人差不多毫不关注控制社会资源并持续实施新的资源安排以及资源配置的人们所担负的社会责任，这些人甚少知道由于财富和收益利用必须作出决策而习惯的生活与态度。就那些独立者而言，他们自身的生活同工作并不存在明显的分界，可是就受雇佣者来说，区别是相当明显的，因为人们仅出卖了部分时间来换取某一确定的收入。在受雇佣者的立场来说，工作相当程度上就是某一在特定时间内怎样促使自身适应并融入确定的社会结构之中的问题。相反对于独立者而言，工作却是某一怎样设想和重构生活规划的问题，也就是对持续出现的困境寻找解决方式的问题。在关于哪些东西可被确切地作为收益，个体应当怎样把握机会以及个体应当怎样生活才最可能成功等类问题，受雇佣者的立场与独立者的立场泾渭分明。

可是，受雇佣者同独立者最大的区别在于他们对如下问题的认识，也就是差异性服务的合适酬劳当以怎样的标准来决定。当某个人作为大组织的成员之一并依据指示工作时，个体服务的意义就相当难以确定。个体是否忠诚并睿智地服从规则和指示，个体是否较好地适应并融合到运行机制内，都必须依据别人的认识方可决定。日常生活中常常出现这样的情形，也就是雇主常常依据工作效果确定个体收入。假设想使个体对组织满意，实现下述两点就非常重要：其一，酬劳应被普遍认同是公平发放，也就是酬劳须合乎所有人都知道并且是睿智的规则；其二，须设立专门机构保证个体获得同事认同的收入。可是，依据他人认同个体应当的报酬确定个体收益的规范，难以适用于那些依据自我意志行为的人。

哈耶克指出，一旦多数受雇佣者决定某一立法或政策的时候，相关的社会条件将逐步地迎合多数标准，而且，逐步地不利于独立者。结果就是受雇佣者的社会地位更有诱惑力，并且这些人的力量也将逐步强大。人们也许说，规模组织战胜小组织的优势，在某一程度上而言也是政策的后果，因为这些政策导致受雇佣者的社会地位对那些原先期望独立经营的人们产生了巨大的诱惑。

不管人们怎样看，有一种情形毋须怀疑，也就是受雇佣不单是多数人的现实地位，也成为这些人更偏好的地位。这是因为这些人看到受雇佣可以满足他们基本的需要，他们能取得足够应付日常生活的确定的收益，工资可以在某一程度上自发和稳定增长，并且在老年时获得某一定量的养老金，因此这些人摈弃某些经济领域的社会责任。进一步来讲，这些人也就必然相信，雇主由于安排资源的失败并引发了经济领域内的灾祸，明显不属于他们的责任，这是他人的问题。如此，在那些人们毫不知情却依附它并借此生存的经济领域，人们期望某一更高权力来监督经济活动，也就是必然的了。

在这个阶级支配着社会的情形下，正义的社会观念也许相当程度地体现为适宜该阶级利益的工作。这一情形不单体现在立法上，并且也适宜于社会制度和商业行为。税收体制也逐步地以收益作为前提，并且收益正好反映了受雇佣者的利益所在。相似于家长关心小孩的那些社会安排，也差不多完全依据受雇佣者的需求确定。甚至消费信贷的模式与准则，也先要适宜于这些人的需求来制定。所有指涉把占有和运用资本作为谋生方式之一的问题，也逐步地被看做是部分特权阶层的特定利益，但问题的关键点在于，多数人却自视合理地忽略了这一情形。

哈耶克认为，就美国而言，以上所描述的情形也许有夸大的嫌疑，可就欧洲人而言，这些描述则相当熟悉。假设公务员是受雇佣者群体中人数最多的，并且他们享有的特别权利被另外的所有受雇佣者作为权利要求的话，那么从普遍意义上讲，向以上的描述靠拢就必然加快进度。公务员享有的特别权利，其中包括他们终身担任职务的权利和根据工作年限自动增长酬劳的权利，因被看做不单单为公务员设置，也是为公众群体所设置，因而也就倾向于扩展到公务员群体之外的人们。而且，在规模化组织内，个体服务的实际价值相当难以确定，所以它依据某类确切的品质标准而不是现实服务的结果来付给酬劳。可是需要说明的是，就某些方面看来，政府机构内的情形确系如此。政府机关内普遍认同的准则，将通过公务员影响立法并符合受雇佣者需求的新制度体系，逐步倾向于在更大范围内运用。尤其需要说明的是，就多数欧洲国家而言，新社会服务产生的科层体制变成相当重要的政治诱因，这些人既属于需求和品质观念的创设者，也是执行该观念的工具，人们的日常生活必然逐步受制于依据这个观念出现的各种新标准。

事实是，哈耶克确信，受雇佣的机会以差别性的形式出现，这决定于独立个体的存在，因为独立个体努力主动地反复创造或改造社会组织、确保组织行进的方向。从表面上看，受雇佣的机会的多样化，也许由数量众多的薪金经理管理并被多数股东控制的企业所给予，所以拥有富足的财富的社会人员就变得没那么必要了。可是还需指出的是，虽然这类企业能适应已存在的产业，可是，假设缺乏新社会组织的创设来应对风险事业（在这些范围内，具备担负风险能力的富足的个体也是无法取代的），竞争就无法被保护，而企业组织方式的僵化必然成为大势所趋。个体决策为什么优越于集体决策，不单适宜于新风险事业的创设，并且还有利于以下情形：不管董事会的集中智慧在什么情形下能有突出的表现，即便属于规模巨大且地位毫不动摇的企业取得的突出成绩，经常因是利用控制庞大资产并取得独立的社会地位以及个人的影响力而实现该目标。还需要说明的是，不管企业管理在怎样的程度上混淆了企业管理的所有者和受雇佣者的差别，能给予消费者与雇佣者相当的选择范围促使任何社会组织都难以行使强制的所有独立企业的组织系统，依然须以私人财权和私人确定资源利用的方式作为基本前提。

可是，具有富足的财富的个体财权所以相当重要，并不是由于这一事实，也就是这些人的存在是确保竞争企业组织的基本前提。事实是，一旦拥有独立财富的人们不单利用资本寻求合理的物质收益，并且利用资本实现难以产生物质收益的社会目的的时候，这些人在自由社会内尤其具有相当重要的作用。在任何文明化的社会内，具有独立财富的人们必备的责任，不单是确保竞争市场的存在，更加重要的是实现市场体制难以实现或思虑到的社会目标。

哈耶克指出，虽然市场体制是保证提供可标明价格的社会服务的最合理的方式，可是依然存在相当多的市场机制难以给予的相当重要的其他形式的社会服务，而且这类服务难以售卖给个别人。经济学者经常给人们造成这样的印象，也就是只有那些迫使公众支付金钱的东西才是有意义和有价值的。诚然，经济学者也谈到其他的例外情形，但是只是在相信国家难以在市场内给予人们所期待的东西的情况下这样说的。人们特别需强调的是，虽然市场存在的局限为政府参与市场内的某些行为找到了合理的借口，可是，市场的这些缺陷却难以证实如下的辩护是合理的，也就是国家应能提供这类服务。人们不但应相信确实存在市场难以满足的个体需求，还应确切地说明，政府绝不应成为唯一能够给予无须利益回报的服务的组织，并且在这些领域内绝不应出现垄断组织。相反，必须允诺相当数量的独立个体或组织利用各自的能力实现这类需求的满足。

哈耶克认为，假设人们从不知道存在怎样更好的方式来确定这样的群体，他们就具备充足的理由坚持如下的观点：随意在百人内抽出某人或于千人内抽出某人，同时给予这些人充足的财产来达到他们所挑选的任何目标。要是多数立场和倾向能借助代表而表现出来，并且每一情形的利益都被赋予表述的机会，于是促使人群的少数（也就是百分之一或千分之一）采用反向立场审视对社会有助益的方法并合理运用该机会，也就确实值得试验一下。借助继承遗产的形式选择（于当前的社会内，也许给予了这样的可能），那些取得特殊机遇的人将普遍接受怎样运用这类机遇的诱惑。其次，这些人的生存环境导致他们过分熟悉物质财富的优越性，因此这些人将把物质财富看做自然的接受物，而并不把它看做导致他们幸福的根源。新的暴发户的情形则完全不一样，这些人经常沉迷于奢靡的灯红酒绿的乐趣中，但这些鄙俗的志趣对于那些通过继承遗产而变得富足的人们普遍缺乏吸引力。某些人也许相信提升社会地位的过程必然延伸至相当几代人之后，假设这类论调是正确的，同时，假设人们认同某些人无须耗费大量精力谋生，反而应具有富足的时间和财富去寻觅自身选择的任何目标的实现时，那么人们就必然难以否认，继承遗产也许是人们所知道的最佳的选择。

> 公众立场难以确定将其自身导向怎样的方向

也许人们常常忽视这一情形，即集体认同的行动仅仅被限制于这样的情形中：首先，过去的奋斗达成某种共识；其次，至于哪些东西是人可追求的目标，这个问题已被合理解决；最后，仅存的问题在于人们意识到各类选择的可能性，而并非发现什么新的可能性。可是，公众立场本身难以确定将其自身导向怎样的方向，并且不管是政府或别的现实社会组织群体，都不可享有决定性的排他性权力。如此，就需由那些自身占有必要的社会资源的个体或那些已经获得独立财富的个人支持的个体，让他们来激发组织性的奋斗。假设不存在这样的人，那么，仅仅为很少的人所信仰的论调就将绝不会被多数立场所接受。多数人尽管在艺术和别的活动方面展开经济支持，从而替代了富足的资产者，可是因这些人的支持相当异常，因而几乎没有可能期待多数人能在这些问题起到必要的引导作用。这类情形在那些极可能改善多数立场的道德的慈善活动与理想活动上，体现得非常突出。

哈耶克指出，在历史发展过程中，经常是当孤独的先行者企图唤醒公众良知，并奉献出生命和私人财富之后，人们才逐步地意识到这些人所为之奋斗的伟大的人类事业。毋庸讳言，如此相似的事例不胜枚举。诚然，这些人通过长期奋斗并最后取得多数支持的结果，同样不胜枚举。由于篇幅的限制，在此很难一一详尽地论证，事实也是仅仅需举个别例证就可说明问题：譬如废除奴隶社会、刑事法以及改革监狱、阻止肆虐小孩与动物，以及予以精神病人更人性的对待等。可是，在此依然必须强调，这些努力，也许曾在相当长的时期内只是少数理想主义者的渴望，换句话来说，是这些少数人尽力改变多数人形成的习惯成见，最后终于实现这些文明的成就。

哈耶克得出结论，富足者想成功地实现历史使命，不但要求全社会都否认那些不以追求财富为目标的人的历史使命仅仅是利用财富谋取利益或增长自身的财富，并且还需富足的社会阶层不简单地把那些运用资源进行社会生产看做是实现自身的根本利益的人。换句话来讲，社会还须允诺部分享有闲暇的富足人士的存在，这里的闲暇并非指这些人对那些有意义的事情也毫无兴趣，终日闲玩，同时也是使这些人的目标不完全被物质利益所支配。多数人必须争取工资谋生这个问题，难以压制某些人不希望这样做的愿望，即难以降低少数人追求多数人不赞赏的目的的欲望。假设单单是这样的原因而须独断地没收他们的财富来分配给其他人，这样的做法无疑会引起人们的讨厌。而且，假设给多数人赋予特殊权限，也是缺乏理论依据的，因为这些人将选择那些同他们持有相同目的的人们享有特殊权力。事实是，这样的方式仅会创设另类的雇佣形式，或另一种回馈某类确定的品质的方式，却决不会给予另一种机会，使人们追求那些还没有被多数认同的可欲的社会目的。

就哈耶克而言，他鄙视高度赞扬那些游手好闲的行为的传统，在此，游手好闲确指毫无目标地瞎混。可是正如以上所陈述的那样，不以获得收益作为工作的前提，并非必然意味着游手好闲。做那些绝不带来物质利益回馈的工作，也绝对可被看做是高尚的行为。确实，人们大多数的要求可被市场满足，同时给予多数人谋生的机遇，可这个事实并非意味着应否认人们倾其一生追求实现那些毫无利益回报的目标，也不意味着仅是多数或仅是组织性的群体才能追求这些目标的实现。从另外的立场来看，仅有少数人具备能力把握这类机遇，同时也绝不会降低某些人拥有这类机遇的欲望。

哈耶克指出，富足阶层的欲求，至少要求每一男性借助赚取更多的金钱证实个体的作用，所以人们对这些富足阶层的人们是否能确实地证实他们存在的必要性，一直存在疑问。尽管独立的财富所有者在自由社会建构经济秩序时拥有相当重要的价值，可是，这些人在创设与传递思想以及信念和偏好等方面显示了更大的重要程度。假设在社会内，多数知识先锋、捍卫道德者以及艺术先行者都被归属于受雇佣者等级，特别是被政府雇佣，如此则社会的问题就相当严重了。可是令人遗憾的是，人们却正被从各个层面吸引向着这个社会方向推进。虽然某些独立思想先锋依然是从自由撰稿人、艺术事业的专家、法律专业人士和医护人员中出现，并且这些人还持续提供新论调，可是，绝大多数将起到指导性作用的人们（渊博的科学家或人文学家），目前却处于受雇佣的社会地位，在多数国家内则处于受国家雇佣的社会地位。这个方面的重要变化开始于19世纪。此前，绅士一样的学者达尔文、麦考利、葛罗特、卢博克、墨托利、亚当斯、托克维尔和施里门等人，都属于名声在外的显赫的社会名士，甚至如马克思这样对当时的社会进行毫不留情的批评的异见分子，都取得了某位富足阶层的人的保护和赞助，使他能奉献毕生力量去陈述和宣讲各类被当时多数人反对的学说。

如今，这个显赫并且独立的知识层级已经消失了（目前的美国的多数地区都没有了），于是就出现这样的情形，其中，资产阶层（目前差不多是商人集团）不但缺乏智慧的领导，同时也没有某一逻辑完全合理并且可被利用来安身立命的哲学。事实上，富足的阶层就某一意义而言属于有闲阶层，这些人中存在某一比例的专业人士和政治学家、文学家以及艺术家。过去的情形是，必须借助富足的人群在自身的社会活动圈子内与那些具有相似的生活方式的专业人士进行交流和来往，这些人才可借此主动投身在各类思想发展的运动当中，同时主动参与各类可能构成公众立场的论证。可是如今，欧洲的观察人士审视了美国的状况后必然产生相当深刻的印象，即某一时期依然被看做统治者的阶层，如今显然变得孤立并且作用极小了。这在相当程度上是由如下的事实引发的后果，即美国的各类传统认识妨碍了有闲阶层，也就是他们运用财富给予这些人独立的社会地位来实现包括普遍目的之外的目的的阶层，并在其中生存和壮大。可是，资产阶层内缺乏文化先行者的现状，在目前的欧洲也变得相当严重，通货膨胀以及税收体制的现实影响，在相当程度上毁灭了原先的有闲阶层，也妨碍了新的有闲人士的出现。

哈耶克认为，无法否认的情形是，这样的有闲阶层必将导致大批追求奢靡生活的人的出现，这个比例必将远远超过学者和公务员的人数，而这样奢靡的生活也将因令人吃惊的浪费而使公众产生普遍的不满。可是，这样的浪费在任何地域内都是因自由价格产生的问题。因此，人们相当难以辨别出闲暇富足者的那些最无聊的浪费式的消费并加以抵制，不过，这种情况同埃及的农民与中国的苦力判断美国民众浪费式的消费所依据的标准，并不存在什么差别。就量而言，富足者在娱乐活动中的浪费与相似并且同样毫无必要的娱乐上的浪费比较，确实并不凸现重要性，可是，后者的浪费行为却远离了在某些伦理准则看来非常重要的目标。也许这是因为富足者显摆自身的富有以及某些不被公众熟悉的野性，才导致这些行为更易于被非难。

虽然某些人的奢靡挥霍确实令人讨厌，可即便这样，人们依然难以确定，在任何特殊事件中，那些最荒谬的生活方式就必然无法出现普遍意义上有价值的后果。人们从开始新生活的时候，总要采取很多毫无目的的炫富与排场，因此没有人会奇怪。也许这样认为必然引起相当多嘲笑，即便要有效地享有闲暇时光也应有那些生活前卫的人的先例。如今人们认同的许多主流的生活方式，必将归于那些将一生的精力都奉献给生活之创造的人们。并且目前变成大众娱乐的很多玩具与体育器材，最初也是由那些善于创造生活方式的花花公子们所发明的。

哈耶克断言，就这个方面来说，人们对那些不完全相同的活动的效果的评估，竟然不知所谓地被普遍认同的财富标准歪曲了。经常使人感叹的是，正是那些最激进地指责文明的功利主义化和物质主义化的人们，除开承认人们自愿给予服务酬劳这一准则外，竟然否认任何别的评估服务效用的准则。可是，网球职业选手或高尔夫选手，是不是作用确实明显的大于那些奉献闲暇来改善这类运动形式的富足的业余选手呢？或者认为公用博物馆所雇佣的馆长，是不是真的很明显地超越私有收藏人士的社会作用呢？在我们急切地回答这类问题之前，须提醒人们注意这样的情形，也就是假设不存在那些富足的业余选手的创设性活动，是不是还将出现网球或高尔夫专业选手以及博物馆的负责人呢？根据这一情形，人们难道就真的不期望这类创设性的人们的娱乐探索（他们也许可在短暂的生命期限内热烈地参与活动）还会引发别的有益的社会作用呢？毫无疑问，个人生活方式与精神价值的进展，必然能从那些不担心生活问题的人们的活动内得到更多的助益。

哈耶克认为，这个时代最明显的悲剧之一，即公众一方面逐步认同能达到高级的生活福利水平的理由——这是富足者的生活水准被降低的结果，同时，这些人又不断地怀抱着这样的担忧，富足阶层也许会继续剥取普通人应获得或者是被普通人看做是应得的东西。众所周知，在一个进步社会内，如果反对少数人拥有财富，人们就缺乏合适的理由赞同财富形式的继续存在。财富既不是剥削他人的结果，也不是他人被禁止享有的东西，这是理论先行者创设的新生活的最原初的标志。确实，某些人拥有创设各种可能性的特权，并且这类有益的可能性对他人而言，也只有他的子孙有机会享有。可以确定的是，这类享受特权的人们，并非是那些最有道德的人，而是因为偶然原因获得了这样令人妒忌的地位的人们。

可是，这个事实同社会发展是完全分不开的，并且这一事实同社会进程的密切关联经常没有任何人能够预见。如果最初就禁止某些人享有某些利益，结果就必然导致所有人永远难以享有它们。假设人们因嫉妒导致某类少见的生活模式难以实现，于是遭受物质与精神损失的，不单单是其他人，并且包含人们自身。人们根绝那些导致人们不满的个体成功的时候，难以毁灭那些促使发展成为可能的某种力量。人们可对暴发户的炫耀、庸俗及随意浪费表现出相当的反感，可是，人们必须意识到，假设扼杀所有人们讨厌的事情，也就同时在扼杀人们没有预见的有益的后果，这个后果的价值也许远大于坏处。在人类世界内，假设多数人能禁止所有他讨厌的新出现的事物，这一世界必将沦落为静止的世界，甚至可能演变为逐步衰败的世界。

4. 对国家与强制的反抗

真正罪恶的东西是那些强制人行动的权力

哈耶克认为，一旦某人被强迫采取行动服从于他人意志，也就实现了他人的目的，而不是自身的目的，这必然形成强制。确实，这一情形也不意味着强制者无须作出任何选择。假设受到强制的人事实上根本没做选择，于是人们就把他的行为视为行动。假设人的手因受到外界力量的诱惑而被迫写出个人签名，或手指被外力作用扣动了手枪的扳机，这些行为都不可被看做是个体行动。这个情形必然导致个体身体沦落为他人行为的工具的暴力形式，确实同强制一样令人愤怒，因而同样都导致强制者希望迫使自我选择行动。这是个人众多选择内给予他最少痛苦的抉择。虽然个体被强制，可这一选择模式确实对个体自身而言是弊端最少的情形。

显然，哈耶克认为，强制需要排除人们强加于别人行动的所有影响，甚至还包括以下所描述的情形——在如此情形内，个体采用某种自身知晓必将伤害别人并迫使他人改变原先的企图的形式，执行某种行动或威胁别人将要执行某种行动。譬如某人在大街上拦住我的去路迫使我改变行程绕道，或某人预先从图书馆借走了我希望借读的某一本书，甚至某人利用自身产生的不和谐的音调迫使我离开某一地方，这些情形依照严肃的意义而言，也许都不可被看做强制行为。这是由于强制的情形必须符合以下所陈述的两种情形作为前提条件：其一，必须存在强迫伤害的威胁；其二，必须利用这样的威胁迫使他人依照实施强制的意愿执行某一特殊行动的企图。

哈耶克确信，虽然受到强制的人依然在做出选择，可是，他所面对的各种替换性的选择方式是被实施强制的人所提前确定了的，所以受到强制的人必须按照实施强制者的愿望而被迫做出选择。受到强制的人并没有被全部剥夺运用自身能力的机会，可是，却被剥夺了利用自身的智慧完成自身所期望的目标的可能。个体若期望有效利用自身的智慧以及才识达成自身所期望的目标，根本条件是他能预测自身所处的环境的某些具体状况，同时还能坚定地执行某一行动规划。

个体的绝大多数目标，普遍只有采取一系列相互关联的行动来实现，但这类行动一方面被看做整体性的系统并通过合理协调所确定，另一方面则是采用某一设想为前提，也就是境遇的延伸发展必将合乎大众对这些人的期待。恰恰是由于人们普遍能预计事件未来的发展，或者至少明白这一发展趋势的各种可能性，确实就这一情形来说，人们才能取得某些成就。虽然现实情形经常难以预测，可是，这些情形本身绝不会故意限制人们实现自身的愿望。还需要强调的是，假设那些决定人们规划的事实与境遇被某一个体独立控制，那么人们的行动必将以相似的情形被控制。

所以，哈耶克认为，强制本身是恶的表现，它限制个体完全运用自身的思考能力，同时也限制了个体能为社会做出的最大可能的奉献。虽然受到强制的人在任何时刻依然将竭尽全力地实现自身的利益，可是，在被强制的情形内，他的行动必然是合乎现实的唯一完整的设想，只是这是其他人的智慧的杰作，难以体现个体自身的意愿。

在哈耶克看来，在历史发展过程中，政治学家们争论最多的恐怕依然是权力，而不是强制，这仅仅是因为政治权力经常暗指强制权力。自弥尔顿与埃得蒙·伯克再到阿克顿爵士与伯克哈特，这类大政治学家没有一个不相信权力是所有罪恶的根源。虽然依照这些人各自的立场来看是完全正确的，可是，仅仅从某一片面的立场出发论证权力则必然产生误导信息。产生罪恶的，恰恰不是权力（也就是实现个体意愿的能力）。真正罪恶的东西是那些强制人行动的权力，也就是个体利用强加伤害的胁迫来迫使别的人帮助自身实现个人意志的权力。某一领导人员以实现某一伟大公共事业为目的时运用的权力，并不存在恶的因素在内，因为就伟大的事业而言，民众普遍出于自身的意愿与实现自身目标的目的而自愿联合。人们恰恰是利用自愿联合的形式服从于某类形式的统一领导，使他们所在的集体力量被大大加强了，这同时也属于文明社会的部分能量所产生的根源。

哈耶克指出，扩大个体能力范围的权力实际上与腐败毫无关联。腐败指的是那些迫使人们的意志屈服于他人意志的权力，也就是通过个体反对个体自身的意愿实现别人的目标的权力模式。在人际关系范围内，权力往往确实同强制狼狈为奸，并且少数人占有的庞大权力必将导致这些人拥有强制别人行动的能力，除非这一权力被另外的更大的权力限制。可是，需要人们关注的是，人们对权力与强制的联系的普遍看法实际并非绝对准确，这是由于强制并非如人们所思考的一样必然是权力的结果，甚至根本不算普遍意义的权力引发的后果。不管是亨利·福特所拥有的权力或是核能委员会所拥有的权力，也不管是救世军将军所拥有的权力还是今天的美国总统所拥有的权力，都绝非是那些强制特殊人群完成这些人所选定的目标的权力。

> 完全垄断就业机会，将导致垄断者具有无限的强制权

也许同胞们会在某一条件下自愿给予人民现实的服务和福利，可是，人们必须慎重地区分这些给予的条件和强制，由于仅在极少数例外的情况下，也就是一旦某一对人们相当重要的服务与社会资源被某个个体独立支配的时候，将导致控制者取得确实的强制能力。在日常生活中，意味着所有人必将仰赖于他人给予的服务，这样才能满足人们的多数需求。在自由社会内，这个相互服务形式是完全出于自愿的，每个人都能自我确定对谁服务或依据怎样的标准给予服务。同胞给予人们的服务或机会，仅仅在满足其自身需求的前提下才可额外给予其他人服务。

哈耶克认为，这些描述不但适宜经济领域，也适宜于社会关系领域。譬如某位朋友邀请你参与他组织的聚会，但提出的条件却是你必须符合某些个人言语和穿着的原则；或同邻居交流，条件是需要接受被大多数公众所接受的为人处世的形式。确实，关于这些条件都算不上什么强制。还有，某位企业主或商人只在你同意他设定的物品价格的前提下，才同意给予你需要的物品，这一情形也很难被概括为强制。毫无疑问，这些描述同样适宜于市场竞争：在市场内，假设首先与你接洽的商人的报价不符合你的意愿，于是你必将寻找其他商人讨价

还价。即便你遇到某位具有垄断地位的人，这一情形也很难被概括为强制。譬如，假设你希望请某位画家为你画画，可由于你的报价没有满足这位画家的个人预期，因而他拒绝帮你画画。假设这样就说你受到画家的抵制，显然是很荒谬的结论。这一情形也同样适宜于那些人们缺乏了也没什么关系的物品和服务。尽管某位特殊人物享有的服务就你的存在而言绝非决定因素，也不被你所重视，那么，在这种情况下，给予服务的人所设置的各类条件，也不能被称作强制。

可是，哈耶克假设某位垄断资源者是沙漠绿洲内唯一水泉的占有者，那么，这个人也就具备执行完全意义上的强制的能力。可以这样认为，别人为什么最初去那里居住，根本原因在于这些人相信自身能按照某一合适价格取得自身生存需要的水。可是，这些人逐步发现(也许因另外水泉干枯的缘故)，假设需要继续在那个地方生活，就必须依据该水泉占有者要求自身完成的事情，除了屈服于水泉的所有者外，他们并没有更多的选择余地：这是很显然的强制。也许人们还能想象出与这一情形类似的情景，虽然这类例证可能不多，譬如某位资源垄断者也许控制了某种人们日常生活必需的基本物品，设想没这类物品，人就难以生存。可是，在此需要强调的是，只有某位垄断者能控制或反对售卖某种人们日常生活必须的物品或服务，他才能执行强制；要不然，他就无法执行强制，不管这个人的要求对那些仰赖于他的服务的人而言是怎样的不满意。

由于接下来将论证限制国家强制权力出现的合理方式，因而在此必须说明，不管什么时候存在垄断者取得强制权力的威胁，阻止该威胁的最合理也最有效的方式就是需要这些人平等处理与所有顾客的关系，也就是坚决要求这些人从每位顾客那里取得相同的报酬，同时还禁绝他颁布任何歧视性的规定。就限制国家强权来讲，这是多数人所明白的，人们接受的也是这样的规范。

哈耶克指出，给予个体从业机遇，正如给予个体特殊商品和服务一样，经常难以执行强制。虽然某一取得就业机遇的人只可以从多种机遇内拒绝某一使他人谋生的机会，或他只可通过拒绝支付这些人的酬劳（这类人仅仅因难以在别的地方取得的同等的酬劳，却依然能在其他地方从业），这个时候垄断者就难以实现强制，虽然垄断者的行为必将给那些被影响的人的生活带来不利。但不可否认的是，在某些情形下，从业条件必然导致真正的强制。特别是在失业非常严重的情形下，被解雇的危险就被利用来迫使从业者接受没有规范的原始契约的义务。采矿业集中的城镇，管理方绝对可执行某种独断随意的方式，来应付那些他讨厌的人。可是，尽管这一情形并非绝对不会出现，但确实在经济繁荣并且充分竞争的社会内属于相当少见的特例。

完全垄断就业机会，就像某个绝对的社会主义国家内的情况一样（由于在这个国家内，政府作为唯一的雇佣者，也就是所有生产工具的占有者），将导致垄断者具有无限的强制权。就像托洛斯基所描述的那样：在某个国家作为唯一雇佣者的社会内，抵制意味着逐步地接受饥饿而最终死亡。那些不参与工作就得不到食物的传统原则，已被全新的原则代替，那就是不屈服就不得食。

哈耶克认为，除去以上所描述的关于对某些基础性服务施加垄断的情形之外，那些仅控制某些便利的权限的情形则难以导致强制。一旦某个人利用这类权力，这个人也许确实将改善与个体最初规划相宜的社会环境，同时促使个体必须重新思考自身决策的全部过程，甚至也许将改变个体的全部生活计划，并使个体担忧那些曾经被认为是毫无问题的事情。可是，仍需要说明的是，虽然个体面对的替代性选择也许由于量少与缺乏稳定性而令个体十分烦恼，并且个体的新计划或许只具备权宜之计的特征。可是，不管怎样，没有被其他人的意志牵引来确定个人的行为。尽管个体行动遭遇到相当的压力，但却不能就认为个体是在强制状态下生存的。即便个体以及个体所属的家庭遭遇到饥饿的威胁，强迫个体接受某一酬劳极低并且完全不符合个体心意的职业，而且即便使个体为某个唯一自愿雇佣自身的人的意志左右行动，个体也没有遭遇到其他什么人的强制。设想置个体于困难的情景内的行动并不以促使个体做或反对做某一特殊的事务为目的，设想导致个体遭到伤害的行动企图并非促使个体实现别人的生存目的和理想，那么这类情形对个体自由的摧毁也就相当于自然天灾对个体的摧毁，正如发生火灾或水灾毁灭了个人所拥有的房产，或是某次意外事故伤害了个人的健康这样的情形。

> 强制这个概念的外延因被持续扩大，差不多丧失了意义

哈耶克认为，强制某一确定个体的图谋是否能取得成功，在相当程度上决定于受到强制的个体的内在力量，这是由于对部分人而言，即便存在被暗杀或被刺杀的危险，某些时候也难以迫使个体改变和放弃最初的规划。可是，就另外的人而言，也许仅仅出现某一不太明显的鄙俗的阴谋的危险，就足够迫使这类人改变自身的信念，并屈服于强制者的权力意志。确实，那些仅由于别人皱眉或跺脚就轻易地被强制做那些他并不自愿做的事情，怕事软弱与胆小敏感的人，确实值得人们可怜，可是在此不需要讨论这样的问题。人们所关心的依然是那些会左右理性的、普通人的强制。尽管这类强制经常都内涵威胁正常人或他们的亲人将对之施加肉体伤害，或者威胁将毁坏某类价值不菲以及相当被人们珍视的物品，可是这一情形不包含直接采用强力或暴力。个体也许能利用为他人设置各类小小障碍就足以阻止他们执行自发行动的任何努力，由于执行强制的人完全能利用阴谋诡计以及预先图谋来找到左右那些体格强壮但缺乏理性思考能力的人的办法。比如，一大群狡猾的小孩迫使某个他们不喜欢的成年人迁徙出城市，也非

绝对不可能发生。

哈耶克指出，所有人与人之间的紧密关联，不管这些关联是由于个人情爱、经济需求，或由于现实生存环境（譬如在远洋船只上或在远征途中）形成的，都将给予强制各种出现的机遇。个体与家庭成员的内部关系，正如所有亲密的关系一样，必然将给予某种特别的强制形式以各种展现的机会，进一步可被看做是限制人身自由。脾气浮躁的丈夫，啰嗦的妻子，精神发狂的母亲，也许都将导致生活难以忍受，除非别的家庭成员服从并放纵他们的脾气。但是，在这一情形下，要求人与人之间的任何交往都是完全自愿的结果，还要求社会在保护这类关系上无须任何作为。任何企图深入协调这一紧密关系的运作，必然将要对个体选择和行动造成更为广泛的限制，所以这一方式必将引发更深的强制：既然人们可自由选择伙伴或朋友知己，那么从这类自愿交往过程中出现的强制就非当局所需要立法应付的问题。

可是，在此必须强调的问题是，正如自由观念的情形一样，强制这个概念的外延因被持续扩大，差不多丧失了意义。所有人都知道，对自由的定义过分宽泛，竟成了人们难以实现的状态。与这类情形相同，人们也能把强制定义得过分宽泛，并使其演变为包容所有的状态。人们虽然认为难以防止某个人施加于另一人的所有伤害，甚至也难以防止人们同他人的紧密关系内存在的所有不激进的强制，可是，这也决不意味着人们无须努力防止那些损害程度相对较严重的强制出现，亦即人们不须把自由定义为强制的不在场。

因为强制指个体对其他个体行动的核心根据执行某种形式的控制，因而人们只可利用促使个体获得某类形式的私人领域来防止这类强制，因为只在确实获得保障的私人领域内，个体才可获得保护并抵制这类来自于他者的强制。可是，只有某一具有适当权力的政府机构，才可给予个体此类保障，并且促使个体相信他所仰赖的并非他者刻意安排的发展形式。正是在这个意义上，人们才认为，仅有利用威胁执行强制的方式，方可防止此一个体强制其他个体。

假设这类获得保障的自由空间出现了，这属于非常正常的生存状态，致使人们非常易于采用另外的方式来定义强制，譬如，对合理愿望的干预、对个体权利的侵害、独断的干预等等。可是，需要引起注意的问题是，在定义强制的时候，人们不可视那些旨在防止强制出现的各类安排为理所当然的情形。个体预期的合乎法律以及某个体权利，这些都属于认同私人领域的结果。只在某一曾经企图用肯定的形式给予保障的私人领域来防止强制的社会内，独断的干预这类概念的含义才变得特别明确。

> 承认私有财权和个别财权，是防止强制的根本前提，虽然绝不是唯一的条件

可是，哈耶克指出，假设希望那些承认私人领域的行为本身不演变为强

制工具，那么这一领域的范围和内容，就决不可利用刻意分配确定范围的东西给确定的人来予以肯定。假设关于什么人应包含在私人领域内的问题能由某个个体或某些个体的意愿来确定，事实上也就是将强制权转换为个体意志，这个问题的本质依然属于强制。同样的道理，企图一劳永逸地快速决定个体私人领域内的特殊内容，也是极端不现实的。假设想让人们最完美地利用自身的智识、能力以及预测能力，那么可行的做法便是：在确定什么人将被包含于受到确实保障的私人领域范围内时，个体自身具有确实的发言权。

人们试图在处理这些问题时采用的一切解决方式，都必须以承认普遍性规则为根据。这些规则设定了相互关联的各类条件，依据这些条件，能确保个体或某些个体受到保护的私人领域的具体内容不受到干预。接受这一普遍性规则，将使社会内的每一成员肯定他们受到保护的领域的内容是具有可操作性的，并且促使社会成员一致认同什么人属于某一领域，或什么人不属于这个领域。

人们绝不可能认为这个领域简单地包含或主要包含物质内容。把人们生存环境内的物质因素区分为我的或他人的，虽然说是定义私人领域的原则目标，可是，这些原则还将为人们确定并保护相当多的其他权利，譬如，保护人们安全利用某些东西的权利，或者保障人们的行动不受别人干预的权利等等。

所以，哈耶克断言，承认私有财权和个别财权，这是防止强制的根本前提，虽然绝不是唯一的条件。若非能确证人们排斥性地占有某些物质财富，否则，人们很难执行某项具有连续性的行动规划。并且当人们还没有占有这些财富的时刻，人们假设想同别人合作，就必须明白哪些人占有这些财富。承认财产权，明显是定义某个可保护人们免于强制的私人领域的最重要的措施。人们一直以来都认为，凡是反对私有财权体制的人，绝对不明白自由最重要的要素是什么，同时，任何人都难以随意反对个别财权。个别财权同文明两者的历史是完全难以分离的。现代人类学的研究成果也证实了这样的问题，也就是私有财权在初民社会时期已经相当明确地被肯定了。财权被作为法律准则，确定了人与环境（不管是人为还是自然发展）的相互关系，而各类最初形式是执行任何文化意义范围的有秩序行为的首要前提条件。

可是，在当代社会中，保障个体免于强制的威胁的根本前提，并非是他具有财产权，而是促使他能执行任何行动规划的物质资源决不可在某一其他个体或机构的排斥性控制之下。当代社会的一个成就在于，自由能被某个事实上并不占有任何财富的人所占有（除去如衣服之类的个体日用品之外——甚至连这些物品也是租用的），并且人们能在相当程度上把那些可满足人们需求的财富授权给别人管理。问题的关键是，财富应尽可能的分散，使个体不会仰赖于某些特定的人，而只有这些人才可给予个体需要的东西，或仅有这些人才可雇佣个体工作。

哈耶克指出，他人的财富为什么可被利用来实现自身的目标，主要原因是契约的可执行性与现实性。被契约原则创设的整个权利关系网络，是人们能确实保障私人领域的极端重要的组成部分，并且因为它在相当程度上是人们建构某一规划和执行规划的根据，因此它的重要程度就像人们占有财产一样。人与人之间出于自愿而不是强制的互利合作的关系，是相当多的人都能满足某一个体的需求，并且任何个体都无须仰赖于特别的个体来获得满足生存的根本条件或往某一方向努力发展的可能。正因为财富的分散才导致竞争制度的可能，导致占有特别的财富的所有者失去了所有执行强制的权威。

由于人们普遍误解了康德的一句名言，因此人们有必要讨论这一问题，也就是人们独立于那些需要给予服务的人的意志，这是由于这些人只是为实现自身目标而服务于我们，并且往往毫不关心我们怎样利用他们的服务。假设那些提供服务的人们，只是在赞同我们的目标并非为他自身利益服务的时刻准备售卖他的产品给我们，我们必然在相当程度上迫使这些人屈服于我们的立场。可是，正因为我们在日常经济往来过程中经常是他者的非人格化的工具，他者只是由于要实现自身的目标而支持我们，因此我们可借助这一全部由陌生人给予的支持并运用这类支持去完成我们所期待实现的各类目标。

哈耶克认为，假设那些准个体目标所需要的社会资源和服务完全处于稀缺的状态，因而也就必然被某些人所掌控，人们就必须利用财产权规范和契约原则来确定个体的私人领域。可是，还需关注的问题是，即便这一方式适宜于人们在别人的努力过程内取得利益的绝大多数情形，那也绝不意味着它适宜于所有情形。譬如，那些诸如卫生环境以及修建道路等服务，假设给予人们这类服务，经常就可完全满足所有希望利用它的人们的需求。提供这些服务，一直以来都属于公共事业的范围，这也在人们中形成了共识。但是，享有这类服务的权限确实是保障个人私有领域的重要部分之一。人们只需思考对所有人都一致的通向康庄大道的保护在历史发展过程中产生的作用，就能发现这些权利对自由的个人有着相当重要的价值。

哈耶克相信，以上描述的权利和受到保护的权益，是能帮助保障法律所涉及的每个个体自由行动和不受干涉的，可是这类权利和受到保障的权益很多，在此难以一一枚举。由于当代人极少关注这些问题，因而人们还应说明，承认某个确实获得保障的私人领域，在自由社会内，经常包含了个人隐私权和保守秘密的权利，也就是说，个体的住宅是个体的堡垒（或者是不可被侵犯的避难所），任何个体都无权检查和干预个体在这个范围内的活动。

限制那些实施于他人或国家身上的强制的抽象和普遍原则，是经过长期进步而逐步形成的。这些规则的特征，在此不做讨论。这里，人们还需认识如下一些问题并做充分的论证，这一问题也就是威胁强制的手段，是国家依据这个原则防止此一个体对彼一个体执行强制的唯一办法，这类方式本身说明多数将造成伤害并引发社会抵制的行动是怎样有效地被遏止的。

运用强制绝不是当局的唯一任务

哈耶克指出，政府当局威胁采用强制，假设只是趋向解决那些众人熟知的并且因而能被任何个体（也许将成为被强制对象）规避的境遇，于是，它的影响就同那些确实难以回避的强制的魅力有着相当的差异。自由社会威胁采用的强制，绝大多数是可以规避的那些强制。自由社会实施的多数原则，特别是私法规范，并非是为强制个别人（与公务员区分开来）而特别采取的行为。法律裁决的目标，也仅仅在于防止个体某些特定行为或推动实际上他自愿担当的社会义务。

因为这类抽象且普遍的规范具备的特征，使人们能预知行为的后果，所以，假设人们将自身置于某一特殊境遇之内，人们必然会遭遇强制。但假设人们能规避限自身于如此的境遇，人们就将永远不受强制。众所皆知，规范强制的各类规则并非特别锁定特殊的个体，恰恰是平等地适宜于所有处于相似境遇内的人。单就这点而言，这类规范至多只是类似于任何可左右个体规划的自然屏障。由于国家法律预先告诉人们如此行为或不如此行为的后果，因此，这类法律对人们来说，重要程度同自然规律是相似的。人们能像利用自然规律知识一样，利用国家法律规范知识来实现私人的目的。

哈耶克认为，就某些情形来说，国家诚然也能利用强制迫使人们做规定的行为，这些行为至关重要的方面是纳税以及参与各类公益服务，特别是履行服兵役的义务。虽然这类义务普遍被难以规避，可这些义务至少是能被人预知的，同时也是可实行的，并不管某一个体在另外的情形下将怎样利用自身能力。这类情形在相当程度上弱化了义务具备的强制的恶。假设上缴某一定量的税金这类可预知的必须义务变成个体规划的基础，同时，假设服兵役的年限形成个体生活必要的部分，人们就可服从自身依据这些义务的特征作出的个人生活的总体规划，这必然意味着相当高程度的强制。虽然终身服役难以被相信属于某一形式的自由，可是，毫无疑问的是，就个体安排自身生活的可能性而言，某种能预知的限定期限兵役体制所附加在个体身上的限制，必然远不如由某一专断权力组织为确保所谓的善行被实施而不断威胁采用拘捕等方式的限制。

当局强制干涉人们的生活，假设是难以预见或难以规避的，必将导致最大限度的伤害和妨碍。即便这类强制在自由社会内也属于必要的强制，比如人们担任陪审团或特别治安人员时，也能反对任何人拥有强制权来降低强制的危害。这些不可预知的强制，尽管从难以预知的事务出发同众人熟悉的原则一致，同别的不可抗力一样左右着人们的生活，但却绝不会导致人们受制于个别人的独断意志。

在此，哈耶克提出了疑问，阻止或防止强制是否属于国家采用强制的唯一合适的理由呢？人们绝对可以将所有暴力形式都纳入强制的体系内，人们至少可以坚持，有效地预防强制，意味着预防所有形式的暴力。可是，依然存在着另一类有危害的个体行为，该行为乍一看同上述的强制似乎存在差异，可是，预防这类行为也被人们视为完全可以的。虽然将这类行为看做强制也许将误解欺瞒和诈骗的本意，可是通过细致的考证，人们却能发现人们需预防这类行为的理由，实际上同人们预防强制的理由是一致的。诈骗同强制相似，都是某种操纵个体赖以为本的根本依据的方式，迫使某人完成诈骗者期望完成的事情。假设诈骗取得成功，被诈骗的人也就必然变成他不情愿变成的工具，实现别人的目标，同实现自身的目标毫无关联。虽然人们还难以找到一个确切的词汇来包含强制和诈骗两种内涵，但是，人们所论证的强制的情形，却同样地适宜于欺瞒和诈骗。

依据以上的补充论证，人们也就能说明，自由只要求禁止强制、暴力、诈骗和欺瞒。不过，当局运用强制权的情形属于例外。当局运用强制权仅限于单一的目的，也就是强制执行那些目的在于确保个体活动的最合理境遇的规范，这样个体才能确保行动具备某一一致且合理的模式。

怎样实施强制，同当局合理地发挥作用是不相同的两个问题。运用强制绝不是当局的唯一任务。确实，当局所执行的非强制行为和纯粹服务行为，它获得的资助经常利用强制形式来给予。也许仅在中世纪社会，才可以不求助于强制而给予各类服务，这是由于在这些社会内，主要通过利用国家的自身财政收益来赞助这些活动。可是，在当代社会中，假设政府希望不借助强制方式便可从财政上赞助所有能给予的服务，譬如照料患病的年老体迈者、铺设公路以及提供信息等，确实就与实际情形不相符合了。

哈耶克认为，关于当局提供服务的范围多大才是可以欲求的，人们明显难以取得完全一致，并且最少有一种情形人们并不特别明白，那就是强制人们实现他并不关心的自愿奉献目标是否可予道德证实。可是，就某一程度而言，人们为什么愿意奉献，是由于人们都相信，人们会反过来在实现自身目标的过程中，从别人的相似奉献中获取一定的补益。

某些人相信，除了税收之外，人们应把预防程度较重的强制看做当局运用强制的唯一正当的理由。就个体自身而言，这个认识在相当的程度上是可以欲求的。也许，这个标准难以被推广适用于所有单一的法律原则，并只能适宜于法律体系的整体。譬如，保护私有财权来帮助抵御强制的保障措施，也许需要某些特别的规范，而这类单一的特别规范很难帮助实现降低强制的目的，而只是帮助实现私有财权将不阻止那些没有伤害财富拥有者的行为。可是，就国家干预与否的整个认识而言，却是以这样的设想为基础，也就是私人领域必须利用国家强制执行普遍性的规范。在此，事实上的问题在于，国家是否应将它的强制限制于执行这类规范，或者应该打破这一限度。

关于怎样回答这个问题，人们已做了各种尝试，其中最出名的应是约翰·穆勒的回答。这些人都企图区分那些仅仅左右行动者个人的行动与那些不单左右行动者个人也左右他人的行动之间的差别，同时依据这个判断划分出应免于强制的私人领域的界限。可是，人们难以设想怎样的行动才不会造成对他人的影响，所有以上的区别难以被证实是绝对有效的区分。仅有运用预先划分每一个体都确实获得保障的私人领域的方式，才是有价值的区分方式。如此行为的目的实际上难以保障人们预防所有他人的行为可能对自身行动的伤害，却只能确保自身行动的某些前提条件不被他人掌控。确定了被保护的范围所存在的界限之后，人们必须接着询问一个相当重要的问题：人们期望预防的他人行动，是不是真的将侵害受保护者的符合正义的愿望。

哈耶克认为，大家都知道，文明的进步持续给予人们了解和认清新出现的可能性的大量机会，这就为人们要求自由提供了某一重要佐证。假设只由于他人嫉妒我们或只由于别人厌烦所有涉及自身固有的思维所认同的那些人或事，人们就必须被限制从事某类社会活动，那么很明显，这是对自由的绝对扭曲。虽然在公共范围内强制执行某些行为存在显见的根据，可是，某些人讨厌某些行动的事实，决不可变成限制该行动的绝对充分的理由。

就普遍情形而言，私人领域内的行动是不是合乎道德，并非国家执行强制的合理对象。促使自由社会区分于非自由社会的最核心的一个特征，也许就在于那些没有直接左右他人确实取得保护的私人领域的行动上，多数人事实上遵守的规范，不单单具备自愿的特征，并且难以利用强制来使其成为现实。在哈耶克看来，半个多世纪之前全面控制权力的当局的经历说明，决不将道德目标与政府目标等同的原则具备相当重要的意义。确实，与那些专门行恶的人相比，那些采用强制权来根除道德罪恶的决定，事实上会引发更大的伤害和灾祸。

确实，哈耶克确信，私人领域内的行动非国家运用强制的合适对象，可是，这个事实却并非必然意味着，在自由社会内，这类行为须免于舆情的压力和批判立场的监管。在维多利亚时期特别严苛的道德泛滥的环境内，同时也是国家强制最不明显的时代，约翰·穆勒最为强烈地攻击了这类道德强制。就这类情形来看，也许他扩大了自由立场的使用区域。可是不管怎样，这可能推动人们明白这样一个事实，也就是人们决不可将舆情的认同和反感（为确保人们屈服于道德规范和习惯）形成的压力，误当做强制。

哈耶克认为，以上所陈述的情形说明，强制最终属于某类程度问题，并且国家为保护自由须禁止强制或强制的威胁，这只属于程度相对严重的强制。由于一旦人们受这类强制威胁，强制将预防那些拥有正常能力的人们追寻对自身相当重要的目标。不管人们是否自愿把社会中那些违背伦理原则所施与的相对较轻程度的压力叫做强制，这类情形是绝对的，也就是可以认为这类道德规范与惯例的制约能力与法律相比小得多，可是，这类规范与惯例事实作用非常明显，甚至是不可缺少的。并且就推动和保障社会行为而言，道德规范与惯例也许同严苛的法律规范具备同等重要的作用。众所周知，这类道德习惯或惯例须在普遍意义上被遵从，而不是说在任何情形下都要绝对遵从。可是，这类认识依然可以给予人们有助益的引导，并且还可以降低不确定程度。虽然遵从这类规范并不完全能根绝人们实行某些被该规范体系严格禁止的事情，可是，遵从这类规范却能把那些失范行为限制在一定的范围内。这就暗示违背这类规范对行动者而言将有相当重要的价值。某些时候，这类非强制仅仅属于社会实验，它也许将在以后持续的修缮的过程中逐步地演变为法律。可是，更平常的情形是，它会为那些或多或少不被意识到的习惯提供某类弹性依据。

也许人们可以认为，对多数人的行动来说，这类习惯能起到指南针的效用。就社会整体而言，这类协调人际交往与个体行为的惯例与规范体系，难以对个体自由构成严重威胁。反过来，它能确保行动达到某一最小限度的一致。毫无疑问，这一最低程度的一致，必将对个体奋斗有助益，而决不会阻止个人的奋斗。

5. 秩序的引诱

> 个体行为边界的确定必须依据某类规范，这类规范就是法律

哈耶克指出，每一个体的存在与生活，如想取得某种安全并且自由的范围，必须确定某一不可视的界限，可是这个界限的确定又须依据某类规范，这类规范就是法律。这个观点是 19 世纪的一位大法学家提倡的自由法律观的基本认识，这位法学家就是冯·萨维尼。可是，从此之后，这类把法律作为自由根基的法律见解，在相当程度上被人们忘却了。此处的目的之一在于回顾这一法律观立场，同时，促使其获得更为准确的阐释，人们所以期望努力这样做，根本原因在于法治体系下的自由理想（正以如此法律为基础），并且也正是这类法律认识，促使人们把法律看做自由科学成为可能的事实。

哈耶克认为，人们的现实生活，甚至是动物的群体生存，之所以成为可能，主要是由于个体依据某一规范

行为。伴随着人的才识的增加，这类规范以无意识习惯为出发点，逐步体现为清晰确定的阐述，而且逐步体现为更加抽象并且更具备普遍性的阐述。令人遗憾的问题是，人们对各类法律规范的熟识，使人们忽视抽象规范区分个体私人领域的方式具备的细致复杂的秘密。假设这些方法是人们细致思考规划的结果，人们完全可以认为，它确实应划归人类史上最不平凡的创造。可是，这就像社会生活仰赖的日常语言、交易货币以及多数风俗和习惯一样，几乎没有被任何个体心智创造的可能。

这类规范依据确定个体私人领域的情形，时而在动物群体内也有出现。动物世界里，也许存在某种程度的秩序安排，来预防动物寻觅食物的过程引发过多的战斗与彼此相互干预的情形。这类秩序经常源于如下事实，也就是个体动物远离巢穴时，经常不情愿地同别的动物发生战斗。结果，一旦两个动物在缓冲地带遭遇的时候，其中的一只动物经常在战斗开始时就离开了。依据这类见解，属于每一动物的活动范围并非确定由具体界限来确定，相反是利用遵守某项潜在规范而确定的。确实，这类规范并非完全被动物所了解，只是在其行为过程内遵从罢了。这个事例说明，甚至这些无意识习惯行为也仅牵涉到一些抽象难题，譬如这里牵涉到某个普遍性的条件，也就是某个动物与巢穴的远近，决定了这个动物遭遇到其他动物采取行为的可能性大小。假设人们企图界分促使那些动物群居变成可能的相对真实的社会习俗，人们就必须依据抽象规范来阐明这些情形。

哈耶克指出，这些抽象的规范在个体行为过程中经常能获得遵从，并不意味着每一动物都确切地清楚这些规范，但我们也知道动物能传承或传播这类规范。一旦个体动物采用相似的方式对具备某些共同特性的情景做出反应的时候，抽象规范也就产生作用了。人类却不一样，他们能在这些规范被文字总结之前，就以普遍依据这个意义上的抽象规范行为了。甚至一旦他们的意识具备了抽象能力之后，也许这些人就有意识地主动思维和行动，但这依然受到相当数量的抽象规范（即便那些人们虽然相信遵从却无法阐明的规范）的引导。某项规范在行为中被普遍遵从的现实，并不意味着它依然无须被发现或被用文字记述下来。

哈耶克认为，这类被人们称作严苛含义上的法律抽象规范，能利用它与特别而具体的命令相互比较来充分揭示它的特性。假设人们把命令这个词汇最大限度地进行解释，那么协调人的行为的普遍性规范就确切地被看做是命令。法律和命令一样，都与对事实的阐述区分开来，因而属于相同的逻辑范畴。可是，每一个体都遵从普遍性规范，这与命令并不相同，这是由于它并不必然前设存在某一颁布这个规范的人。法律与命令的区别，还出现在法律所具备的普遍性与抽象性原则中。这类普遍性与抽象性就程度而言存在极大的差距，从某些规范某一个体在何时何地做何事的命令到另外某些规范何人的所有行为在特定环境以及同此相似的环境内都必然合乎某类要求的命令，不可一一阐明。理想的法律形态可被视为是指向不确定的任何人的一劳永逸的解决问题的命令，这是针对所有时空环境内的特殊抽象形式，并非仅牵涉那些也许出现在任何地点或任何时刻的情形。可是，虽然人们必须认同法律伴随着其内容逐步具体化而与命令相互混淆，可最佳的方式还是不把法律与命令的差异混淆起来。

哈耶克指出，法律与命令两概念的重要区别还须借用这一事实来佐证，就是否可执行某种特殊行动的决策的根源来说，从命令开始到法律的演变，事实上就逐步地从命令和法律的颁定者演变为行动者。理想状态的命令形式，绝无例外地规范了必须执行的行动，导致命令所指涉的那些人完全缺乏机会利用自身的智识以服从自身的偏好。所以，依据此类命令而执行的行为，仅仅屈服于颁布该命令的个体目标。可是，从另外的方面看来，理想状态的法律，仅提供额外信息来让行动者在决策过程中充分地加以考虑。

所以，哈耶克得出结论，普遍性法律与具体性的命令之间最明显的差别在于，指挥某一特殊行动的目的与知识，是由权威人士来控制的，还是由行动执行者与权威人士共同控制的。人们也许能利用某个原始部落首领与某个家庭内的家长在协调所管辖范围内的成员活动时可能运用的差别性方式来证实这个问题。从某种极端情形而言，首领与家长依据的准则都属于绝对的具体命令，并且他们所管理的成员除依据命令行为之外，无法做别的任何事情。假设部落首领在每一情形下都规范了成员行为的细节，那么这些成员就变为首领的工具。这些成员不但缺乏任何机会利用自身的知识或理性判断，并且他们所追寻的目的和所利用的知识也都属于首领的知识和目标，可是，就多数情形而言，假设首领仅仅对某一特定时刻须执行的行动类别与须实现的目的类别颁布普遍性的命令，同时让差别性个体依据差异性的情景（也就是依据个体差异性的知识）来完善普遍性命令的各类细节，人们就可以认为，这类情形反过来能够更好地屈从于首领的个人目的。这类普遍性命令已形成了某一特质的规范，依据这类规范执行的行动，部分受到首领知识的制约，部分受到个体知识的制约。在此，首领确定个体应达到什么样的目标，该目标必须由哪些人来完成，怎样完成和什么时候完成，甚至能采取什么方式完成等问题。可是，达到这类目标的具体方法须由那些事关该问题的责任人负责确定。所以，某一大家族的仆佣与企业主的雇员，在相当程度上讲，他们的日常职责就是完成普遍性的命令，并随时促使该命令同特殊情形相互一致，并只在偶然情形中承认具体化的命令。

在以上所描述的情形内，所有活动指涉的目的依然属于首领的目的。可是，它也能允诺群体人员在某些特定前提下追寻自身的目标。诚然，这类情形是依据每一成员的分派以及确定成员实现目标的方式为基础。对行为方式的确定，也许能通过如下的陈述体现出来，也就是针对个体成员也许能利用来达到自身目的的特殊物质资源和时间来确定。这样就必须要求每一个体的权利被个别加以规范，并且这些规范只需首领的具体化命令来改变。或许也能说，每一个体自由行动的范围，只可依据此前确定并实行相当长时间的普遍性规范才可确定并修缮，并且这类规范能确保每一个体运用自身的行动（譬如，同该社会群体的别的成员做物物交换亦或所立功勋被首领奖励）改善和建构自身的行动领域。在这一范围内，个体可借助自身的行动达到自身的目标。所以，依据规范界分私人领域，确能帮助那些相似于财产权的权利的诞生。

> 初民社会的行为规范要相对具体很多

人们的习俗性规范在当代意义上的法律演化的过程内，也可以找到一个相似地从具体化和特殊化形式逐步向增多的普遍性与抽象化的转化。同培养自由社会的法律形式比较，初民社会的行为规范要相对具体很多。初民法律不单制约了个体自身可行动的范围，并且还经常就现有的特殊目标须运用的手段做了具体的规范，或许也对他们在特别的时间和特别的空间范围必须做出的决策也做了相当具体的规范。在这些规范内，就诸如特殊结果会产生于某一特殊程度的事实的表述，与该程序应在某一合理条件内被遵从的渴求的表述，并没有做相当严格的区分。人们仅须举这样的例证就可证实这一问题：班图人遵从的规范要求，一旦个体在村落里的十四个茅屋之间走动时，必须依据年龄、性别以及地位而规范的行走路线行走。很明显，这一规范在相当的程度上限制了班图人的自由选择。虽然在这样的情形内，他们并非服从他人意志，而是遵从某类非人格化的习俗，可是他们在行走的过程中须遵从该习俗的要求，相反就制约了他们可能选择的方法，并且该限制本身也超越了保障个体享有平等自由地位所必需的限度。

哈耶克认为，习俗的强制仅仅在个体行为的习惯不再是某一行为者知晓的唯一形式的时刻，并且只有在该行为者能思考采用其他形式达到这一可以欲求的目的的时候，才变成行为者的某种阻碍。在相当程度上而言，伴随着个体才智的进步并破除行为方式倾向，确切阐明或重新解释各类规范并逐步将对个体行为范围做确定性的规范转变为根本上对行为领域的否定限制，这才具备一定的必要性。而对行为领域的否定限制，必须以某一个体行为决不侵害他人具有的被同等承认的行为范围作为前提。

哈耶克指出，从具体化的习俗到成文法律的演化过程，甚至比命令演化为法律规范的过程，更能证实那些所谓的真正法律具备的抽象特征。诚然，称呼真正法律具备的特征为抽象特征并不特别合理，但这是由于人们难以发现更合理的词汇而采用的权宜选择。抽象并且普遍的法律规范确切地规定，在某些情况中，行为需要合乎某类条件。合乎这类条件的行为，也就可以被允准。而且，抽象并且普遍的法律规范只给予了某一个体必然置身其中行为的构架，在该构架内，所有决策都须行为者自己来做。就某一个体与他人的关系来说，限制性规范基本上都具备否定性特征，除非这类规范所指涉的那些人利用自身的行动创设了肯定义务产生的前提。这类否定规范具有工具性特征，这是个体能运用的方式，并且也可为个体行为赋予某些基本的根据。人们也可以这样认为，这类根据与行为者关于特殊时间和空间情景下的知识联系起来，形成了行为者决策的依据。

因为法律所规范的只是个体行为必须合理的部分前提，并且如果某类条件成立，这类法律就可适宜于那些非特定范围的任何个体，不管特定范围内多数情形是怎样的。因此立法者难以预测这类法律对特定范围的个体将会产生什么样的影响，也难以预测特定范围的个体会将这些规范利用来实现怎样的目标。一旦人们指称这些规范具有工具性特征的时候，也就意味着个体遵从这类法律，并追寻自身的目标而不是立法者的目标。具体的行动目标，因一直存在某一特殊性，因而决不可在普遍性规范内被规范。譬如，法律规定禁止杀人，除非法律规范在某一时空内否定这一禁止，否则必将禁止杀人，但决不会规定禁止个体去杀某个特定范围的个人。

哈耶克指出，人们遵从这类规范，并非服务于他人的目标，并且从严格的意义上讲，同样也不存在理由相信人们被他人的意志制约。假设个体采用他人规范的原则（正如个体采用某一自然规律知识一样）来达到自身的目标，假设这些确定规范的个体并不清楚个体的存在，不清楚这类规范会适宜于个体的特殊情形，也不清楚这类规范对个体的规划可能的影响，那么，个体的行为就不能被看做是屈服于他人意志。至少在那些威胁利用强制的情况下是能规避的各类境遇中，法律只能够改善个体可利用的方式，却难以限制个体必须追寻的目标。视个体执行某一契约的行为是屈服于他人意志，明显是荒谬的结论，这是由于假设不存在承诺必然遵从这个公认的法则，个体绝对可能不签署该契约。或者一旦个体承担了自身完全清楚法律规范的情形下须执行的某一行动必然引发的法律后果时，就认为个体是屈服于他人意志，这一说法明显是相当不合理的。

哈耶克认为，个体明白某些规范能普遍适用，这对个体而言具有相当重要的价值。作为这一认识的后果，差异性的行为目标和行为方式，必然获得新特性。在这个情形下，个体会明白怎样使用这些人造的因果关联来达到他所期望达到的各类目标。这些由人自身创设的法律在影响个体行为方面，与自然规律产生的作用是绝对相似的，不管个体关于人为法律的认识还是事关自然规律的认识，都能帮助他预测到行为的后果，同时，也会增强个体预先规划的信心。个体应该明白：在自家房顶上烧火，自己的居所就将被烧毁；个体也明白：放火焚毁隔壁的居所，就将被逮捕入监狱。很明显，这两种认识之间并不存在多大的差异。与自然规律一样，国家法律就个体必然置身其中的环境也规范了诸多确切的特性。虽然这类法律扼杀了个体原先的某些选择，可是，就普遍情形而言，法律却决不会强求个体只选择别人期望他执行的某一具体行为。

> 只要不屈服于他人意志，人们就是自由的

哈耶克指出，法治范围的自由概念，是人们关注的首要问题，它以如下的论调为基础，即一旦人们遵从法律，人们也就不是屈服于他人意志，所有人们是自由的。由于立法者并不确知制定的规范会适宜于怎样特殊的案例，也由于运用这一规范的法官除依据现实的规范符合特定的受理案例来确定审判之外，没有其他更多的选择。因此，人们认为这一情形属于法治而不是人治的社会。因法律规范是在不特别考虑特殊案件的情形下确定的，并且任何个体的独断意志都无法确定是否采取强制方式来执行规范，因而法律并非独断意志的结果。可是，法律如想避免独断，还必须满足一个条件，那就是这类法律确指平等地适用于所有人的普遍性法则。这个普遍性，也许是法律具备的特征中（也就是人们所称呼的抽象性）最为突出的方面。因为真正的法律不能特别涉及任何特殊的个体，所以它特别不可指涉任何具体个体或若干个体。

哈耶克指出，当局的所有强制行为都须被限制在实施普遍且抽象的规范范围内，这个制度相当重要，这可从如下事实得到证实：迄今为止，文明社会的运动，一直是从身份到契约演化的运动。身份观念，也就是每一个体依据确定规范在社会内占有地位的观念，事实也是这样，在这一情形中，适宜的规范并不具备相当的普遍性，而恰恰是针对特定个体或群体，同时赋予这些人特别权利与义务。可是，强调与身份相对立的契约，则显得相对混淆，甚至还会出现误导，由于它仅仅指明法律所给予个体构建自身身份的诸多工具的一种，虽然这属于最重要的工具。这是与身份治理社会形成比照的，是普遍性的、平等地适宜于所有人的法律治理，也就是同等适用于所有人的规范之治，确实，人们也能称呼其为法治（同特权对立起来）。

关于真实的法律规范必须具备普遍性的要求，并不意味着在某些情形下，某些特殊规范难以适宜于不同社会阶层的人们。确实，这个条件是这类特殊规范所涉及的只是某类人所拥有的特征。某些规范也许只适合于女性，某些规范也许只适合于盲人，甚至某些规范也许仅仅适合于到规定年龄的人群（多数情形下，相关规范甚至绝无必要说明该规范适合的人群，譬如受到强奸或受孕；这个时候，相关规范就无须确切地说明该规范适合于女人，因为只有女人才可能被奸污或受孕）。假设这一区分被该群体内的人或群体外的人都同样认为合理，于是这一区分就非独断意志的结果，也就不会导致群体内的人被他人意志所控制。同时，还需要说明的是，这类情形并非意味着这一区分必须取得所有人一致的认同，而只是关心个体的立场决不决定于个体或属于还是不属于该群体。譬如，要是某一区分取得了群体内外多数人的认同，于是人们就必然有信心相信，这一区分必然会同时有益于群体内外的所有人的目标的实现。可是，假设只有群体内的人认同这一区分方式，那么这显然是特权。假设只有群体外的人认同这一区分，这就是歧视。确实，对某些人是特权的情形，同时对另外的人也许就是歧视。

可是，哈耶克认为，需要引起人们关注的问题是，假设真是由于法律保证人们获得自由，那么这里的法律就只能是那些抽象且具有普遍意义的规范，或是人们所称呼的实质意义的法律。在此，更需强调的问题是，这类实质意义上的法律，确是法律规范性质上的而不是关于该规范的起源与那些只具备形式意义的法律的区别。以具体命令方式出现的法律，也就是那些只由于它产生于立法部门就被称呼为法律的命令，事实上属于重要的压迫性工具。把这两种形式的法律观念混淆，并把法治信念遗失干净（法治在此指人们制定并执行那些实质意义的法律，并非是强制推广其意志），实质上是导致自由逐步衰败的根本原因之一。就这样的结果，人们可以认为，法律理论与政治理论在其中都起到了推进的作用。

哈耶克指出，实际上，假设统治意味着迫使个体屈服于他人意志，那么在自由社会内，当局就缺乏统治力。公民所以被称为公民，是由于他们不可在这个意义上被统治，被不断的命令强制各类行为，而不管他们为实现自身目标所选的工作占据怎样的位置，也不管根据法律他们是否暂时是政府公务员。可是，个体却能在如下意义上被管理，即统治意味着普遍性原则的执行，也不关涉特殊情形且必须按照平等适宜于所有人的普遍性规范来执行。由此，我们就可以认为这类规范适宜于其中多数案件，并非强求人们依据自身的意志来裁决。甚至一旦法院必须就普遍性规范怎样适宜于某个特殊案件的问题做决定时，也需人们共同认可的整体规范体系内涵的意义来确定，而不是让法院的意志来确定。

法律为什么要保证每个个体都占有一个他能决策自我行动范围的公认领域，目的就是使个体可以充分利用自身具有的知识，特别是他关于特殊时间和空间情形下的知识，同时，这些知识经常是他独自占有的。法律告诫人们哪些事实是个体能仰赖的，并且根据这个情况扩大他能预测的行为后果的范围。同时，法律也告诫人们哪些后果是个体在执行某些行动时必须思考的，或他将为此担当怎样的责任。这意味着，个体被允诺或被强求做的事，只需仰赖于他被看做是知晓的情况或他有能力辨别的情况。假设某些规范使某人自由决策的范围决定于他难以预测的非直接后果，那么这类规范就难以有效并难以促使人们自由决策。甚至在那些被确定为可预测的后果中，这类规范也将指明他必须虑及的后果，同时允诺他不关注别的后果。尤其需要说明的是，这类规范不但将规定禁止人们做任何损害他人的事情，并且也会（应当）做这样的规定，也就是它被适用于某一特别情形时，还将确切地规范行为者必须虑及的后果和无须虑及的后果。

如果说法律由此就对个体能够依据自身知识执行有效行动有所帮助，并且实现这一目的的法律必将增加个体的知识，那么，人们就可以认为，要是人们依据这类规则行为，法律就必将表现为这些人能运用的知识（以往经验的结果）。实际上，个体依据共同规范而合作，是以知识的分工为前提的，也就是个体自身的具体知识与法律给予的普遍性知识的分工，前者确指合作人须认真虑及个体的具体情形，后者则指法律确保个体行为合乎他置身其中的社会内的某些普遍和恒久的特征。个体利用遵从规范而运用内涵于法律的经验，论证起来非常困难，因为就普遍情形而言，这类经验并不被个体所确知，也不被任何个体确知。多数这样的规范，都非主观考证而创设的，都是经过逐步的试错过程慢慢出现的。在这个过程中，是无数代人的经历推动了这类规范发展成今天这个样子。所以多数情形下，任何人都难以明白，也无法知晓导致某一规范存在特殊形式的所有理由和所有要素。根据这样的情形，人们必须持续奋斗，来找到某项规范的实际效用。假设人们不知道某类特殊规范的存在理由还算可以理解的话（实际是经常发生的事情），那么只要人们还企图利用慎重思考的立法来逐步改善，人们就必须努力理解这些规范具备哪些普遍性效用和普遍性目标。

公众行为规则促使公众调适自身生存环境

哈耶克确信，公众行为遵从的原则，不但促使公众时刻调试自身环境，还促使全社会调试它的属员具备的普遍性特征。这些规范支持或应支持个体规划有效执行的行为计划。这类规范能延伸发展下去，只是由于在某些情况下，人们将对个体有权做什么的问题出现争斗和冲突。也就是说，只在规范确定个体具备的权利的情形下，这类争斗和冲突才能被制止。在此，最重要的是存在被所有人熟知的规范制约着这一情形，这类规范的具体内容是什么，则显得毫不重要。

可是，在哈耶克看来，现实中经常出现这样的情况，即可能出现相当多的规范合乎以上的要求，可是，这些规范合乎要求的限度存在相当差异。譬如，人们在平常生活内经常遭遇如此的情形：究竟哪些权项可被划入产权这一权利系列内（尤其当人们想到地产时），哪些其他权项可被划入确切得到保障的范围之内，怎样的契约是国家应强制安排的。就这类权限所设定的任何特殊界定，原则上不存在关于什么自然或天赋的品质，譬如，罗马人把财权界分为某种随便利用和滥用某项东西的权限，就这一界分而言，虽然人们不断地强调，可实际上绝对依据这一界分行为，则完全不可能。可是，所有相对发展完备的法律社会秩序的核心特征都没什么太大区别，也许能说这些都是对大卫·休谟三项根本的自然法的重新诠释，三项自然法在休谟那里是指稳定地占有财物，依据同意而转让，并兑现承诺。

可是，人们在此主要关注的并不是规范的具体内容，而只是他们在自由社会内必须具备的普遍性特征。由于立法者难以预测受到规范调节的人们怎样运用立法者制定的规范，因此立法者的目标只体现为促使该类规范就总体而言或多数情形而言有助于人们。可是，由于这类规范是利用它所创设的预期目标来运用并产生影响的，因而相当重要的问题是，这些规范必须被始终如一地运用，不管它适用的特殊情形出现的结果是不是可欲的。立法者为什么将职能限定于制定普遍性规范而不是直接下达具体化的命令，根本原因是立法者对这类规范可能适宜的特别情形一直很茫然，所以，立法者能做的事情只是为那些必然确定行为规划的人们提供可以利用的某一确切的基本根据。可是，立法者在确定规范时只规范了某些机会或机遇，而绝不是那些成功的保障原则。

哈耶克指出，对于某些唯理主义立场的人做出的功利主义解读，人们必须特别说明，抽象的法律规范的本质是这些规范只能对它适宜的多数情形有帮助，而实际上，这些规范是人类从习俗中获得来应付个体天然的无知的许多方式中的一种。确实，证实任何特定法律规范是不是具有正当性，根据的必然是这类规范的效用，也就这类效用难以利用理性的逻辑判断得到证实，可是它依然被人们所知，这是由于这些特殊规范在现实中能证实自身比其他方式更有效。可是，就普遍的情况来看，人们必须就所有方面予以证实，而不能以它单次适用的效用为标准。某一功利主义立场相信，法律中或道德中出现的各类纠纷与冲突都可依据这个形式来裁决，也就被那些能靠体悟这一裁决的所有后果的人看做最恰当的方式。可是，这一立场实际上否定了任何规范的必要性，只有全知的个体构成的社会才可给予每一个体那些依据普遍效用来衡量每一特别行为的绝对自由。如此极端的功利主义必然走向荒谬的现实，所以，只有那些有限功利主义的立场同目前论证的问题有关。可是，遵从法律规范或道德规范最可能产生的伤害就是这样一种情形，也就是只有在特殊情形内遵从某一规范的有效性被人们认识和认可的时候，这一规范才具备制约能力。

哈耶克指出，自由的敌人一直把论证过程建立在这样的认识上，也就是人类事务内的秩序以某些人能颁布命令，另外的人须服从命令为前提。多数反对以普遍性法律为基础的自由论为什么不对，是由于它们绝没有认清这样的事实，即人类的有效合作并不要求某一拥有权力的个体颁布命令来刻意组织社会秩序。经济学的成就之一，就是解读了市场是以怎样的方式帮助个体适应自生自发的活动的，确实，要实现这个目标，条件是每人都清楚地界分每一个体所掌控的领域。毫无疑问，个体相互适应的机制组成了协调个体行为的普遍性规范应包含的最核心的部分知识。

社会秩序意味着个体被有效的预见所指引

有序性的社会活动出现在这样的事实中，也就是个体可实施某项始终如一的行动规划。可是，这类行动规划为什么可被实施，根本原因在于它差不多在实施规划的每一阶段，都可预测别的社会成员所做的某一定量的奉献。社会中确实存在某一具有连贯性和恒久性的秩序。假设没有秩序以及秩序的连贯性和恒久性，那么任何人都难以从事自身希望的事业，甚至根本不可能满足个体最为根本的要求。假设人们期望个体依据那些在相当程度上只被本人明白而决难以被任何其他个体完全确知的特别境况来协调个体行动，于是，有序性也就难以变成统一安排的结果。所以，关于社会秩序，实际上意味着个体行动是被有效的预见所引导，也就是说人们不但能有效利用自身的知识，并且还能相当有信心地预测到他们可从别的个体取得的协助。

如此一类同环境相互适宜的秩序，明显难以经过统一集中指导的形式来建构，因为事关这一环境的知识是被众多个体分别把握的。这一秩序只可出现在作为社会存在因素的个体之间的互相协调以及与这些人相关的事件的反应过程中，也就是博兰尼称谓的自发自生构成的多元秩序。博兰尼认为，一旦社会秩序利用允许人们依据自发意图来互动，并只受制于一致平等地适宜于所有人的法律时，人们便具备某种自发自生的社会系统秩序。依据这个立场可以认为，个体努力利用它展现个体的主动性并相互协调，并且这一自发的调试过程还须利用公众的帮助证实自由的必要性。这类个体行为为什么被看做是自由的，是由于这类行为并非由任何具体命令确定，不管这一命令来自某一上级或某一当局机关。制约这类个体行为的强力，是非人格化的和普遍性的。

哈耶克指出，虽然那些被人们所熟悉的组织物质资源方式的人，经常被发现无法明白这类自发自生秩序的产生，可在相当多情况中，人们还是须仰赖于个别要素之间自发自生的协调来组成某一物理秩序。假设人们企图依靠自身的能力把每一个别核子与原子置身于别的核子与原子相互关联的合理位置上，那么人们就绝不可能组成某类结晶式与复合式的有机混合物。人们必须相信如下事实，也就是在某类条件下，这些核子与原子将自身置于某个具备相似特性的组合内，促使自发自生力量产生效用。就这一情形而言，可以说是人们取得一致并达到期望的结果的唯一方式，所以促使该力量产生作用意味着，在创设该结构的过程内，很多方面是人们的能力难以达到的。换句话说，人们不可以一方面仰赖这些力量，另一方面又企图确切地保证特定范围的原则会在因此产生的组织内占有某一具体明确的位置。

哈耶克认为，同样的道理，人们能为建构社会秩序创设某些条件，可是，人们却难以为所有社会因素负责组织某一确定方式，促使它可在合适的前提下有秩序地协调自身。就此意义而言，立法者需要做的并非是确立某一特殊秩序，而仅仅是创设某些条件。在这类条件下，某个得到有序安排的组织形式能自发自生建构起来并不断被重构。事实上，促成这一秩序的建构，并非是以人们可预见的个别行动作为条件，这是由于个别行动具备某一限度的规范性，并且人们强制地颁定法律这类行动事实上是仰赖于那些产生于其中并未被人确知的特殊情形。人们能强求的只是个别的目标，同时也保护那些相对被限制的规范，这一规范增大了社会秩序的建构可能。

6. 法治国：一个高尚的誓言

> 真正促进自由观念复兴的主要原因来自英伦三岛

哈耶克指出，欧洲的多数国家，在18世纪中期之前都曾经经历过大约两百年的君主治理时期，而这样的统治形式毫无疑问是毁灭了自由传统的。虽然某些早期的自由观念由那些持自然法理论立场的学者所沿袭下来并进一步被发扬，可是，真正促进自由观念复兴的主要原因则来自于英伦三岛。需要人们关注的是，随着自由复兴运动的开始和进一步发展，欧洲大陆内持自由主义立场的人需要处理的情形，已完全有别于美国同一时期遭遇的情形，也有别于英国约两百年之前的情形。

欧洲大陆持自由主义立场的人面临的新问题，是怎样面对君主专断所设立的集权中央式的行政机关，以及由此产生的大批职业化行政官员。这一科层组织在关注人们的福利与需求的问题上，远远比有限政府所能做和期望做的更多。所以，在新自由主义运动的早期，欧洲大陆的自由主义必须处理英国与美国在较近时期才会遭遇的那些难题，并且这些难题在英美国家是逐步出现的，于是在那个时候并不存在什么合理的机会来系统论证和探索这类问题。

哈耶克认为，这个反专制运动的核心目标，从一开始就是确立法治国家理想。不单是那些解读英伦三岛的学者（代表人物当推首推孟德斯鸠）把法治看为自由为什么能成为事实的核心内涵，甚至包括卢梭也相信（虽然之后其思想变成了某个与此决不一致甚至完全同其相反的传统的根源）这一点，他说：政治学的重大问题，我将它比喻为几何学内变圆为方这样不可能完成的任务，也就比如想找到某种把法律置之于人上的政治体制。他提出的让人感到既恨也喜的观念公意（普遍意志），使他必须重点阐明法治精神。法律为什么是普遍性的，不单是就所有的意志而言，并且也可从法律的最终目标来看。一旦个体认为法律的目标永远处于普遍形式，个别人产生的想法是，法律所思考的对象一直是全体属民以及抽象行为，并不思考个体或一些特殊群体的行为。譬如，某项法律将公民划分为各类等级，甚至也可规范各类等级的参与资格，可是，它决不会确定某些特定的人进入哪一等级。法律也绝对能确定以某种世袭方式为前提的君主政治，可是，它决不可选定君主或君主家族。一句话，任何同特定个体相关的事情，都决不可成为立法权限所管辖的范围。

所以，1789 年的法国革命为什么获得多数人的赞同，哈耶克借用历史学家米歇雷特的评述说，法国革命的实质是法律的降生。之后的戴雪也指出，巴士底狱确实是以权力抵制法律的一个明显事实，它被攻占则意味着，早就存在的法律体制逐步开始踏进欧洲大陆的土地。著名的《法国人权与公民权宣言》，不但要求保障个体权利，还要求权力被分化（这两个主张构成了任何宪法的核心部分），很明显的是，它的根本目的是确定严苛的法律体系。再早一些时期的立法奋斗，充满变数和艰辛，其中被重视的问题也经常变成怎样从学理上解读法治这样一个核心概念。

不管这场革命在多大程度上来自于法治理想，可它是不是真地推动法治的发展进程还是存在问题的。在法治理想取得胜利的时候，人民主权理想也取得了胜利，而这一事实很快就从前台转到幕后。伴随着革命的发展，又迅速地出现了新的诉求，可是这类诉求相当难以与法治理想取得一致。人们也许相信，任何暴力革命都难以增长对法律的关注。拉法维特也许曾经企图诉诸法治来反对大棒政治，可是，这一做法仅仅是表面工夫而已。革命精神的普遍影响力，也许在法国民法的重要撰稿人的言语中被最合理地说明。波塔里斯把民法草案交付给立法机关时指出，这类热情决心用激进的方式奉献所有权利，以实现革命目标。所以，他不相信任何别的因素，只承认那些没有办法界定并且善变的国家利益至上的原则。

法国革命的所有奋斗，原先是为了推进个体权利，可是，这个目的并未实现。这个结果出现的根本原因是法国革命创设了这样的信念：假设所有权力都被人民所掌握，也就是所有被利用来制止权力泛滥的保护措施，也就显得毫无必要。那时还有一些人认为，实现民主社会将自动阻隔运用专断权力。可是，事实恰恰证实，被选举产生的代表们，热切期盼的却是当局能完全服从于这些代表的目的，并不关心该怎样保护个体来对抗当局权力滥用。虽然就相当多方面来看，法国革命由于是受到美国独立战争的影响所出现的，可它却从来没有达到美国革命的核心成就，也就是设立一部宪法来制约立法权力。而且法国革命甫一出现，法律面前人人平等这一理想原则就由于现代社会主义运动的先行者所构思的各类新要求而备受威胁，这是由于人们要求以实质平等来代替法律平等。

法国革命并未涉及到这样的问题，也就是托克维尔确切地说明的在法国革命之后几十年都没有改变的问题，这个问题就是行政当局的权力结构问题。法国民众在那时候已经同意了对权力分化的最极端模式的解读，可是这样做的目的是为了加强三个行政机构内的行政权力。在那时候，这个原则在相当的程度上被利用来作为捍卫权力当局并抵制法院的干预，也加强而不是削减了行政当局的权力范围。

紧接着法国革命出现的拿破仑政府，必定更为关注怎样扩大行政当局的权力分配和效率，反而很少关心个体自由怎样保障的问题。在这个趋势下，虽然七月王朝短期内将法治自由变成流行口号，可是，实质的情形并未取得进展。共和国体制下也曾经期望系统地尽全力保障个体来反对专制的行政权，可是那个时候，即便是这样的机会也非常难以获得。实际在相当的程度上，19世纪绝大部分时间内法国本身的情况，导致行政法从此开始在英伦三岛背负骂名。

哈耶克相信，在行政当局内逐步地衍生出某种新的权力机关，并逐步地担负起制约行政当局所负有的自由裁决权时，国家最高行政法院便产生了。起初设置最高行政法院的目标，就在于保障立法机关的意愿能被忠实地执行，可是，现在却以这样的方式逐步发展。正如英伦三岛的研究学者发现，与目前的英国公民已获得的社会保护相比，法国国内的最高行政法院授予了公民更多的保护权利并以此反抗行政当局的自由裁决权。法国的这个发展趋势引起了相当多的关切，可是，德国这个时候出现相类似的情况却没有引起人们足够的重视。在德国国内，君主专断体制的延续，导致德国人难以同法国人一样，盲目地崇拜民主制政府的自我调节功能，并试图掩盖问题的关键。正是由于这个原因，德国人系统地论证了这些现实问题，从而出现了某一事关行政权力控制的细致的理论，虽然这一理论影响现实政治进程的时间非常短暂，可是它深刻地影响了欧洲大陆的法律发展进程，并从此之后流行于世界各国。这样做的结果是颠覆了法治，正由于这个原因，人们应该就此做细致深入和有效的探索。

德国的这些论述者们阐明这个法治国理想运动的趋势时，经常把康德看做是该理论的起源。虽然这个观点确实扩大了康德的法律哲学的预见性，但是毋庸置疑，确实是康德赋予这类观念在德国持续发展的形式。康德的重要贡献是他设定了道德规范的普遍理论基础，这个理论把法治演变为对某类更具普遍性的原则的特殊利用。他提出绝对命令，也就是这样的规范：人必须一直按照某个能同时被看做普遍原则的准则行动，这实质上扩展了组成法治的核心的普通伦理概念领域。在法治的情形下，绝对命令只是赋予某一准则，特殊规范须同这一准则相互契合才可被看做是公正的。假设这类规范是被利用来指导个人自由的，那么这类规范就必须具备普遍性和抽象性。可是只有在所有这类规范必然具备某些特征的时候，这类观念才能在奠定法律发展的基础上被证实具有相当重要的意义。

哈耶克指出，这里明显难以就康德哲学思想对宪政史发展的影响做最为充足的论证，在此只讨论青年洪堡[①]关于政府职责以及范围所撰写的相当重要的专著。该专著在阐明康德的论点时，不但使法律自由的确定这个康德常常采用的词汇被广泛地宣传开来，并且就某一方面而言，也变成了某一极端观念的先例。也就是说，它不但限制国家的所有强制行为在执行和落实早已被颁行的普遍性法律范围内，并且还认为执行法律是国家唯一具备的合理合法的职能。这个论述也许并未完全说清楚个体自由问题，因为个体自由问题还必将论证什么是国家可能具备的非强制职能。还需要说明的是，之后那些主张法治国家的人们为什么会把康德的法律自由同个体自由相混淆，根本原因也是由于受到洪堡影响。

普鲁士社会 18 世纪出现的各项法律内，有两项在社会发展过程产生了巨大的影响，因此必须对此做相当细致的考证。第一项成就来自于弗里德利希二世利用他 1751 年颁行的民法典高效地展开了对所有法律的编撰。

① 威廉·冯·洪堡（1767—1835），生于德国波兹坦，是柏林洪堡大学的创始者，也是著名的教育改革者、语言学者及外交官。1819 年后辞去公职，专门从事学术研究。——译注

这个运动发展速度很快，并取得了令人相当吃惊的成就，也就是1800至1810这十年内颁行的很多部拿破仑法典。以上描述的法律编撰行为必将被看做是欧洲大陆确定法治体制的最为重要的努力，因为这一运动在相当大的程度上确定了欧洲大陆法治发展运动的普遍性特征和发展趋势。这一发展，从理论上看，已绝对超越那些持有普通法立场的国家所能达到的水平。

> 法治国家概念于19世纪早期被系统展开，并成为新自由主义思潮的核心目标

哈耶克指出，即便具备已被完善得最合理的法律规范，也难以保证法治要求的确定原则。所以，它绝对难以取代根深蒂固的传统。可是，这一点难以淹没这样的情势，也就是法治理想同判例制之内或许出现某种最少是形式上的冲突。的确，在被确立的判例体制内，法官所能创设的法律，也许难以同法官在某一法典规范范围内创设的法律相提并论。可是，认同立法与司法作为法律的根源(虽然这同形成英国传统的进化论一致)，却依然容易出现法律颁定与法律使用的差异。普通法所具备的被公众极力颂扬的弹性原则，在法治变成某种被公众广泛认同的政治理想的前提下，确实相对地有助于法治的发展，可是人们依然会追问的是，在继续维持自由需求的界限被取消的时候，普通法的这个弹性原则在那些颠覆法治的各类情势中是否依然具备很强的抵制能力呢?

哈耶克认为，就编定法律的过程而言，这样的情形确实无需怀疑，也就是编定法律过程的各类努力推动公众对某些形成法治核心内涵的普遍性原则做最为确切的规定，尤其是对法无明文规定不为罪这个不处罚原则书面上进行了确认。这个原则最先被 1787 年的奥地利刑法典采纳，并在其被法国《人权宣言》采纳之后，接着被欧洲大陆的多数国家法典采纳。

可是，普鲁士在 18 世纪的法治建设上做出的最为特别的奉献，乃是怎样控制公共行政。在法国国内，因为人们仅仅是在形式上认同权利分离的原则，因而在现实中，行政行为在相当程度上摆脱了司法行为的控制。可是在这个时候，普鲁士的法治发展却沿着完全不同的方向发展。人们也许会认为，深入影响 19 世纪自由发展的核心理想，是应确保所有规范公民财富与人身施与的政治权力接受司法监督。这个方向的其中一项最深远的尝试，也就是在 1797 年颁行的那部法律，尽管仅仅适用于普鲁士之东部新出现的邦国，可仍被看做某种须被遵从的普遍模式，甚至把行政当局同公众的所有冲突都置于普遍法院的监管范围。这项试验为此后八十年内事关法治国家的论争，提供了重要的佐证。

哈耶克认为，在以上描述的前提下，法治国家概念于 19 世纪早期被系统地展开，并同宪政思想相似，都变成了新自由主义思潮的核心目标。可是就该现象为何出现在德国而非法国等地域，讨论者们立场并不一致。

某些人相信，主要原因是在德国新自由主义社会运动出现之前，美国的预演在德国国内获得了比法国革命时更为确切的认识和理解，而另外的人则相信，主要原因在于德国的社会发展是在立宪君主国的范围内而不是共和体制范围内进行的，因而它很少受到那些相信所有问题都因民主实现而自行解决的想法所制约。可是，不管是哪些原因占据主导地位，有一种情况是确实的，也就在德国，依据宪法制约政府的所有权力，尤其是法院执行的法律限制所有行政行为，变成了新自由主义运动的主要目的。

在当时，德国理论家提供了很多论辩的形式，并确切地反对那些还被当时的法国认同的行政管辖的方式，也就是行政机关内的准司法组织，这是由于这类准司法组织的核心目标是监管法律的实行而不是保障个体自由。德国南方的一个邦国的某一法官就曾经说过，无论什么时候，要是出现事关私有权利被官方行为侵犯的事实时，这一问题必须交付法院来裁决，这个观点之后被迅速地发展。正当法兰克福邦国 1848 年议会企图制定一部适宜于所有德国邦联的宪法草案时，就在宪法内附加了这样一个条文，该条文规定所有行政组织的裁决（出于那时候的认识）必须被禁止，并且所有侵害私人权利的做法都须交付法官审判。

可是，在哈耶克看来，那些企图利用德国各组成邦国执行立宪君主制促进法治实现的理想，很快被证实是行不通的。各邦国在新颁行的宪法内迈向法治的步伐非常微小，并且人们很快发现，虽然宪法被颁行，法治体制也被确立，可事实上警察国依然是前提。是哪些人还在保卫公法并护卫以个体为基础的核心权利呢？不是别的什么人，而恰恰是那些试图扩大行为范围的行政组织，虽然那些根本法的最初目标是要抵制它们。实际上，之后的二十年内，普鲁士就被赋予警察国家的声名。也是在同一时期，普鲁士议会被迫就法治的立场再次展开激烈的论争，并达成解决此问题的最后方案。在这个时期内，行政行为的合法性必须交付普通法院裁决的思想依然被人们广泛地认同，至少在德国北方是这样。这个之后被称为司法主义的法治理念，不久就被某一完全不同的理念所替代，这一观念的提倡者是英国专门研究行政体制的学者戈奈斯特。

公众为什么认为普遍管辖必须与对行政行为的司法制约区别开来，正是由于这两个原因。虽然这两种考虑形式都可能帮助德国确定行政法院体制，并且也经常被人们作为一个问题而混淆起来，可是，它们是为实现存在相当差别的甚至是难以相容的目的，所以必须认真辨别。

哈耶克论辩到，某种意见认为，处理各类由于行政措施是否合法而引起的问题，一方面要了解各部门法的相关知识，另一方面还需要某种就事实而言的知识，假设不这样，事情就很难解决。可是，人们却难以期盼那些主要受到私法或刑法教育的普通法官能同时理解这两类知识。这是强力并且也许是有相当影响力的论点，可是这个论点只能强化原先就出现的个别审查私法难题、商法难题、刑法难题的法院相互的对立，却难以支撑裁定私法争端的法院与裁定行政争端的法院之间的对立。可是，仅在促使行政法院在这一意义上同普通法院分离，它才可与后者一样独立于政府的特权，才能只关注法律的执行，也就是只关注先在的规范的使用。

可是，人们也可依据某个完全不同的理由认同独立行政法院存在的必要性，这个理由也就是事关某一行政行为的合法性论证不可只被看做是纯粹的法律问题。由于这类争论一直都涉及政府方针与权宜政策问题。依据这个理由创立的行政法院，必须一直关注当届政府的目的，因而也难以与政府保持距离，这类法院是行政机关的部分，并且还必须接受行政首脑的指挥。法院的目标、核心不是保障个体对抗政府组织侵犯私人领域，相反是确保个体行为不与现实政府目标和政策相对抗。它是一种确保政府所属机关实施政府要求（包含立法机关的意志）的工具性力量，而非保护个体权利的方式。

哈耶克认为，只有在领导和制约行政行为上的确存在细致的法律规范的前提下，人们才可以对以上试图作出的区别任务做最为准确的划定。假设行政法院创设时，这类规范的确定只是某一还需立法机关和司法机关思考的任务，于是以上描述的差别就非常难以确定。在这样的情形下，行政法院的首要任务就是把此时只属于行政组织的内部规范视为法律，并且即便这样做，这类法院也将发现相当难以区别那些具备普遍性的内部规范与那些仅仅反映目前政策的具化目标的规范。

7. 保卫自由

> 最高的立法者绝不会利用法律限制自身的权力

哈耶克指出，必须首要强调的问题是，因为法治意味着政府除了执行为众人熟知的规范之外不可强制个体，这就形成了限制行政当局的所有权力的范围，当然这之中必然包含限制立法机关的权力。法治属于这样的规范，它关注法律应是什么，也就是关注具体法律应具有的普遍属性。人们之所以认同这一原则的重要性，是因为人们经常视政府的所有行动只需表面上的合法。确实，法治也须是形式上的合法，可仅仅就这样还难以内涵法治的全部意义，假设某一法律赋予政府行使符合它的意志行为的至上权力，就这个意义而言，政府的所有行为在形式上就都是合法的，可是这肯定不属于法治原则下的合法。这里法治的意义也单单是实行宪政，因为它还需要所有法律都合乎确定的规则。

哈耶克认为，自法治是所有立法的局限这个事实开始，其逻辑后果便是，法治本身是绝不同于立法者所颁行的法律意义上的法的。毫无疑问的是，宪法规范能促使侵害法治逐步变得相当困难，也许还能帮助预防普遍立法故意侵害法治。可是，最高的立法者绝不会利用法律限制自身的权力，这是因为他可以随时废弃其自身颁行的法律。法治因而是关注法律属于什么的规范，也就是那些元法律规范（也可被称为超法律规范）或者是某类政治理念。可是还需要说明的是，法治只在立法者也赞同对自身的制约的时候才是有效的。在民主社会内，这意味着法治已经形成这个社会共同体道德传统的部分(也就是那些被多数信仰并且不存在疑问的共同理想)，相反它就难以达到普遍有效性。

哈耶克强调，正是这个事实使法治受到持续的攻击变成不祥的预兆。更有甚者，诸多利用法治规范的情形，是人们期望尽力接近却难以完全实现的梦想，因此各类攻击法治规范的行为产生的危险就愈发大了。假设法治理想变成公众意见内的核心要素，立法与司法就必然越发接近这个理想。可是，人们必须注意的问题是，假设法治理想被看做是难以执行的，甚至是绝对不可追求的理想，并且人们也不会努力去达到这一理想，那么这个理想就必然迅疾地消失。在法治理想社会内，社会必然迅疾地堕落为专制暴政，这恰恰是西方社会过去很多代人一直遭到的威胁。

哈耶克指出，确实，牢记以下这点也具有同等重要的意义，即法治所限制的只是政府的强制性活动。在我们看来，政府的活动远非只是强制性活动，即使为了实施法律，政府也要求拥有它所能够管理的人力及物质资源的机构。此外，还存在着某些只属于政府活动的领域，例如对外政策领域，在这些领域中，通常不会发生强制公民的问题。我们拟在之后讨论政府的强制性活动与非强制性活动之间的区别。而就我们这里的讨论而言，重要的是指出，法治只关注政府的强制性活动。

当局可采用的基本的强制方式是惩罚。依据法治原理，当局只可在个体违背某一已颁行的普遍性规范时，才可入侵个体原先被保护的私有领域，并作为对个体的惩罚。法无明文规定不为罪的不惩罚原则，才成为法治思想最核心的结论。可是，该规范从表面上看虽然确切，可是假设人们追问这一规范内的法的确实意义，人们将发现，这样的陈述还存在相当多的难题需要解决。确实，假设法只是规范那些违背某一官员命令的情形，个体必将受到特定的惩罚，于是法无明文规定不为罪的不惩罚原则就无法让人满意。可是，人们必须承认，即便在最自由的国家内，法律也常常规范这类强制惩罚行为。显然，个体能在某些特殊情形内（譬如反对警察命令）产生公害、破坏公共秩序或妨碍警察执行公务等却不受到特定的惩罚，如此国家也许就从来没有出现过。所以，假设人们不综合考察那些导致法治成为可能的所有原理，人们必然无法明确法治规范内的核心立场。

哈耶克认为，以上论述中已经说明，法治理想必须以公众就法的意义有确切的界定为基础，并且不是立法机关颁行的每一项法律都属于这个意义上的法。就目前的情形来看，立法机关须以合理的形式赞同任何文本，这些都被称为法。可是，在这类仅具备词汇形式含义的法条内，只存在某些法律，就目前的情形看，经常仅存在极少的部分法律是能调节私人之间或私人与国家的关系的实质法律。绝大部分这类法律，事实上是当局对官员颁行的指令，它注意的核心问题是政府机关的构成方式以及能被利用的手段。可是，在目前的各个国家内，规范这个手段利用方式的规则以及颁定普通公民遵从的规则，都同属某个立法机关的责任。这虽然被认为是长期确定的惯例，可毕竟不是必须遵从的状态。依据这个原则，就必须要问，预防混淆这两类规则是不是绝对不可欲？对这个问题，人们主张的处理办法是，或者把制定普遍性规范的责任和对行政机关颁行命令的任务单独委托给两个独立代议机关，或者将其做出的决策都放在独立的司法形式的审查下，促使其各不越界。总之，虽然人们期望这两类决定都可依照民主的形式来确定，可这并非必然意味着它必须交付同一机关来确定。

> 要使法治继续保持效力，就必然要遵从元法律规范

可是，目前的制度安排趋向隐瞒这个事实，也就是虽然当局必须管制或利用它所具备的手段（包含那些被雇佣来实施其命令的人所给予的服务），可是，这并不意味着当局应同等控制公民私有领域。区分自由社会与不自由社会的标准是，在自由社会内，每一

个体都具备某个确切地区别于公共领域的私有领域，并在这个私有领域内，个体不能被当局呼来喝去，并只能被期望遵从那些平等适用于所有人的规范。在过往的时期里，自由主义者也许能自豪地说，要是人们处身于众人熟悉的法律领域内，他们的行为就无须征得别人的认同或遵从任何个体的命令。可是目前的人们是不是可以这样宣布，这实在是缺乏定论的问题。

普遍并抽象的规范，确系本质含义上的法律。正如人们所见到的，这些规范在实质上属于长期措施，所牵涉的也属于不被人所知的领域，并不牵涉任何特别的人、地域和事物。这类法律的效率肯定是前瞻性的，绝对不会涉及过往的情形。法律确实应具备这类特性这是一项原则，并且是被人们广泛接受的一项规则，虽然它并非总以法律的面目出现。这就是元法律规范的范型：要使法治继续保持效力，就必然要遵从这类元法律规范。

哈耶克指出，真实的法律必须具备的第二个核心特性是，它应是公众知晓并且是确切的。人们能不夸大地讲，法律的确切性对自由社会可有效并顺利运转而言，存在难以估价的重要意义。就西方社会的繁荣和发展而言，也许没有哪个因素能比目前西方普遍实施的法律的某一程度的稳定性显现的作用更大了。确实，法律的绝对确定性，只属于人们必须努力接近却永远难以达到的理想。可是，这个事实难以降低法律确定性在西方社会繁荣和发展过程的绝对意义。可是，人们还须说明的问题是，贬抑法律在本质上能实现的确定性程度，已经变成了目前的流行做法。并且那些切实关注法律诉讼的律师为何倾向支持这个立场，也能被人所理解，这是由于他们处理的案子经常出现难以定论的结果。可是，法律的确切程度由于从合乎法律的立场来审查，实质上结果是非常确切的。正是由于这一绝对不会诉诸法院的冲突，而非是那些求助于法院的案子，才可确定地估价法律确定性的标准。现实往往夸大法律的不稳定性趋向，这属于反对法治的立场。就此情形，接下来我们还需要进一步讨论。

哈耶克反驳道，这里的关键是法院的裁决是可以被预测的，并不是所有决定这类裁决的规范都能采用文字形式记述。支持法院行为应合乎预先存在的规范，而非坚持所有这类规范都须被明确阐明，也就是将这些规范预先就采用文字形式确定下来。事实上，支持后一情形，是对那个难以达到的理想的追寻，有些规范绝对难以被赋予确切的形式。相当多的这类规范为何被人们所承认，只是由于人们将导向连贯并能预测的裁决，并且也会被它所引领的人看做是对正义感的表述。依照心理学的立场，法律推证确然不是明显的三段论形式，并且它的前提经常是隐晦的。结论根据的诸多普遍原则只是隐含于确切阐述的法律体系内，并且必须由法院发现。可是，这并非是法律推证具备的特有现象，因为人们所做的各类普遍性概括，也许都根据那些依然没有被人确切知晓却控制着人们思维的更高级的普遍概括。虽然人们将努力发现形成决策根据的更为普遍的原则，可就这类工作的性质而言，它极大可能是一个不可实现的、无限的过程。

> 行政机关必须拥有某些不被独立法院控制的权限

真实法律的第三个要素是平等。哈耶克认为，这与以上描述具备同等的重要性，可是在界分上比它们更困难。任何法律都须平等适宜于每个个体，其意义绝不限于以上描述所界分的法律应具备的普遍性含义。某项法律也许只关涉有关人等的表面特征，所以它就在这个意义上具备充分的普遍性，可是它依然可以就不同阶层的人士运用差异性的规范。显然，即便在具备绝对责任能力的民众内，搞这样的划分也是难以回避的。可是，在抽象意义上做的这类划分，一直都能够实现到这一程度，也就是经过选择而确定的类别或阶层本质上只是那些人们所知晓的特定范围的某些人或个体组成的。人们必须认同的问题是，虽然人们为处理这类问题做了相当多的确实的努力，可直到今天人们依然没有找到一个绝对使人满意的衡量准则。正如人们经常认同的那样，那些宣布法律不可确定无关联的划分标准的认识，亦或那些宣布法律不可依据与这个法律的目的绝无关联的前提将人差别对待的认识，也就相当于回避回答问题的根本所在。

尽管说法律面前每个人是平等的只是理想之一，它可以确定方向但难以完全确定目的，因而也一直是人们能力难以企及的。可是这个理想绝对不由于其本身而失去其重要价值。以上的论述中已经涉及了法律面前所有人平等须满足的条件之一，也就是这一界分的合法与否必须获得经过挑选而确定的某群体内的人与此群体外的人们的一致认同。人们也许会问，人们是不是可以预测某部法律左右特别的人的方式，这个问题在现实情形内相当重要。可是，法律面前所有人平等的理想，其目的在于平等地改造所有人的机遇，它与那些采用人们可预测的方式导致特别的人群受到损失或取得利益的形式是难以共存的。

哈耶克强调，人们某些时候说，法治情形下的法不但具备普遍性和平等性，还须是正义的。毫无疑问，法治情形下的法想要有效，须被多数人承认体现了正义。可是，存在的疑问是，人们除开普遍性和平等性之外是不是还需要其他的正义标准，除非人们可以准确判定法律是不是与那些更具备普遍性的规范相适合，这类更具备普遍性的规范也许是非文字的。可是，只要它被确切地阐明，就必然被多数人接受。就法治情形下的法合乎自由治理而言，除开法律的普遍性和平等性之外，人们对只局限于调节不同人关系而不牵涉个体的纯粹私人问题的法律确实没有别的判定标准。确实，或许这类法律也许是恶法亦或是非正义法。可是，这类法律具备的普遍以及抽象的特征，也许能将危险降低到最小限度。这类法律具备的保护特征，也就是它存在的唯一正当理由，这可以从其普遍性中找到。

人们为何经常难以认识普遍与平等的法律能给予个体自由最合理的保护，并抵御那些来自外部的侵害，主要原因是人们习惯默认国家以及国家的代理人能免于这类法律的管制，或者习惯相信政府具备赋予个别人豁免权的权力。法治理想一方面需要国家对他人执行法律（这是国家唯一具备的垄断权），也需要国家依据同一部法律规范，因此国家同任何私人一样都受到同样的制约。所有规范都同等地适宜于所有人（包含统治者）这个事实，才促使压迫性规范被废弃。

除开颁行新的普遍性规范和把它适宜于具体案子的两项职能分开并由不同的人或机关来执行，不然假设想有效分开这两项职能也就确实不属于人的能力可控制的范围。所以，在权力分离的原则内，至少存在必然被人们看做是法治难以割离的部分。颁行规范时，人们难以考虑到具体的情况，同时，在审判案子时，人们难以依据任何其他规范，只可根据普遍性规范，虽然这类规范也许还没有被明确规定，这就必须要由法官去发现。要完成这个任务，就必须存在那些不考虑当局的暂时性目标的独立行为法官。关键的问题在于，在确定是不是应该在某一特殊情形下采用强制之前，立法与司法两项职能必须分开并由独立并协调的两个机关来执行。

哈耶克指出，更困难的情形是，一旦严肃执法，行政权力是不是可被看做独立且特别的权力，并同司法与立法两种权力平等地协调起来。确实，在某些领域内，行政机关需要依据它自身认为合适的行为方式。可是，在法治社会内，行政机关可在某一领域内自由行为的现实，绝不意味着它能施加强制权于公民。权力分离原则绝不可被理解为，一旦行政机关面对私有公民，它可以一直不受到立法机关颁行的并由独立法院使用的规范的约束。人们必须明白，对这类权力的要求，与反对法治没什么区别。虽然在任何行得通并有效的体制内，毫无疑问的是，行政机关必须拥有某些不被独立法院控制的权限，可是，这类权力内明显不包含控制个人或私有财产的行政权。法治的期望，一旦行政机关采取强制行为，必须接受以下规范的约束，这类规范不但规定它能采用强制的时间与地点，还规定它能采纳的强制权的方法和手段。能确保这一方式的唯一办法是，促使所有该类强制行为必须接受司法机关的审查。

哈耶克认为，制约行政机关的规范是不是应由普遍立法组织来颁定，或者这一职能是不是可以授权给另一组织来颁定，不管怎样都是政治手段问题。这同法治原则并无直接关联，但却与采用民主形式控制政府密切相关。由于授权立法绝不违反法治原则，把制定这类规范的权力授权给地方立法机关，譬如省级议会或者是市政会议，不管从哪个立场出发来讲都难以反对。甚至把这类权力授权给非民主选举的权力机关，也不是必然违背法治的，只要这类权力机关采用规范前就被公开宣传，也就使人们能以相同方式要求该机关遵从这类规范。现实社会在广泛采纳授权立法的方面存在的困难，并非是它授权颁定的只是普遍性规范的权力，问题的关键在于行政机关事实被授予某种无须规范便可直接行使强制的权限，这是由于它难以颁行某些确定指导它执行强制权的普遍性规范。经常所说的立法委托权，都不是颁行规范的授权（这也许是非民主的社会或政治上缺乏智慧的表现），而是赋予法律效力以行政机关的决策权力的授权形式，因此这类具备法律效力的决策，也就如立法机关颁行的法律那样，必然不被怀疑地为法院认同。

虚妄的行政裁决阻滞立法的进程

哈耶克认为，以上论述将人们带入一个事关现实社会的相当重要的问题，也就是在什么程度上施加法律约束于行政自由裁决权的问题。这一微不足道的缺陷，假设不合理处理，必将促使每一个体早晚丧失自由。对这一问题的论证，始终由于自由裁决权这个术语的含义混淆不清出现大量理论争议。人们当初采用这一术语时，确指法官解读法律的某一权限。可是，这类解读规范的权限，并非人们在此需论证的那些自由裁决权。法官的任务是在所有有效的法律体系的精神内，找到其中暗含的各类意义，或者是在必需的时刻，把那些起先并没有取得法院确切陈述或与原先并没有被立法机关确切规范的原则作为普遍性规范来表述。虽然法官担负着诠释规范的任务，可这并非意味着法官具备那些遵从自身意志追寻特殊且具化的目的的权力上的自由裁决权。就这点而言，人们可以从以下论述的事实发现，也就是法官诠释法律，还需受到更高级的法院的适当审查。判别某一裁决是否恰当地遵从了规范，还须由法官依据自由裁决权来做，最合适的判断标准也许是这个裁决的本质是不是受到另外知晓这个案件事实的司法机关的审核。人们也许会就某一特殊法律诠释产生争论，甚至某些时候难以达成一个具备相当说服力的观点。可是，这难以改变如下事实，也就是这类争论的处理必将求助于规范，绝不可依据专断意志。

哈耶克指出，另一类含义上的自由裁决权也与人们所指称的自由裁决权毫无关联，它所关注的是政府在等级制度内授权人与代理人之间的关联。自最高立法机关与各级行政机构主要负责人之间的关联到各类次级层次的官方机构，每一个层级都将出现这类问题，也就是所有政府权力内的哪些权力应被授予某一具体组织或具体官员，这一分派特别任务的问题必须依据法律来确定，因此个别机关具备怎样的资格做怎样的事情的问题（也就是其被允诺执行哪些行政权力的问题），常常被看做与自由裁决权毫无关联。实质上，最初的时候，并非所有政府行为都必然被确定的规范制约。其次，在政府等级的每一层级上，上级机关须赋予下级机关相当多的自由裁决权。要是政府支配自身的资源，它就具有相当充足的理由享有与任何商业组织在相似情形内所会享有的同等的自由裁决权。政府在管理自身事务的范围内，也必须具备一定限度的自由行动权，就像每一个体在执行自身的规划的时候必须享有自由行动权那样。例外的情形是，立法机关就制约行政机关自由裁决权上经常表现出罕见的积极性，因而也许会阻碍行政机关的工作进程。这一情形在某些程度上必然受到规范的制约，这是可能出现的情形，也是必要的，这是因为行政机关并没有商业组织那些利用赚取利润而确定的效用尺度。

哈耶克认为，法治自由裁决权的问题，并非是一个制约特定政府机关权限的问题，而是某个制约政府全部权力的问题。这是关涉全部行政权范围的问题。任何个体都难以否认这一事实，也就是政府要想有效运用它所享有的手段或资源，就必然实施相当数量的自由裁决权。可是还需要重点说明的问题是，在法治的范围内，私有公民以及其财富并非政府的行政对象，也非政府实现目标运用的手段。所以，只在行政干预公民私人领域的时刻，自由裁决权才同目前的论证相互关联。法治原则事实意味着，行政机关在这些方面没有自由裁决权。

确实，行政机关在法治范围内必须经常行使自由裁决权，就像法官在诠释法律时须实行自由裁决权那样。可是，这是一类可以并且必须受到制约的自由裁决权，是由独立法院审查行政机关利用自由裁决权时所受到的制约。这就意味着行政机关的决策必然能从法律规范内推导出来，也必然能从法律所涉及的与能被相关当事人知晓的境遇内推导出来。这就意味着，政府具备的专业知识、政府的暂时性目标和政府赋予差异性的具体目的的特殊价值（包含不同人持有的不同观点和立场），都不可左右其决策。

哈耶克指出，人们假设想了解自由在现代世界内怎样被延续维持，就需再思虑法律内出现的相当微妙的情形，这是由于它具备的非常重要的价值经常不被人们了解。在现代所有文明国度内，似乎都出现过类似的规定，也就是人们能求助法院来抵御行政机关的裁决，可它经常只关涉这样的问题，行政机关能否有权执行它确定的裁决。正如以上的陈述一样，假设法律认定某一行政机关行为范围内的每一事件都是合乎法律的，那么法院对行政机关的所有行为也就缺乏约束。法治的条件却是，法院应有权确定行政机关所有的特别行为的本质内涵是不是合乎相关法律准则。只有在法院具备这一权力时，行政上的自由裁决权才可被废除。

法治的这个要求，明显很难适宜于行政机关企图采用它所具备的手段达到特定结果的行为。可是，私有公民和财产不可变成政府左右的手段，这点确属法治的本质意义。就强制只能依据普遍性规范才可被合理使用的情形，政府所执行的每一特别的强制行为是否合乎正当，直接仰赖于这类普遍性规范。为保证实现这个目标，就须创设某个专业的机关，这一机关组织只须注意规范问题，而并不思虑当局的任何临时性目的，同时还有权裁决另外的权力机关是否有权做它已完成的事情，甚至还有权裁决这一权力机关的所有作为是否合乎法律。

哈耶克指出，另外一个容易引发混乱的理由是这样的情形，也就是在法律的领域内，公共政策这一词汇经常被利用来指涉某类被人们广泛认同的普遍性规范。虽然这类规范经常都没有被颁定为规则，可是，却被看做确定相对具体的规则效力的规范。一旦人们说法律政策是保卫善与诚，维持公共秩序或者否认非道德契约时，此时所指涉的规范，并非依据行为规范来阐明的规范，而是依据政府的某一长远目标来陈述的规范。这也就意味着，政府在它被赋予权限的范围内，必将这样行为，才可达致它所预设的某个长远的目标。人们为何在这一情形内采用政策这一词汇，根本原因或许是人们都相信，具体的规范应达到的目标与把法律看做抽象规范的认识是相互矛盾的。虽然这个观点也许能解读这一实际的情形，可明显的问题是，它存在相当的风险。

一旦政策暗指当局追求具体并且因时间而变化的目的时，它便与立法形成明显的差异，行政机关在相当程度上注意的恰好是对这个意义上的政策的实施。当局的任务就是协调和配置所控制的资源，来满足不断发生变化的社会需要。当局给予公民的所有服务，譬如从国防到普通的道路护理，从环境的卫生到社区治安的维持，都是这类任务。为促使当局更有效地执行任务，人们赋予当局某一程度的手段和方式并允诺它雇佣由其支付酬劳的公务员。还有，当局还须始终如一地对那些持续出现的临时任务和需要采用的手段做出裁决。专业行政人士必须关注这类任务的变化，这将促使他把能够获得的所有资源或手段服务于他所追求的公共目标的实现。就相当程度而言，是因法治保障私有公民来抵御行政机关侵害私有领域这个逐步增大的威胁，因此法治目前才具备这样重要的价值。最终，这一情形还意味着那些被授权执行这一特殊任务的机关，不可为自身的目标而采用任何最高权力（主权），并被限制于采用那些专门给予它的手段。

> 只有在依据法律来判决的情形下，程序性规范才成为自由的保护伞

某些基本个体权利从法律方面作出的保障，只是宪政对个体自由所给予的部分保护措施，这类措施为反抗以立法侵害自由的方式所给予的保障，也难以超越宪法所给予的保障形式。正如人们所看见的情形，它可以预防的只是那些轻率并且并不聪明的临时性立法行为，却难以预防最高立法者们经过谨慎思虑出现的权利侵害。能抵御这类现象的唯一保障，就是公众舆论确切地知晓此类威胁的存在并保持相当戒备。这类法律的保护性措施为何重要，根本原因是由于它能使公众深刻地记住个体权利的价值，并且还可促使这类权利变成民众即便没有完全理解含义也会自觉捍卫的政治纲领。

哈耶克认为，人们需深入探索的并非那些利用中断人身保护状态与宣称戒严来暂时地取消某些公民的自由的必要性，反而是个体或群体的特殊权限偶然由于公共利益必须加以干涉的某些条件。毫无疑问的是，甚至诸如自由言论等基本权利，在明显急切的危险下也许必须被剥夺，或当局为强行购买土地资源必须执行征用权，等等。可是，假设想继续维持法治，人们就必须明白：其一，这类行为必须属于规范界分的例外，因而这类行为的证实就不可依据任何权力机构的专断决策，并必须受到独立法院的审核；其二，还须说明的问题是，绝不可使那些被这类行为影响的个体由于他拥有的合乎法律的期望受到挫折就遭到损害，并应对这类行为所产生的损害做充分的补偿。

缺乏合理补偿就不可剥夺的原则，在所有实施法治的地域内都被认同。可是，哈耶克认为，人们并非一直都认识到，这个原则实质上是法律至上原则不可分离和缺少的部分。确实，这个原则也体现了正义的要求。可是，更加重要的保护措施是，只在公共收益显然大于个体由于正常期望蒙受损失的情况下，才能允许对私有领域施加必要的干涉。要求完全补偿损失的根本目的，是对这些侵害私有领域的行为施加制约，并采取某种手段促使人们能确定某一特殊目的是否重要到足以证实为达到该目的而对社会运行原则进行破坏是正当行为。其原因是对当局很多无形的助益进行预测相当困难，也因为专业行政人士显然倾向于过高估价临时性特殊目的的重要程度，因此采取如下的方式就极为重要，即私有财富的占有者应该一直被假定为无辜的，并且侵犯的补偿应被估计得尽量的高，以防止滥用权力。总之，假设要就某一正常规范附加例外的情形，那有关的公共利益就必须是明显的，并且在本质上超越其造成的损害。

哈耶克强调，作为个人来讲，他并非有意采用任何形式蔑视这类程序式的保护措施的重要价值，并且在保障个体自由的价值上也没有过分夸张。可是，还需要说明的问题是，虽然人们已普遍意识到这类措施的价值，可是，人们却难以理解，这类程序性保护措施的效果确实是以它接受前文所界分的法治为条件的。这也就意味着，如果缺乏法治，任何程序性保护措施的意义都不存在。确实，也许由于对这类程序性保护措施的重视，才促使讲英语的国家可以把中世纪的法治思想延续下来。可是，人们却不能由此就证实，在那些制约当局权力范围的所有行为的抽象法律规范的核心观念产生动摇时，自由还会被延续。司法程序的目的是保障法院依据规范而不依据特殊目的或价值的某种程度的可欲来做裁决。所有司法程序规范，也就是所有目的在于保护个体和确保司法公正的规则，都必须以以下陈述的规则为条件，也就是个体之间的所有争议或个体与国家的争议，都须采用普遍性法律来裁决。这类司法程序规范的目标，是促成普遍法律的普遍适用。可是，在法律故意授权权力机构自由裁决的情形下，它将难以保证公允。只有在依据法律来判决的情形下，这才意味着仅在独立法院拥有最高裁决权的情形下，程序性规范才成为自由的保护伞。

这里之所以将主要关心的问题集中在那些被各类传统体制设置为条件的基本法律概念上，是因为对个体而言，那些认为遵从司法程序的外部形式足以延续法治，实际上却是对法治的最大威胁。毫无疑问，人们是希望强调，信仰法治和尊重司法程序联系起来才能产生效用，二者相伴而生，否则任何一方都难以维系效力。可是，哈耶克指出，目前遭遇的主要危险是法治观念，并且是那些认为法治可以通过严苛地遵从司法程序来维持的梦想，这形成了威胁法治理念的核心来源之一。把司法形式与规范置于它并不应出现的情形内，难以拯救社会。那些缺乏司法判决基本前提的地域，反而采纳司法形式来掩饰，或授权法官利用权力判决那些难以利用通用规范来判决的问题，确实无助于延续法治思想与司法程序，反过来，必然毁灭人们对法律的尊崇，甚至在那些法律应被尊崇的情形下也没有例外。

图书在版编目（CIP）数据

哈耶克自由哲学 / 李先敏编译. — 北京：九州出版社，2010.11（2020.3重印）
（哲人咖啡厅）
ISBN 978-7-5108-0714-5

Ⅰ.①哈… Ⅱ.①李… Ⅲ.①哈耶克，F.A.（1899～1992）－哲学思想－研究 Ⅳ.①B561.59

中国版本图书馆CIP数据核字(2010)第200907号

哈耶克自由哲学

作　　者　李先敏　编译
出版发行　九州出版社
地　　址　北京市西城区阜外大街甲 35 号(100037)
发行电话　(010)68992190/3/5/6
网　　址　www.jiuzhoupress.com
电子信箱　jiuzhou@jiuzhoupress.com
印　　刷　三河市九洲财鑫印刷有限公司
开　　本　880 毫米×1230 毫米　32 开
印　　张　14
字　　数　252 千字
版　　次　2011 年 1 月第 1 版
印　　次　2020 年 3 月第 3 次印刷
书　　号　ISBN 978-7-5108-0714-5
定　　价　32.00 元